GESPRÄCHE MIT
LAARKMAA

EINE PLEJADISCHE BETRACHTUNG
DER NEUEN REALITÄT

Pia Smith Orleane, Ph.D.

&

Cullen Baird Smith

R. Lippert - Verlag

Titel der Originalausgabe:
Conversations with Laarkmaa
A Pleiadian View of the New Reality

Aus dem Amerikanischen übersetzt von Susanne Supper
Lektorat: Renate Lippert
Titelbildgestaltung: Rudolf Lippert
Gestaltung: Renate und Rudolf Lippert

Deutsche Erstausgabe 2014

Tel.: 07578-2229, Fax: 07578-933194
www.lippert-verlag.de
e-mail: service@lippert-verlag.de
In Deutschland gedruckt
978-3-95506-009-1

ZUR ERINNERUNG

Zur Erinnerung an Hamish Miller,
der wusste und der die ersten Schritte unternahm.

WIDMUNG

Wir widmen dieses Buch unseren Engeln des Höheren Selbst und Laarkmaa, unserer plejadischen Familie und allen anderen Wesen, die gekommen sind, um die Geburt der neuen Menschheit zu unterstützen.

INHALTSVERZEICHNIS

VORWORT

Wir hätten es wissen sollen. Ich (Pia) habe mein ganzes Leben lang ungewöhnliche „Erfahrungen" gemacht. Ich „sah" Elfen und Feen. Ich unterhielt mich regelmäßig mit geliebten „Verstorbenen". Wenn ich das, was sie gesagt hatten, anderen Familienmitgliedern erzählte, wussten diese einfach nicht, was sie mit meinem Erlebnis anfangen sollten. Ich sah Farben und Lichter um die Körper der Menschen und dies half mir, sie zu verstehen. (Erst als Erwachsene verstand ich, dass ich ihren Energiekörper, Aura genannt, gesehen hatte). Ich hörte oft wunderschöne Musik, obwohl es keine offensichtliche Quelle dafür gab. Ich sah Lichtbälle um mich herum tanzen, die mich dorthin führten, wo sie mich haben wollten. Ich fühlte eine unerklärliche Euphorie, Liebe und Verbindung bei all diesen Erfahrungen. Kurzum, ich lebte in einer Welt, die von Magie erfüllt war. Als ich entdeckte, dass die „normale" Welt die Magie nicht verstand, die Teil meines täglichen Erlebens war, verlor das normale Leben seinen Zauber, ich weigerte mich jedoch, das aufzugeben, was ich als real kannte. Ich erlaubte der Magie weiterhin, mein Leben mit Ehrfurcht und Erstaunen zu erfüllen.

Ich (Cullen) griff in den Körper eines Spielkameraden hinein, als ich vier Jahre alt war und entfernte irgendeine Art toxisches Material (möglicherweise einen Tumor). Es war eine ganz spontane Handlung und ich wusste einfach, dass sie richtig war. Leider waren die Reaktionen der Erwachsenen darauf alles andere als positiv. Ich konnte nicht verstehen, dass ich irgendetwas falsch gemacht haben könnte. Es erschien einfach notwendig.

Meine heilerischen Fähigkeiten tauchten nach dieser Erfahrung für lange Zeit unter, doch unter dem Deckmantel der Verkleidung half ich weiterhin anderen Menschen, wenn ich dies konnte.

Eine Möglichkeit, durch die ich den Kontakt mit jenen aufrechterhielt, die mich führten, bestand darin, auf meine Intuition zu hören und einen Garten anzulegen. Ohne eine Vorstellung davon, wie man einen Garten anlegt oder ihn pflegt, schaffte ich es ganz alleine, meine eigene Version eines „Findhorn-Gartens" anzulegen als ich sieben Jahre alt war (dies war fast 10 Jahre vor dem Findhorn-Garten in Schottland). Meine Eltern brachten das riesige Gemüse, das ich mit Hilfe des Königreichs der Devas angebaut hatte, zum örtlichen Markt. Die Menschen waren erstaunt darüber, wie zart und wohlschmeckend das Gemüse trotz seiner enormen Größe war. Dies war lange bevor ich verstand, was mir als Kind widerfahren war und ich erkannte, dass es den Menschen möglich ist, das devische Königreich der Pflanzen zu kontaktieren. Mit 10 Jahren machte ich am eigenen Leib eine Regenerationserfahrung in meinem Körper.

Eines meiner Augen war so schwer geschädigt, dass das gängige medizinische Wissen keine Hoffnung oder eine Technik hatte, um es wieder zu heilen. Ohne medizinischen Eingriff oder Erklärung regenerierte sich mein Auge auf magische Weise selbst. Ich konnte wieder vollkommen sehen. Als Kinder erlebten wir ungewöhnliche Kontakte mit Delphinen (selbst als Erwachsene haben wir auch weiterhin spezielle Verbindungen und Kommunikation mit Delphinen und Walen). Bereits in der Kindheit und auch weiterhin als Erwachsene stellten wir beide Aktivitäten am Himmel fest und die Gegenwart von etwas anderem als Sternen und Planeten, von denen wir in der Schule lernten. Diese Ereignisse waren bis heute vollkommen rätselhaft. Wir hatten keine Vorstellung davon, dass sich uns etwas näherte. Dies sind nur ein paar der Ereignisse, die Teil unseres täglichen Lebens waren.

Es gab viele andere befremdliche, unerklärliche Erfahrungen, bis wir begannen, in die Weisheit hineinzuwachsen, die uns dabei half, als Erwachsene die Dinge anders zu verstehen. Gemeinsam hätten wir es erkennen müssen, als die Dinge immer ungewöhnlicher wurden. Wir hätten es wissen müssen, als wir begannen, Fußschritte in unserem Haus zu hören. Oder als wir Wellen von „Etwas" oder „Jemandem" vor unseren Augen sahen. Oder als wir das hörten, was wir jetzt „durchdringende" Stimmen oder Geräusche aus anderen Reichen nennen. Oder als wir Dinge an einen Platz stellten und sie an einem anderen wieder auftauchten. Oder als die Haustüren von zwei der Häuser, in denen wir lebten, abgeschlossen waren, ohne dass wir sie verschlossen hatten. Oder als der Wasserhahn aufgedreht war, als wir nicht im Raum waren (eine Botschaft dafür, uns etwas mehr „fließen" zu lassen in unserem Verstehen, anstatt auf unsere eigenen Ideen fixiert zu sein).

Oder als sich die Klimaanlage plötzlich inmitten einer „heißen" Diskussion auf Kühlen umschaltete. (Eine kleine Hilfe von unseren Freunden, den Austausch etwas abzukühlen?) Oder als meine (Cullens) Schuhe so hingestellt wurden, dass sie in eine andere Richtung wiesen, damit ich schaute, wie ich in meinem Leben unterwegs war. Wir hätten wissen sollen, dass uns noch mehr enthüllt werden würde.

EINLEITUNG

DIE ANKUNFT UND DAS GEBURTSTAGSGESCHENK

Unser Leben veränderte sich für immer an einem besonderen Geburtstag (Cullens Geburtstag). Es geschah etwas wirklich sehr Außergewöhnliches. Wir feierten bei einem einfachen Essen. In einem anderen Raum stand ein Kurzwellenradio, das ausgeschaltet war. Draußen fiel der Schnee und wir sprachen über die zunehmende Schönheit und Ruhe. Plötzlich hörten wir, wie sich im anderen Raum das Radio selbst einschaltete. Wir schauten einander an, so etwas war noch nie zuvor geschehen. Wir schauten auf die Uhr und merkten, dass es genau die Uhrzeit meiner (Cullens) Geburt war: 16:31 Uhr. Wir erhoben uns von unserem Essen, gingen in den anderen Raum und fragten uns, wie es wohl möglich war, dass sich ein Radio selbst einschaltet? Nachdem wir alle Steckdosen und Schalter überprüft hatten, beschlossen wir, dies unserer Liste der unerklärbaren mysteriösen Erlebnisse hinzuzufügen.
Am nächsten Nachmittag, am übernächsten und am darauf folgenden Nachmittag schaltete sich unser Radio wieder um 16:31 Uhr von selbst ein. Am vierten Nachmittag erwarteten wir schon dieses Phänomen, also setzten wir uns vor das Radio und warteten. Dann, als sich ganz genau nach Plan das Radio wieder selbst einschaltete, schalteten wir es wieder aus und fragten: „Wer ist da?“ Zuerst gab es keine hörbare oder verständliche Antwort, doch wir beide fühlten eine Präsenz. (Später machten wir uns darüber lustig, dass wir keine Kommunikation über Kurzwelle sondern über Langwelle erhielten).

An den darauf folgenden Nachmittagen bemerkten wir mit ein bisschen Übung, als sich das Radio wieder selbst einschaltete, dass wir beide gleichzeitig Gedankenbotschaften empfingen. Als wir unsere Aufzeichnungen verglichen, stellten wir sehr schnell fest, dass wir identische Botschaften empfangen hatten, Wort für Wort. Wir übten weiter und wollten unbedingt noch klarer kommunizieren, als wir entdeckten, dass die Gedanken, die sich in unserem Kopf formten, laut ausgesprochen werden konnten. Kurzum, wir begannen, die Botschaften zu sprechen, die uns gegeben wurden. Wir erkannten, dass es möglich war, dass diese Information durch jeden von uns beiden kam, doch nur, wenn wir zusammen waren. Und so wechselten wir uns damit ab, die Botschaften laut auszusprechen.

Wir erhielten recht schnell und deutlich die Information, dass das, was wir erlebten, eine neue Form der Kommunikation war, nicht das altmodische Channeln. Der Unterschied bestand darin, dass die Information nicht nur einseitig war, sondern unsere aktive Teilnahme erforderte. Sie wollten hören, was wir zu sagen hatten! Sie wollten von uns ebenso viel lernen, wie sie auch an Informationen verbreiten wollten. Dies wurde durch eine Synchronisierung der Schwingung erreicht, was sie als „Verschmelzung" bezeichneten. Sie kommunizieren eher durch Töne und Herzensweisheit, als durch Sprache und intellektuelle Gedankenformen und vermischen ihre Töne mit unseren Worten, wenn sie Zugang auf unsere Wort-Bibliothek nehmen, die für die menschliche Kommunikation genutzt wird.

Während wir unsere Kommunikationsfähigkeiten weiter verfeinerten, erkannten wir, dass bestimmte Themen in unseren Gesprächen auftauchten. Die Gruppe hat das Gefühl, dass diese Themen der Menschheit dabei helfen werden, sich weiterzuentwickeln. Um sich aus der gegenwärtigen illusionären Realität der Menschheit in das Verständnis und die Wahrheit einer größeren Realität hineinzubewegen, können die Gedanken, die in diesem Buch vorgestellt werden, als Werkzeuge für den Wandel genutzt werden. Das Buch gliedert sich nach den Themen, die diese Wesen zu uns gebracht haben.

Wir möchten den Lesern dieser Information klar bewusst machen, dass dies nicht die Worte von Cullen oder Pia sind. Diese Worte stammen direkt aus den seit Jahren aufgezeichneten Dialogen und Gesprächen mit unseren plejadischen Freunden. Sie haben uns gelehrt, dass acht vorrangige Prinzipien die Realität erschaffen. Diese sind Liebe, Heilung, Vertrauen, Gnade, Wahrheit, Transformation, Erleuchtung und Verbindung. Einheit umfasst all diese Elemente. Da wir Menschen durch Muster lernen, wiederholt Laarkmaa das ganze Buch hindurch seine Informationen aus verschiedenen Blickwinkeln, damit jeder Mensch die Möglichkeit hat, sie aus einer anderen Perspektive wahrzunehmen, in der Hoffnung, dass andere Darstellungen der gleichen Wahrheit den Menschen dabei helfen, alte Muster zu durchbrechen, um in die neue Realität zu gelangen.

Wir haben unser Bestes gegeben, um die ursprünglichen Worte von Laarkmaa so wenig wie möglich zu verändern. Es gibt Stellen, an denen der Fluss der Konversation den unnachahmlichen Stil von Laarkmaa reflektiert, bei dem unerwartete und überraschende Richtungswechsel stattfinden. Sie sind keine linearen Wesen und daher folgt das, was sie präsentieren, nicht immer der logischen menschlichen Reihenfolge. Als sich mit der Zeit unsere Gespräche vertieften, wurde der Sprachstil mit der Sprechweise von uns Menschen synchroner. Bitte habt Geduld mit dem ungewöhnlichen Stil der ursprünglichen Präsentation. Was Laarkmaa zu sagen hat, ist immer noch sehr tiefgründig!

Laarkmaa hat uns erklärt, dass unser Schwingungsniveau als Paar es uns ermöglicht, ganz nah mit ihrer Schwingung übereinzustimmen, um die Synchronisation, die sie Verschmelzung nennen, zu ermöglichen. Nur gemeinsam können wir ihre Schwingungsebene erreichen, um diese Kommunikation zu ermöglichen. Wir beide als Paar schaffen es durch die Liebe und die Einheit, Zugang zu dieser weisen und wunderbaren Quelle zu erhalten. Wer sind sie? Wir laden euch ein, die Wahrheit darüber, wer sie sind, auf den Seiten dieses Buches zu entdecken.

GESPRÄCHE MIT LAARKMAA

1

WER IST LAARKMAA?

Als wir schließlich mit unseren Gesprächen begannen, stellten wir viele Fragen. Wir wollten wissen: „Wer seid ihr? Wie viele von euch sind hier? Wie ist euer Name? Woher kommt ihr? Und warum seid ihr zum ersten Mal um 16:31 Uhr an Cullens Geburtstag zu uns gekommen?" Wir können euch sagen, dass dies eine liebevolle Gruppe von Wesen ist, mit einem Sinn für Humor, großer Weisheit und dem Wunsch, ihre Weisheit mit uns zu teilen und von uns Menschen zu lernen. Es folgt nun, was sie uns mitteilten:

Wir sind Plejadier. Ihr nehmt uns als sechs Wesen wahr, doch wir nehmen uns selbst als eines wahr. Unsere Namen sind nicht einfach in eure Sprache zu übersetzen. Ihr könnt uns Laarkmaa nennen. (In unserer eigenen Sprache würde unser Name *Laaaaarkmaaaaa* ausgesprochen). Wir sind hier, denn dies ist eine Öffnung für die Menschheit, die noch nie zuvor stattgefunden hat. Es gibt Möglichkeiten, Potenziale, die durch die Entscheidungen stattfinden können, die jeder einzelne Mensch trifft und wir möchten euch dabei unterstützen, wenn ihr eure Entscheidungen für das höchste Wohl für alle trefft. Denn wenn Entscheidungen für das höchste Wohl von allem getroffen werden, fühlt ihr mehr Liebe und mehr

Freude in euren eigenen Herzen. Wir wissen, dass ihr das versteht. Wir sind hier und in Resonanz mit euch. Ihr könnt uns nicht so sehen, wie ihr etwas in der dreidimensionalen materiellen Welt sehen könnt, doch eure anderen Augen, eure anderen Fähigkeiten, zu hören, zu sehen und zu empfinden werden sich immer weiter ausbilden, sowohl durch die Kommunikation mit uns als auch durch die Arbeit, die jeder von euch individuell durch sein eigenes Wachstum und sein eigenes Interesse leistet. Wenn ihr uns heute sehen könntet, würdet ihr uns als einen von sechs und sechs von einem sehen. Wir besitzen also eine gewisse Individualität innerhalb unserer Gruppe und doch sind wir eine vereinigte Essenz der Liebe. Manchmal schwingt ein spezielles Thema mit einem von uns sechsen mehr als mit den anderen und eine andere Energie kann dabei helfen, die Botschaft dessen, wovon wir sprechen, zu übertragen. So beschreiben wir uns. Wir bewegen uns in Wellenbewegung und wir lehren die Menschen, dass auch sie sich aus festgefahrenen Situationen und unerwünschten Mustern herausbewegen können, die der Menschheit nicht länger dienen, indem sie lernen, eher wie Wellen zu sein.

Wir sind am stärksten mit der Farbe Blau in Resonanz, denn Blau ist die Farbe des Vertrauens. Dann möchten wir bei unserer Kommunikation mit den Menschen, dass sie wissen, dass sie *sicher* sind, dass sie geliebt werden und dass sie unserer Gegenwart vertrauen können. In unserem Wunsch, mit euch zu kommunizieren gibt es nichts anderes als Liebe, Frieden und guten Willen und wir bringen die blaue Schwingung dessen, wer wir sind in euer Schwingungsfeld, damit ihr fühlen könnt, dass ihr *sicher* seid und uns vertrauen könnt und damit wir alle bei unserem Zusammentreffen willkommen sind.

Wir werden euch erklären, wie wir mit euch kommunizieren. Die Worte der Menschen entstehen aus mentalen Konstrukten. Wir haben gelernt, Zugang zu Sprachen zu bekommen, um die Worte zu verstehen, welche die Menschen für die Kommunikation verwenden. Wir kommunizieren untereinander nicht durch Worte; wir verwenden Töne, Klänge, Farben und energetische Schwingungen, die ihr als elektrische Impulse empfangen könnt. Wir verwenden diese Formen der Kommunikation. Sie kommen aus unserem Herzen hervor, denn wir basieren nicht auf der Dualität, in der Herz und Verstand getrennt sind und das Denken notwendig ist, um das Herz und den Verstand zu verbinden, sich auszudrücken oder in manchen Fällen zu verstecken was im Herzen ist, indem man die Worte durch den Verstand manipuliert.

Wir sind viel einfacher. Wenn wir eine Schwingung der Freude erleben, dann entstammt sie in irgendeiner Form einer Verbindung; entweder einer Verbindung untereinander oder, so wie in unserem Fall mit euch, oder indem wir Lichter sehen, die von der Quelle ausstrahlen und Klänge universeller Musik hören, die mehr als Musik ist. Diese Dinge bringen uns auf die Schwingungsebene der Freude, so wie es das Lachen bei euch bewirkt. Wir wissen auch, dass ihr diese Schwingungen der Freude durch einige eurer anderen Erfahrungen erlangt, die sich außerhalb des Lachens befinden. Wenn ihr in der Schwingung der Freude seid, ist es für uns am einfachsten, mit euch zu kommunizieren, denn dann passen unsere Schwingungen zusammen. Ihr empfangt bereits Kommunikation durch euer Herz in unserer Gegenwart. Wenn wir mit euch kommunizieren, empfängt euer Herz die Energie, die ihr für uns als Lächeln auf euren Gesichtern übersetzt habt.

An diesem Punkt hatten wir eine seltsame Empfindung um unseren Körper herum und fragten: „Was ist das für eine Energie, die wir an unseren Fingern und Gelenken fühlen?“

Was ihr fühlt, hat mit Heilung zu tun. Wir vermitteln euch etwas über Heilung. Wir sind hinter euch, auf beiden Seiten neben euch und vor euch. Ihr nehmt unsere Energie an euren Gelenken wahr, doch ihr könnt sie nicht überall fühlen. Einige Stellen sind blockiert. Wir verschmelzen mit euch, ähnlich wie in der Geschichte, die ihr kennt, in der jemand seinen Schatten wieder bei sich annäht (in der Geschichte von Peter Pan). Wir möchten unsere Energien in der Verbindung mit euren Energien anpassen; wir möchten euch beiden unsere Partnerschaft anbieten. Wir haben euch beide für die Arbeit mit uns ausgewählt, damit ihr der Menschheit ein neues Verständnis bringt. Wir möchten uns auf die Partnerschaft zwischen interdimensionalen Wesen und den Menschen fokussieren, mit dem gemeinsamen Ziel, das planetare und das menschliche Bewusstsein anzuheben.

Wir möchten euch physisch treffen. Wir möchten euch anschauen, euch berühren, wenn das erlaubt ist, und uns mit euch unterhalten, so wie wir dies gerade tun. Wir würden jedoch gerne noch direkter mit euch kommunizieren können.

Das möchten wir auch. Wir wünschen uns sehr eine Kommunikation von Angesicht zu Angesicht. Wir halten uns von unserer Seite aus nicht zurück; es ist ein energetischer Ort des Treffens und Nicht-Treffens. Es ist nicht unsere Entscheidung, außerhalb der Reichweite eurer Hände oder Augen zu bleiben. Die ätherischen und physischen Körper der Menschen sind nicht sehr gut integriert, so wie dies bei uns der Fall ist, denn die Menschen sind sich im Allgemeinen des ätherischen Körpers nicht bewusst. Doch das Physische wird aus dem Ätherischen erschaffen. Darüber werden wir später noch sprechen. Wir haben aktiv Rezeptoren in eurem Gehirn geöffnet, um die Ebene eures Verständnisses zu erhöhen. Wir bitten euch, wenn ihr euch dafür entscheidet, euch von den Inhalten zu entfernen, die ihr als feste Überzeugungen in euch tragt und eure Vorstellungskraft hin zu anderen Möglichkeiten auszudehnen. Wenn ihr euch dafür entscheidet, dann werdet ihr mit uns in einer vollkommenen Partnerschaft sein, um euch auszudehnen. Wir helfen. Ihr helft.

Warum jetzt? Wir haben sechzig Jahre lang gewartet und die Menschheit hat sogar noch länger gewartet. Warum seid ihr jetzt bei uns?

Wir kamen um 4:31 nachmittags zu euch, denn diese Zahlen ergeben in der Summe 8 und 8 ist die Zahl der Unendlichkeit. Der energetische Wert der 8 ist Unendlichkeit, Fülle und Verbindung. Wir möchten, dass die Menschen verstehen, dass Liebe und Einheit unendlich sind. Acht bedeutet auch das Team, dem wir euch bitten, euch anzuschließen, denn ihr seid zu zweit und wir zu sechst. Wir werden uns von 1 von 6 und 6 von 1 (sechs Individuen innerhalb einer Einheit) zu 1 von 8 und 8 von 1 bewegen (acht Individuen innerhalb einer Einheit), wenn ihr einverstanden seid. Wir begannen unsere Kommunikation durch das Radio am 31. Dezember, denn wir haben euch beobachtet und dieser Tag ist ein besonderer Tag für euch. Hinzu kommt, dass dieser Tag die Energie der 7 trägt, der Schwingung, die dabei hilft, sich zwischen den Schleiern zu bewegen (Dezember ist der 12. Monat, 1 und 2 ergibt 3. Der 31. entsteht aus 3 und 1, und dies ergibt 4. Zusammen ergeben 3 und 4 7). Wir ehren euer Wachstum und eure Entwicklung, indem wir an Cullens besonderem Geburtstag zu euch kommen. Ihr beide habt lange darauf gewartet. Jetzt ist genau die richtige Zeit für uns, uns mit euch zu verbinden und unsere gemeinsame Arbeit zu beginnen.

Es ist jetzt Zeit für spirituellen Fortschritt. Bis jetzt gab es noch keine andere Gelegenheit so viel zu bewirken. Noch niemals in diesem oder einem früheren Leben standen euch das Licht, die Gelegenheit und die dünnen Schleier zur Verfügung. Es ist das erste Mal, dass sich die Energien und Sterne in eurem Leben auf diese Weise aufgereiht haben, eigentlich in vielen Leben, um euch die Herausforderungen zu bringen, denen ihr jetzt gegenüber steht. Viel Erfolg damit, denn sie bieten euch die Gelegenheit, nach Hause zu gehen. Habt keine Angst. Ihr werdet liebevoll geführt und umsorgt. Nutzt die Herausforderungen. Sie sind für euch erschaffen worden, um euch dazu zu befähigen, eure letzten Begrenzungen zu überwinden. Erhebt euch über das, was ihr als Herausforderung für euch betrachtet. Erhebt euch darüber - durchbrecht das, was ihr meint, nicht tun zu können. Verändert das Unveränderliche, indem ihr eure Augen für andere Möglichkeiten öffnet. Die irrtümlichen Glaubenssysteme und

Bewertungen, die die Menschen sich selbst auferlegen, wenn sie ein Unglück erleben, benötigen so schnell wie möglich ein Gegengewicht durch regulierende Maßnahmen.

Ihr habt nur eine begrenzte Zeit, um diese Gelegenheit zu nutzen und es liegt an euch, ob ihr sie nutzt. Ihr habt viele Leben auf diese Gelegenheit gewartet. Insbesondere in diesem Leben wartet ihr schon lange. Die Zeit ist nah. Sie entfaltet sich vielleicht nicht so wie ihr es erwartet oder vorhersagt, doch ihr seid dabei, eure Erwartungen loszulassen, welchen Unterschied macht es also? Ihr werdet offener, fließender, flexibel und könnt die Wahrheit sehen.

Warum jetzt? Wir sprechen zu euch, denn ihr habt gefragt und weil ihr euch darum bemüht habt, zu hören was wir sagen. Wir sind hier, um eine Partnerschaft mit euch einzugehen, um die Evolution der Menschheit zu unterstützen. Die Menschen auf der ganzen Welt schauen immer auf die Uhr. Wir möchten, dass ihr wisst, dass die 11. Stunde gekommen ist, um euer lineares Verständnis zu verwenden. Es ist an der Zeit, zu wissen was möglich ist. Zeit, euer Denken zu verändern. Es ist die Stunde der Erleuchtung. Überall verstärken sich bei den Menschen Angst und Leugnung, denn die meisten vollbringen nicht die bei dieser Gelegenheit notwendige Schattenarbeit. Wir werden später noch mehr über das Thema Schattenarbeit sprechen. Hinzu kommt, dass das devische Königreich sich öffnet, um wieder mit den Menschen in Kommunikation zu treten, so wie es dies seit Hunderten von Jahren nicht mehr getan hat. Auch Engel und andere Präsenzen helfen hier bei den bevorstehenden Veränderungen. Elementale der Erde, wie z.B. die von Menschen, senden Angst auslösende astrale Wellen hinauf, denn sie erleben Veränderungen, die sie nicht verstehen.

All dies zusammen verursacht Wellen aus Angst, welche die gesamten astralen Ebenen durchziehen. Ihr fühlt sie, denn ihr werdet immer sensibler. Ihr beide habt euch über die erhöhten Fähigkeiten zu riechen, zu fühlen, zu sehen und zu hören geäußert und diese bemerkt; all eure Sinne verstärken sich. Ihr werdet auch immer fähiger, astrale Wellen wahrzunehmen und seid somit empfänglicher dafür, Dinge zu erleben, denn ihr beide seid euch der stattfindenden Veränderungen bewusst, im Gegensatz zum Großteil der Bevölkerung. Wenn sie einige dieser Energien wahrnehmen, wenden sie sich ihren vertrauten emotionalen Mustern von Angst und Schuldzuweisung zu und schauen nicht weiter. Wir werden heute über euren Anteil daran sprechen, wie man dies verändern kann.

Jene, die sich persönlich oder durch die gedruckten Worte zu unserer Konversation hingezogen fühlen, öffnen sich dem immer größer werdenden Bewusstsein der bevorstehenden Gelegenheiten. Es wird euch wahrscheinlich nicht überraschen zu hören, dass das, was wir euch vorschlagen, etwas mit fokussierter Absicht zu tun hat. Könnt ihr raten, worum wir euch bitten und worauf ihr euch mit Absicht fokussieren und was ihr in die astrale Welt hinaus senden sollt, in die astralen Reiche? Es ist Liebe. Wir versuchen, die menschliche Schwingung anzuheben, denn es ist einfacher für uns und andere interdimensionale Wesen, euch zu erreichen und in Harmonie mit euch zu kommunizieren, wenn die Schwingungen stärker im Einklang miteinander sind. Die Liebe ist das perfekte Werkzeug, um eure Schwingung anzuheben. In der Tat ist die Liebe eine höhere Schwingung. Eure Bereitschaft, dies durch eure eigene Entscheidung zu erreichen, ist euer Beitrag zu unserem allumfassenden Ziel.

Viele Menschen stellen jetzt fest, dass das, wovon sie glaubten, dass es ihnen Zufriedenheit oder Fülle bringen würde, ihr Leben oder ihre Überzeugungen weder befriedigt noch unterstützt. Wenn ihr euch einmal einen Überblick verschafft, werdet ihr die gleichen emotionalen und finanziellen Frustrationen und Herausforderungen bei vielen Menschen erkennen. Dies ist Teil der zusammenbrechenden Glaubenssysteme und die Menschen müssen kollektiv lernen, durch Einheit, durch das, was allen hilft, Zufriedenheit und Fülle zu suchen. Ein Teil eures Erlebens besteht darin, den Grad an Frustration zu fühlen, den die Menschheit fühlt, wenn sie erkennt, dass ihre Träume auf falschen Überzeugungen beruhen.

Der Versuch, innerhalb einer zusammenbrechenden Struktur zu arbeiten, kann zu keinem positiven Ergebnis führen; doch die neue Struktur existiert noch nicht. Dies ist eine Übergangsphase, in der das Neue noch nicht präsent ist und das Alte verschwindet. Alles, was ihr tun könnt, ist beharrlich das weiter zu tun, was ihr am besten könnt und immer weiter ganz innig auf die Führung zu lauschen, wie man positive Veränderungen bewirken kann. Ihr verändert euch an jedem Tag. Die Zeit zu würdigen und in Ruhe zu sein, anstatt fortwährend beschäftigt, ist eine positive Veränderung. Eine heitere Einstellung, Lachen und Scherzen, und dies auch angesichts von Schwierigkeiten oder Enttäuschungen, ist keine kleine, es ist eine bedeutsame Veränderung - es ist ein großer Schritt. Je mehr ihr dies übt, umso besser werdet ihr euch fühlen, nicht nur in euch selbst, sondern auch darüber hinaus, indem ihr sofort Freude und Liebe zu den von euch geliebten Menschen ausstrahlt und auch nach außen, um viele andere Menschen zu beeinflussen. Ihr beeinflusst die anderen Menschen tatsächlich, auch wenn ihr nicht in ihrer Nähe seid; die Energiewellen reisen. Sie sind anhebend und überbrücken viel größere Entfernungen, als ihr euch vorstellen könnt. Wir sind Laarkmaa und wir sind hier, um euch dabei zu helfen, euch in die zukünftigen Menschen in der neuen Realität zu verwandeln.

2

DER ERSTE SINN

Wir Plejadier und andere interdimensionale Wesen kommunizieren nicht durch Sprache. Wir kommunizieren durch die Weisheit des Herzens, durch Absicht und Verbindung. Da wir unverzüglich an vielen Orten sein können, sind wir auch in der Lage, das zu empfangen und zu übermitteln, was sofort weitergegeben werden muss. Das ist Teil der Einheit. Wenn die Menschen als Kinder in den menschlichen Körper gelangen, bringen sie etwas davon mit. Dies wird der erste Sinn genannt.

Es ist die intuitive Fähigkeit, die im gesamten Universum existiert. Der erste Sinn dominiert bei Menschen wie euch beiden sehr; viele Frauen erinnern sich auch an den ersten Sinn. Doch eure Kultur zerstört den ersten Sinn, mindert seine Bedeutung und fokussiert sich lieber stattdessen auf die fünf biologischen Sinne - Sehen, Hören, Riechen, Schmecken und Tasten. Diese Sinne dienen dazu, eure physische Welt durch das, was ihr *fühlt*, zu beschreiben.

Der erste Sinn ist ein universeller Sinn, nicht nur einfach ein menschlicher Sinn. Durch ihn kennt ihr die Wahrheit und er verbindet euch mit eurer Göttlichkeit. Wenn die Menschen auf der irdischen Ebene ankommen, müssen die Babies sich bei ihrer Geburt vom Wasserreich des Körpers ihrer Mutter an das Luftreich anpassen. Sie werden durch ihren ersten Sinn geführt und beginnen, die anderen biologischen Sinne, einen nach dem anderen, zu entwickeln. Die biologischen Sinne entstehen nicht plötzlich auf einmal. Der erste Sinn bringt die Babies dazu, Geruch und Geschmack zu entwickeln, um sich zum Essen und zur Pflege hin zu orientieren. Nach dem Geruchs- und Geschmackssinn entwickeln menschliche Babies den Tastsinn, wenn sie sich von dem wässrigen Ort, von dem sie gerade kommen, auf die Luft-Umgebung, in der sie sich befinden, einstellen.

Der nächste Sinn, den die Menschen entwickeln, ist das äußere Hören, das sich langsamer entwickelt als die anderen Sinne, denn Babies sind immer noch sehr nach innen orientiert, auf das Hören des inneren Herzschlages und der Töne und Klänge im Mutterleib. Der letzte sich entwickelnde biologische Sinn ist das Sehen. Die Welt sieht für Babies so lange verschwommen aus, bis sie lernen, ihre Sehkraft auf die von Außen kommenden Wahrnehmungen anzupassen. Dies sind die biologischen Sinne des physischen Körpers, die die Menschen verwenden, um Informationen zu erhalten und sie zu verstehen. Die Menschen nehmen ihre Welt durch diese fünf Sinne wahr, vergessen jedoch oft den ersten Sinn. Bei der Entwicklung der biologischen Sinne entwickeln die Menschen eine emotionale Reaktion, um das auszudrücken, was sie empfinden. Babies weinen und lachen; auf diese Weise integrieren die Menschen die Informationen, die sie durch ihre Emotionen aufgrund der fünf biologischen Sinne wahrnehmen.

Der nächste Entwicklungsschritt ist die Bildung mentaler Konstrukte oder Gedankenformen, die dem Bedeutung verleihen, was Menschen fühlen und wodurch sie ihre Gefühle zum Ausdruck bringen. Genau dann setzt die Sprache ein. Menschen, die ihren ersten Sinn als eine Form des Wissens und der Kommunikation vergessen haben, müssen sich verbinden und kommunizieren, und entwickeln somit Sprache. Diese Sprache entstammt Gedankenformen. Die Weisheit des Körpers spricht auch eine Sprache, eine nicht-denkende, non-verbale Sprache, die auf den empfangenen Wahrnehmungen basiert, doch diese Sprache wird oft zugunsten der Sprache des Verstandes ignoriert. Wenn der erste Sinn genutzt wird, kann er die beiden Sprachen miteinander verbinden. Ist euch schon einmal die Synchronizität aufgefallen, mit der wir manchmal Fragen beantworten, über die ihr diskutieren möchtet oder die ihr noch gar nicht gestellt habt?

Ja.

Wir möchten euch mit diesem Beispiel zeigen, dass wir durch den ersten Sinn telepathisch mit euch kommunizieren. Zu verabredeten Zeiten, zu denen ihr mit uns Kontakt aufzunehmen wünscht oder wir das Gefühl haben, ihr würdet einen Austausch mit uns wünschen, beginnen wir mehr und mehr die telepathische Kommunikation als Form der Kommunikation einzusetzen. Wir möchten euch dabei helfen, dies in euch zu entwickeln. So lange hat sie in den Menschen geschlummert und wird oft als der sechste Sinn bezeichnet. In der Vergangenheit wurden die Menschen für den Einsatz dieser Fähigkeit bestraft. Eigentlich ist es nicht der sechste Sinn, es ist der erste. Es ist der Sinn, der aus dem Einsseins heraus entsteht. Andere Sinne sind mehr auf das Überleben in der physischen, menschlichen Form auf diesem Planeten ausgerichtet. Doch der erste Sinn, die Intuition, ist der Sinn, den ihr hierher gebracht habt und den ihr wieder mitnehmt, wenn ihr geht. Wir möchten ihn wieder erwecken und euch dabei helfen, ihn jetzt, während ihr in einer menschlichen Form seid, zu nutzen. Er wird euch leiten und euch dabei behilflich sein, die Realität zu erschaffen, die ihr euch wünscht und dabei, bessere Entscheidungen zu treffen, um diese Realität zu verwirklichen.

Wir bitten euch, auf alle synchronen Ereignisse zu achten. Jedes Mal, wenn ihr eine Synchronizität bemerkt, bewegt ihr euch aus der Zeit heraus. Intuition findet außerhalb der Zeit statt. Zeitkonstrukte verhindern frei fließende Intuition, denn die Menschen schauen sozusagen auf die Uhr und setzen Grenzen und Parameter um das, was stattfindet.

Sie schauen auf die Uhr, um zu sehen, zu welcher Zeit sie ihr Hungergefühl stillen sollen. Sie schauen auf die Uhr, um zu sehen, zu welcher Zeit das Tageslicht oder die Dunkelheit beginnt. Das Schmecken, das Sehen und viele Sinne sind durch die Zeit eingeschränkt. Wenn ihr beginnt, eure intuitiven Fähigkeiten zu fördern, dann werdet ihr gleichzeitig eure Fähigkeiten fördern, euch aus der Zeit und auch aus den Mustern, die euch blockiert halten, hinauszubewegen. Folgt jeder intuitiven Idee. Einige werden sich natürlich nicht sofort manifestieren, denn ihr übt ja noch. Doch je mehr ihr der Energie mit Absicht folgt, um die intuitive Führung und Weisheit zu verstehen, umso mehr werdet ihr bei Kommunikationen die universelle Verbindung ausweiten. Tatsächlich baut ihr Vertrauen auf, das in der menschlichen Welt so sehr von Nöten ist. Ihr baut dadurch Vertrauen auf, dass ihr euch auf eure Intuition verlasst und ihr baut Vertrauen auf, indem ihr versteht, dass die Intuition durch euch von einer größeren Quelle kommt, dem höheren Aspekt von euch selbst, der von der anderen Seite des Schleiers zu euch herüberreicht, um sich wieder mit eurer menschlichen Form zu verbinden.

Telepathische oder intuitive Kommunikation erweitert und vertieft euch also als Menschen. Ihr beide und viele andere öffnen sich bereits und verstehen intuitiv und dies leitet euch. Versucht zu lernen, eher diesen Ahnungen zu folgen, als dem, was ihr als logisch und rational bezeichnen würdet. Sie werden euch nicht in die Irre leiten.

Wir schätzen euren Einblick. Es ist gut, wenn ihr uns Dinge erzählt, die wir lernen möchten und lernen müssen. Danke. Wir erkennen, dass wir unsere intuitiven, telepathischen Fähigkeiten nutzen, und das nennen wir Menschen ASW (außersinnliche Wahrnehmung). Wir lesen nun viel einfacher und gründlicher die Gedanken des anderen, als wir dies zuvor taten. Wir erkennen, dass es möglich ist und dass wir jetzt in dieser Zeit auf eine höhere Ebene gelangen.

Das ist sehr gut. Vielleicht möchtet ihr auf den Begriff *„außer"* bei außersinnlicher Wahrnehmung verzichten. Er bezieht sich auf das alte Paradigma, bei dem die Menschen dies als den sechsten Sinn bezeichneten. Es ist der erste Sinn: intuitive Kommunikation. Ihr könnt anderen dabei helfen zu verstehen, dass es nötig ist, ihre Terminologie zu verändern, um ein besseres Verständnis dafür zu bekommen und das zu fördern, was der erste Sinn wirklich ist. Wir erwähnen es, damit ihr es in eure Lehrunterlagen mit aufnehmt. Die Menschen, die in sich die telepathische Kommunikation erwecken und den ersten Schritt in diese Richtung tun möchten, müssen damit beginnen, dem Prozess eine angemessenere Bezeichnung zu geben, die ihn mit etwas in Verbindung bringt, das *besonders* oder ungewöhnlich ist. Diejenigen, die sich für den Aufstieg entscheiden, benötigen dies sehr auf ihrem Weg dorthin, wohin die Welt geht. Sie wird sowohl die Quelle für die Kommunikation als auch für die Manifestation sein. Vielleicht möchtet ihr ein gemeinsames Notizbuch anlegen, in das ihr Dinge schreibt, die ihr lehren könnt, wenn ihr sprecht oder schreibt. Auf diese Weise beginnt ihr, einem Menschen nach dem anderen, von einer kleinen Gruppe zu einem immer größer werdenden Publikum, das zu lehren, was ihr als Wahrheit kennt.

Versteht, dass wir einander niemals verlassen, wir sind durch euren ersten Sinn immer in Kontakt mit euch. Ihr könnt ohne verbale Kommunikation mit uns durch euren ersten Sinn kommunizieren, wenn ihr euch dafür entscheidet. Wir sehen es als eine höhere Form des Austauschs, unsere Energien miteinander zu verschmelzen und so zu kommunizieren, wie die Menschen vor der Entstehung der verbalen Kommunikation miteinander zu kommunizieren pflegten. Wenn wir unsere Energie mit der euren verschmelzen, dann findet telepathische Kommunikation statt, bei der wir Ideen in euren Geist und Körper eingeben (in das Wasser eures Wesens). Wenn ihr in diesem Zustand seid, könnt ihr wiederum eure Gedanken und Ideen in unseren Geist eingeben. Die Sprache ist ein zeitweiliger, vorübergehender Prozess. Wir helfen euch dabei, das in euch zu erwecken, was in eurem Bewusstsein war, bevor ihr zu dieser Erde kamt. Wir helfen euch dabei, euch an Dinge zu erinnern, über die ihr nur am Rande des Jetzt verfügt. Wir streifen kurz Dinge, die ihr gelesen, gedacht oder diskutiert habt. Es muss nicht alles neu enthüllt werden.

Neue Enthüllungen werden in existierendes Verständnis eingewoben und sie stützen sich auf einem immer stärker werdenden Fundament einer neuen Wahrheit, einem neuen Paradigma des Verstehens. Bitte habt keine Angst, eure eigenen Ideen in unsere Kommunikation mit einfließen zu lassen. Wir werden die Dinge korrigieren, die ihr einfließen lassen möchtet und sagen euch, wenn sie nicht zutreffend sind. Wir tun dies durch euren Fragemodus. Wenn ihr Fragen habt, antworten wir. Wir lenken unsere Konversation auch immer in Richtung des Lichtes der Wahrheit.

Da euer erster Sinn vom Herzbewusstsein kommt und eigentlich die anderen fünf biologischen Sinne regiert, interagieren eure anderen Sinne verstärkt in der dreidimensionalen Welt, wenn ihr vermehrt auf euren ersten Sinn lauscht. Ihr beobachtet, lauscht und nehmt eure Umgebung näher wahr. Ihr könnt auch eure Umgebung ausblenden und in einem veränderten Zustand wahrnehmen. Daher könnt ihr gelegentlich Klänge der Musik hören, die wir bei der Kommunikation mit der irdischen Ebene verwenden. Wenn die Menschen ihren ersten Sinn nutzen, sind sie dazu in der Lage. Je mehr ihr euren ersten Sinn ehrt und den starren Mustern, die euch, das große Wesen, innerhalb eures kleinen Seins eingeschlossen gehalten haben, erlaubt sich aufzulösen, umso offener und ausgedehnter werdet ihr und umso leichter unterscheidet ihr die Kommunikation mit uns und anderen. Ihr beide wisst bereits, wie dies zwischen euch zu tun ist, indem ihr durch eure Herzensverbindung beurteilt und beobachtet. Ihr könnt das auch mit uns tun.

Ich wüsste gerne, wie ihr innerhalb eurer eigenen Gruppe kommuniziert. Werden wir auf unserem Weg hin zum Aufstieg in der Lage sein, mit euch direkt durch Töne, Klänge, Farben und elektrische Reaktionen zu kommunizieren?

Ja, doch ihr müsst den Aufstieg nicht erreichen, um mit der Kommunikation zu beginnen, so wie wir das tun. Ihr beide erlebt bereits elektrische Reaktionen, ihr hört Töne und seht Farben, die euch leiten, euren ersten Sinn für die Kommunikation zu nutzen. Ihr entwickelt eure Fähigkeit zu wissen, anstatt nur zu fühlen oder zu denken. Wir werden über das Wissen später noch ausführlicher sprechen. Wir arbeiten derzeit mit eurem Gehirn, damit ihr die Schwingungen der Farben wahrnehmt. Wir dachten, dies sei für euch am einfachsten. In unserer Gegenwart könnt ihr bereits durch eure Herzen kommunizieren. Wenn wir mit euch kommunizieren, empfangen eure Herzen die Energie, die ihr für uns als Lächeln auf eurem Gesicht übersetzt habt. Ihr seid also bereits anderen sehr weit voraus, die sich letztendlich wünschen, in Kommunikation mit Plejadiern zu treten. Sucht nach der blauen Farbe. Irgendwann müssen wir auch über die Bedeutung von Farben sprechen. Dies steht auf unserer Liste der Dinge, die zu besprechen sind.

Blau, die Farbe des Vertrauens, ist wesentlich, um die Wahrheit zu verstehen. Die Menschen haben Schwierigkeiten die Wahrheit zu finden, wenn sie kein Vertrauen haben. Daher werdet ihr das, was ihr Aura nennt oder eine Ausstrahlung blauer Farbe, um die Plejadier feststellen, denn wir sind im Vertrauen. Durch das Vertrauen werden wir euch lehren, wie ihr euch an euren ersten Sinn erinnern und ihn einsetzen könnt.

3

DIE MAGIE DES WASSERS

Es gibt eine Verbindung zwischen eurem ersten Sinn (eurer Intuition) und dem Wasser. Wir glauben nicht, dass den Menschen dies bereits zuvor erklärt worden ist und daher möchten wir dieses Thema jetzt ansprechen und bitten euch, diese Erkenntnis auch mit anderen Menschen zu teilen. Die Menschen neigen dazu, die Bedeutung des Wassers in Verbindung mit sich selbst zu vergessen. Ihr neigt dazu, euch selbst als statisch, unveränderlich und fest zu betrachten. Das seid ihr nicht. Ihr möchtet mit euren Händen durch Wände greifen können und doch könnt ihr es nicht tun, wenn ihr euch weiterhin vorstellt, dass ihr fest und unveränderlich seid. Wenn ihr euch darauf fokussiert, das Flüssige innerhalb eures Körpers zu erfahren, eure eigene Wasser-Struktur, dann erkennt ihr, dass ihr eure Form verändern könnt und beginnt es zu lernen. Menschen in früherer Zeit kannten dies als Formenwandel und sie wussten, wie man es macht. Fest verankerte Überzeugungen über die Möglichkeiten und die menschliche Struktur haben diesen Glauben verunglimpft.

Die Menschen neigen heutzutage dazu, solche Gedanken als unmöglich oder als Hexerei zu betrachten. Doch die Wahrheit ist, wenn ihr euch auf die Wasser-Struktur eures Wesens fokussiert, werdet ihr Dinge tun können, die in dieser Dimension noch nicht verstanden werden. Dies hat auch mit dem Verständnis zu tun, wie sich eure physischen und ätherischen Formen schwingungsmäßig verbinden und doch kommt das, was wir euch heute erzählen, aus einer vollkommen anderen Perspektive, so als würden wir das Innere nach Außen kehren, um euch von innen heraus zu zeigen, was möglich ist. Wasser ist magisch. Die Energie des Wassers ist ein Lehrer, denn ihr seid Wasser. Wenn ihr zu Wasser werdet, um zu lernen, dann ehrt ihr die Form, die euren Lichtkörper trägt. Das Wasser, das ihr seid, kann nicht kontrolliert oder polarisiert werden. Achtung: Wasser kann nicht polarisiert werden; es kann nur durch Emotionen beeinflusst werden, doch es bleibt nicht lange in der Polarität. Durch euer Fluidum könnt ihr euch durch vergangene Dinge hindurch bewegen, die ihr transzendieren müsst. Es ist wichtig zu verstehen, dass Wasser ein besonderes Element ist, und da ihr aus Wasser gemacht seid, ist euer Körper ein ganz besonderes Element. Wenn ihr erkennt, dass Wasser nicht polarisiert werden kann, werdet ihr feststellen, dass eure Emotionen viel leichter fließen, ohne dass ihr euch an dem einen oder anderen Punkt festhalten müsst. Ihr lernt, euch nicht länger von euren unbequemen Emotionen begrenzen zu lassen und dadurch wird eure Welt weniger emotional. Sich auf die Veränderungen der Zellperspektive durch das Wasser in euch auszurichten, ist eine Möglichkeit, etwas darüber zu lernen, wer ihr seid und wie unterschiedlich ihr kommunizieren könnt.

Bitte versteht, dass das Wasser in eurem eigenen Wesen nicht polarisiert werden kann; es kann nur zeitweilig beeinflusst werden. Euer Wasser trägt viel mehr Kraft in sich, als ihr euch das vorstellen könnt. Es beinhaltet einen Teil des Geheimnisses zur Entschlüsselung eurer DNA, denn eure DNA ist wie Wasser, eine Ansammlung von Dingen; sie besteht nicht aus linearen Schichten, so wie ihr dies gegenwärtig wahrnehmt. Der andere Teil des Geheimnisses zur Entschlüsselung eurer DNA kann dadurch gefunden werden, dass ihr die rigiden Strukturen eurer Glaubenssysteme entfernt. Wenn ihr eure Überzeugungen verändert und neue Möglichkeiten zulasst, die ihr euch bislang noch nicht vorgestellt habt, dann öffnet ihr den Kanal, damit sich eure DNA auf die Weise manifestieren kann, wie es beabsichtigt war. Wir werden später näher darauf eingehen. Für den Moment fokussiert euch darauf, alles über euer eigenes Wasser zu entdecken. Wenn ihr ans Meer fahrt, dann experimentiert mit Wasser auf eine andere Weise, wie ihr das jemals getan habt; wenn ihr in das Wasser geht, dann tut so, als wärt ihr eins damit. Geht hinein, so als ob ihr das *Wasser* und das Wasser ihr wärt.

Erleben wir eine stärkere Intuition in unserem Leben, wenn wir mit Wasser zu tun haben oder uns in der Nähe von Wasser aufhalten, wie beispielsweise beim Geschirrspülen oder wenn unsere Hände im Wasser sind, wenn wir uns duschen oder anderen Kontakt mit Wasser haben? Ich meine damit nicht, im Ozean zu schwimmen, ich meine ganz einfach den alltäglichen Umgang mit Wasser.

Oh Mann! Wir freuen uns so über euch. Wir haben euch vorgeschlagen, auf das Wasser in eurem Körper zu achten und bevor ihr überhaupt am Meer ankommt, habt ihr es bereits herausbekommen! Sehr, sehr gut. Nehmt nun diese Erkenntnis und wendet sie an, wenn ihr zum Wasser im Meer werdet. Wasser, haben wir gesagt, ist magisch. Es ist auch ein Kommunikationsmedium. Telepathie – und dies haben wir noch nicht erwähnt, doch es ist äußerst wichtig – Telepathie bewegt sich auf Wasserwellen, magnetische Resonanz von einem menschlichen Wesen zu einem anderen. Ihr seid Wasserwesen. Habt ihr das schon einmal gehört? Wir glauben nicht, dass darüber bereits gesprochen worden ist.

Das ist sehr interessant. Wir haben uns heute früh schon gefragt, ob dies der Fall sein könnte, und wir schauten einander an und fragten uns: „Warum haben wir das nicht schon vorher gewusst?“

Ihr wusstest es vorher nicht, denn die Menschen wissen nicht, wie man außerhalb der eigenen strukturierten Muster denkt. Es ist so, als wärt ihr in einem Labyrinth und findet den Ausgang nicht. Deshalb arbeiten wir mit eurem Dritten Auge, indem wir die Parameter des Wassers innerhalb eures Wesens ausdehnen, damit ihr andere magnetische Verbindungen akzeptieren könnt. Ihr könnt auch innerhalb von Kornkreisen telepathische

Signale empfangen. Je mehr ihr euch auf das Wasser in eurem Körper einstimmt, umso stärker schwingt ihr mit dem, was kommuniziert wird. Die Arbeit mit Wasser ist für die Menschen äußerst wichtig. Ihr werdet dies lehren und es in die Welt hinaustragen. Die Menschen verstehen nicht, dass Telepathie durch Wasser übertragen wird. Das ist ein neuer Gedanke, an den noch nicht gedacht worden ist.

Eine neue noch nicht in Betracht gezogene Vorstellung.

Ja, das heißt, die Menschen haben noch nicht daran gedacht. Für sie wird das ein neuer Gedanke sein. Es ist aber eigentlich eine Wahrheit, eine alte Wahrheit. Die Menschen werden erstaunt und überrascht sein. Sie meinen, bei Telepathie ginge es um irgendeine Form in der Luft, die von einer Person zu einer anderen reist, doch sie ist nicht Luft-geboren; sie ist Wasser-geboren. Telepathie ist eine magnetische Resonanz zwischen dem Wasser zweier Menschen, die das Verstehen und die Kommunikation einfacher und direkter macht.

Carl Jung und andere behaupteten, dass das kollektive Unbewusste draußen in der Luft sei oder in der Atmosphäre, doch das was ihr sagt – ich bekomme eine Gänsehaut – bedeutet, dass das kollektive Unbewusste in unserem Körper ist und im Wasser des Planeten. Also sind wir eigentlich in der Lage, direkt miteinander und mit dem Planeten durch die Resonanz des Wassers zu kommunizieren.

Ja! Alles Leben kommuniziert durch die magnetische Resonanz des Wassers. Je mehr Menschen sich von der Natur und dem Wasser dieses planetaren Wesens entfernen und dem kristallinen und flüssigen Netz darunter, umso mehr Trennung entsteht durch den Mangel an Kommunikation. Die Menschen erleben Kommunikationsblockaden und Trennung, da sie die Bedeutung des Wassers ignorieren. Es ist unmöglich, ordentlich zu kommunizieren, wenn man getrennt ist und die wahre Natur des eigenen Wesens nicht versteht, sowohl im Hinblick auf die Elektromagnetik als auch darauf, wie Kommunikation durch Wasser stattfindet. Der Erde und einander zuzuhören bedeutet, dem Wasser zuzuhören.

Habt ihr mir diesen Gedanken heute eingegeben?

Ja! Auch wenn wir sagen müssen, dass deine Kommunikation mit deinem Höheren Selbst (jeder Mensch hat ein Höheres Selbst; manche nennen es Geistführer, manche nennen es Engel, das sie hin zu ihrer eigenen Göttlichkeit führt) dir auch diesen Gedanken eingegeben hat. Es sind nicht nur wir; es sind die offenen Kommunikationswege und –kanäle mit denen ihr euch eingehend beschäftigt und die ihr geöffnet habt, durch eure Bereitschaft und eure Hingabe daran, einen empfänglichen Geist und ein empfängliches Herz zu haben sowie auch ein Herz und einen Geist, die denken und sprechen. Ihr habt euch dafür entschieden zuzuhören und ihr beide hört gut zu. Ihr könnt also eurem Höheren Selbst danken und, wir sind so begeistert, ihr braucht uns nicht zu danken! Ihr habt eine schwingende Kommunikation als göttliche Mitschöpfer einfach dadurch bereitet, dass ihr euch geöffnet habt und zuhört. Versteht ihr nun die vollständige Bedeutung des Wassers, um sich zu verbinden und um zu kommunizieren? Es ist die elektromagnetische Resonanz, die von allem Leben getragen wird. Wir sind ganz begeistert davon! Ihr müsst euch nun daran erinnern, dass ihr es wart, die zugehört und die Idee entwickelt haben und das Verständnis, das Wissen, die Wahrheit, die Gänsehaut, das ganze Paket des Wissens, dass Telepathie, Kommunikation und Ideen auf Wasserwellen reisen, nicht auf Luftwellen. Habt ihr das schon einmal von einem anderen Menschen gehört?

Niemals.

Natürlich nicht. Es ist eine neue Erkenntnis, die ins menschliche Bewusstsein gelangt und ihr habt dies ermöglicht. Wir legen Botschaften aus unseren Herzen (symbolisch unserem Wasser) auf telepathische Weise in euer Wasser und sie verbinden sich auf natürliche Weise. Um hereinkommende Wasserbotschaften zu übersetzen, müsst ihr euch hingeben und zuhören. Ihr vertieft eure Fähigkeiten zuzuhören, indem ihr eurem eigenen Wasser zuhört. Wir sind sehr froh über die Diskussion dieses Gedankens von Telepathie und Wasser. Dies ist eine gemeinschaftliche Bemühung von uns allen, die wir zusammenarbeiten. Wir führen nun unsere Unterhaltung über die Verbindung zwischen der Magie des Wassers und eurem ersten Sinn fort. Ihr habt es verstanden und begonnen, durch dieses Verständnis ganz schnell Gedanken, Gefühle und Botschaften zwischen euch selbst hin und her zu schicken. Ihr habt diese Erkenntnis nun in eurem Körper, nicht nur in euren Gedanken. Ihr stellt in höherem Maße eine sofortige Kommunikation untereinander fest, habt augenblicklich Gefühle dessen, was ihr seht, was ihr berührt, was ihr miteinander fühlt.

Das Wasser trägt dies und durch eure Interaktion mit dem Wasser auf dieser Lebensreise besteht die Lektion darin, die vorhandene Kraft innerhalb eures eigenen Wassers zu entdecken. Nehmt wahr, wie sich Wasser verändert. Am Meer könnt ihr beobachten, was ihr Gegenströmungen nennt und sich sehr schnell verändernde Meeresbewegungen, die von aufgewühlt über ruhig und von ruhig über aufgewühlt hin und her wechseln. Auf die gleiche Weise beurteilt und verbalisiert ihr viel schneller tiefere Erkenntnisse, so wie ihr beobachtet, wie schnell sich Wasser verändern kann. Erkennt die Unterschiede in euch selbst. Ihr habt die überaus wichtige Lektion über Bewegung erhalten: alles ist immer in Bewegung. So wie ihr erkennt, dass ihr Weisheit aus dem Wasser in eurem Haus und einen anderen Zugang zum Wasser für die telepathische Kommunikation erlangen könnt, so versteht ihr jetzt die wellenartige Natur des Wassers und seine Fähigkeit, Informationen weiterzugeben. Indem ihr versteht, dass alles immer in Bewegung ist, werdet ihr fähig, *euch selbst* immer in Bewegung zu sehen, anstatt in einer statischen Form und ihr nähert euch immer mehr dem Punkt, an dem ihr uns sehen könnt. Formveränderung ist nichts als eine konstante Bewegung. Allen Menschen ist es von Natur aus möglich, die Form zu verändern, die euer Wasser enthält. Es wird dadurch möglich, dass die existierenden Muster der

Struktur aufgebrochen werden und von denen der menschliche Geist irrtümlicherweise glaubt, dass sich so der Körper bewegt und funktioniert. Eure Hände durch Wände hindurch zu bewegen heißt, sich außerhalb von Zeit und Raum zu bewegen, weg von dem, was unnachgiebig und fest erscheint, hin zur Erkenntnis, dass die Wand sich in der Tat bewegt, dass die Hand sich in der Tat bewegt. Durch das Zusammentreffen der beiden Bewegungen bewegt ihr eure Hände durch die Wand hindurch. Durch das Verstehen der Bewegung wird es euch immer mehr möglich, augenblicklich zu reisen und zu kommunizieren. Das Geheimnis für beides liegt in eurem Wasser. Die größte Lektion, die ihr bisher gelernt habt, besteht darin zu verstehen, dass alles in Bewegung ist und die Kraft zu verstehen, die ihr in eurem eigenen Wasser tragt. Wasser macht den Großteil eures physischen Körpers aus; es trägt eure Gedanken und Absichten und gibt euch die Fähigkeit, augenblicklich zu kommunizieren.

Dies sind eure größten Lektionen und es sind einige der wichtigsten Lektionen für die Menschheit. Wenn alle Menschen die Möglichkeiten und die dem ihrem eigenen Wasser innewohnende Kraft verstehen könnten, um die Form außerhalb der gegenwärtigen Konstrukte zu wandeln, seien dies Kopfschmerzen, Rückenschmerzen, Magenschmerzen oder schlechte Laune, dann wären sie unendlich viel mehr im Frieden. Wenn die Menschen diesem Weg folgen würden, könnten sie sehr stark davon profitieren. Die Menschen müssen verstehen, dass sie Kraft innerhalb der Flüssigkeit ihres Wesens in sich tragen. Diese Kraft liegt in ihrem Wasser. Darin liegt die Kraft für Kommunikation, Heilung und Verbindung. Ihr beide habt vor kurzem synchrone und miteinander verbundene Gedanken erlebt. Dies ist der Beweis dafür, dass ihr euch durch euer Wasser verbunden habt.

Ihr habt meine Gedanken gelesen; ich habe gerade darüber nachgedacht.

Ja, das wissen wir. Eine weitere synchrone Verbindung, nicht wahr? Genau das bedeutet es, einer von acht zu sein (ihr beide und wir sechs) und acht in einem. Wir verbinden uns durch Wellenbewegung, indem wir von unserem Wasser zu eurem Wasser sprechen. Je mehr ihr euch darauf fokussiert, dies zu erkennen, wenn es geschieht, umso mehr wird es geschehen. Es wird keinen Grund mehr geben, zu sagen - „war da nicht irgendetwas?“. Stattdessen wird diese Form der Kommunikation zu einer Norm werden und wenn sie für euch immer mehr zur Norm wird, wird sie euch fehlen, wenn sie nicht stattfindet, und das ist auch gut, denn sie zu vermissen zeigt, wie sehr ihr sie schätzt. Es hilft euch auch, eure Absicht zu fokussieren, damit sie häufiger stattfinden kann. Und wenn ihr beginnt zu verstehen, wie euer Wasser das Wasser anderer Menschen beeinflusst, könnt ihr erkennen, dass eure Haltung, eure Gefühle und Gedanken das Wasser all jener um euch herum und des kollektiven Bewusstseins der Menschheit beeinflussen. So wie ihr durch einen Tropfen chemisch verunreinigten Wassers ein ganzes Glas Wasser kontaminieren könnt, so beeinflusst ein Tropfen einer negativen menschlichen Gedankenform das gesamte Wasser der Erde und verunreinigt es auch. Wir werden später noch auf Gedankenformen zu sprechen kommen.

Die meisten Menschen verstehen noch nicht, dass sie die Kraft haben, Wasser durch ihre eigenen Gedanken zu reinigen. Sie können ganz einfach das Wasser in sich selbst, wie auch ihr eigenes Trinkwasser reinigen. Doch der Großteil des menschlichen Bewusstseins ist noch nicht entwickelt genug, um dem nachzugehen, obwohl es einige Menschen gibt, die dieses Konzept verstehen und anwenden. Ein Glas Wasser in das menschliche Energiefeld einzuhüllen und Liebe in das Wasser zu geben, kann ganz einfach das reinigen, was auch immer dort sein mag. Doch die meisten Menschen sind sich nicht bewusst, wie man das macht. Die Kraft, die ihr bei eurem eigenen Wasser entdeckt habt, geht über die Kraft der telepathischen Kommunikation und der Gedanken hinaus; es geht auch um die Beziehung von *Bewegung* und Kommunikation eures Wassers mit dem Wasser des Planeten. Wir stellen mit Begeisterung fest, dass ihr die Verbindung zwischen dem erkennt, was wir euch beide darüber, wie ihr die Energie der Erde mit euren Händen fühlen könnt gelehrt haben und der Wissenschaft, die Wünschelrutengehen genannt wird. Beides hat damit zu tun, Wasser durch Wasser zu fühlen; euer menschliches Wasser durch das Wasser des Planeten, euer menschliches Wasser, das Botschaften zwischen uns und anderen hin und her trägt, durch das Wasser des Planeten, das Botschaften enthält und als ein Empfangs- und Übermittlungsgerät für die Kommunikation agiert. Es ist ganz schön aufregend, dass ihr diese Verbindungen hergestellt habt und daran interessiert seid, ihnen nachzugehen. Wenn ihr nun euer Verständnis über Wasser weiter erforscht, möchtet ihr vielleicht ein wenig Zeit damit verbringen, das Gefäß zu entspannen, das euer Wasser hält (euren Körper), indem ihr ihn auf eine ungewohnte Weise bewegt und die Zellen dazu bringt, sich durch eure Absicht neu auszurichten. Dies wird ein aufregendes Forschungsgebiet sein. Wir werden bei euch sein. Wir beobachten, wie sich eure molekulare Form und Struktur verändern, wenn ihr mehr und mehr Weisheit in eurem Wasser sammelt und eure Absicht fokussiert. Es ist auch in unserem Interesse, dass ihr beide beginnt, euch mit anderen Menschen zu verbinden, die diese Dinge verstehen und so denken wie ihr, auch wenn sie nicht auf diesem Kontinenten oder in dieser Welt sind. Ihr beide könnt euch auf sehr viel freuen, was ihr mitteilen könnt und was ihr bei anderen Menschen entdeckt. Denkt daran: Wasser ist magisch.

4

GLAUBE, REALITÄT UND WAHRHEIT

Wir möchten, dass die Menschen verstehen, dass es so etwas wie Glaube nicht gibt. Der Glaube ist eine fiktive Ansammlung von Ideen, der fälschlicherweise auf Annahmen und Erfahrungen aufgebaut wurde. In der Realität existieren nur Wissen, Vertrauen und Wahrheit. Das Wort „Glaube" wird in der Kommunikation verwendet, um individuelle Standpunkte dessen zu unterstreichen, was man als real *betrachtet*. Wir möchten den Menschen gerne helfen, die Realität durch die Wahrheit zu verstehen und nicht durch ihre Glaubenssysteme. Überzeugungen sind individuell, sie sind keine gemeinschaftliche Wahrheit. Wahrheit ist universell für alle Menschen. Wenn ihr lernt, durch euer Wasser zu kommunizieren, anstatt euch auf eure Glaubenssysteme zu verlassen, wird es weniger Grenzen zwischen „euch" und „uns" geben. Die Menschen sind an Polarisierung und Dualität gewöhnt, sie trennen immer alles in ein „du" und ein „anderes". Wahrheit ist universell und man kann sich nicht gleichzeitig mit der Wahrheit vereinigen, wenn es eine Trennung zwischen „du" und „anderen" gibt. Wir sind alle gleich und wir teilen die gleiche Wahrheit.

Ich stelle mir oft vor, dass jemand Kontakt mit mir aufgenommen hat oder dass ich von außerhalb eine Wahrheit empfangen habe, wenn ich das fühle, was wir Menschen Gänsehaut nennen. Kannst du bitte darüber sprechen?

Ja, du erfährst eine beschleunigte Schwingung. Du sprachst davon, dass es geschieht, wenn du die Wahrheit hörst. Du könntest es die „Wahrheitsschwingung“ nennen. Dies wird immer öfter vorkommen, wenn die Menschen mehr dazu neigen, ihre Intuition einzusetzen und sie den Unterschied zwischen der Wahrheit und ihren Glaubenssystemen oder ihrer erfundenen Realität erkennen. Wenn die Wahrheit über etwas gesprochen wird, dann kommt dies für gewöhnlich aus euren Herzen, von einer Quelle außerhalb oder von einem erwachten menschlichen Wesen, das zu dem erwachten Anteil eines anderen menschlichen Wesens spricht und ihm von etwas erzählt, was mit der Wahrheit zu tun hat. Wenn die Wahrheit gesprochen wird, entsteht eine Gänsehaut. Ihr seid nicht die Einzigen, denen das geschieht, und wir sind sicher, dass ihr euch dessen bewusst seid. Es ist eine menschliche Reaktion auf die erhabene, *reine* Schwingung der Wahrheit, denn die Wahrheit ist eine reine, hohe Schwingung, nicht nur eine Ausrichtung auf das Richtige oder Falsche dessen, was die meisten Menschen für wahr *halten*.

Die meisten Menschen versuchen Zugang zur Wahrheit zu bekommen, indem sie ihr die Bedeutung von „richtig, so wie ich“ oder „falsch, nicht so wie ich“ zuordnen. Das hat nichts mit Wahrheit zu tun; das ist einfach ein erfundenes Glaubenssystem über die Realität. Gänsehaut entsteht, wenn ihr euch in einer angeregten Unterhaltung mit jemandem befindet und über etwas sprecht, das euch wichtig ist. Als ihr euch unserer Berührung bewusst wurdet und mit einer Gänsehaut darauf reagiert habt, wart ihr in einem erwachten Bewusstseinszustand. Gänsehaut hat mit Wahrheit zu tun. Sie ist der Funke, der von Mensch zu Mensch in einem göttlichen Raum entsteht, wenn Menschen die Wahrheit hören. Ihr beide beginnt die Wahrheit immer mehr auf eine Weise zu erkennen, dass ihr sie durch euren physischen Körper fühlen könnt. Ihr wart schon immer in der Lage dazu, doch dies wird sich bei euch noch verstärken, wenn eure Intuition und eure Telepathie zunehmen.

Wir verstehen, was ihr sagt, doch wir wüssten auch gerne, heißt das, dass man die Schwingung der Wahrheit nur versteht oder werden wir tatsächlich auch durch etwas anderes als unsere eigenen Körper berührt?

Wenn ihr mit einer anderen Person zusammen seid und etwas gesagt wird, das in euch als Wahrheit schwingt, dann ist dies manchmal einfach der Funke der Schwingung der Wahrheit selbst. Ein anderes Mal werdet ihr tatsächlich von uns berührt, von Engeln, von eurem Höheren Selbst oder von anderen energetischen Wesen, die euch tatsächlich physisch wahrnehmen lassen, dass ihr etwas ganz Wichtiges verstanden habt. Ja, manchmal werdet ihr von uns oder anderen berührt. Manchmal ist es nur der Funke der Wahrheit, den die Menschen untereinander empfangen können, wenn sie für diesen kurzen Augenblick all ihre göttliche Erinnerung berühren und in der Wahrheit leben. Beides trifft zu.

Danke. Ich vermutete bereits, dass ich manchmal von euch berührt worden bin.

Ja. Hast du das bemerkt?

Oh, ja.

Es ist wichtig, dass die Menschen verstehen, wie ihre Reaktionen und Glaubenssysteme ihre Realität erschaffen und wie tiefgreifend diese Glaubenssysteme und Reaktionsmuster in das hineinwirken, was man *denkt* zu sein. Es ist eure Entscheidung, ihr Menschen, euch über eure Überzeugungen dessen, wer ihr seid, hinauszubewegen. Ihr seid so viel mehr als das. Wenn ihr an dem Glauben festhaltet, keine Macht zu haben, um Dinge zu ändern, dann erschafft ihr weiterhin Umstände, die *diese* Realität bewirken. Eure *Macht* liegt in eurem *Wissen*. Verändert das, was ihr für möglich haltet,in das, von dem ihr *wisst*, dass es möglich ist und andere Möglichkeiten werden sich auftun. Ihr seid zu so viel mehr fähig, als zu euren menschlichen Reaktionen auf äußere und innere Stimuli. Ihr seid so viel mehr als das, was ihr zu sein glaubt. Es besteht ein großer Unterschied zwischen dem, was ihr für wahr *haltet* und der Wahrheit. Wahrheit hat nichts damit zu tun, ob ihr sie glaubt oder nicht. Manche Menschen sagen gerne: „Das ist nicht meine Wahrheit", denn etwas passt nicht zu ihren Erfahrungen oder zu ihrem Glaubenssystem darüber, wie die Dinge funktionieren. Der Wahrheit kann weder erfolgreich widerstanden noch kann sie geleugnet werden. Sie ist einfach, ob ihr sie glaubt oder nicht. Überzeugungen sind sehr menschlich. Vertrauen und Wahrheit sind das Einzige, das zählt, denn Vertrauen und Wahrheit führen zur Liebe. Ihr lernt, dass Überzeugungen keine Gültigkeit haben. Es sind Fallen. Wir sind froh, wenn es keine Überzeugungen mehr gibt und die Menschen mit dem Vertrauen in die Wahrheit leben.

Dies ist einer der Gründe, warum wir euch bitten, fortwährend eure Überzeugungen aufzugeben. Es geht nicht nur um Veränderung. Es geht darum, zu verstehen, dass Überzeugungen euch einengen und nicht zulassen, dass ihr euch in Richtung des Flusses und der Einheit bewegt. Aus menschlicher Sicht entwickelt sich Wahrheit mit der Entdeckung neuer Fakten. Die Menschen haben immer geglaubt, Fakten seien wahr, doch Fakten sind nur das, was in dem Moment bekannt ist - gewiss ist dies nicht die Wahrheit. Jene Menschen, die beginnen, ihr Verständnis zu erweitern und sich von einigen ihrer Fakten lösen oder von manchen Dingen, die sie als wahr ansahen, beginnen zu verstehen, dass sich die universelle Wahrheit nicht verändert, selbst durch neue wissenschaftliche Entdeckungen nicht. Wir behaupten, dass die Wahrheit die Wahrheit ist. Nur aus menschlicher Sicht entwickelt sich die Wahrheit und verändert sich, wenn ein neues Verständnis, eine Ausrichtung und ein Anerkennen anderer Realitäten in den mentalen Konstrukten deutlich wird. Wenn ihr diese Arbeit in die Welt hinausbringt, werdet ihr Momente erleben, in denen ihr herausgefordert werdet und ihr vielleicht zweifelt, denn gegensätzliche Ideen verursachen herausfordernde Gedanken. Legt eure Zweifel zur Seite, fühlt in eure Herzen hinein, nehmt euch an der Hand und erinnert euch daran, dass wir ein Team sind, eine Familie aus Liebenden und euer Zweifel wird sich ganz schnell auflösen. Lasst euch aber ganz gewiss nicht durch Anschuldigungen und die zweifelnden Fragen von anderen Menschen verletzen. Ihr wisst vielleicht, was sich richtig in euren Herzen anfühlt und könnt jeden Tag mehr Möglichkeiten *akzeptieren*, die außerhalb eures früheren Bewusstseins liegen. Wenn ihr zwischen allen Aspekten von euch selbst *(den bewussten und den unbewussten*) die Kommunikation fördert, erreicht ihr ein tieferes telepathisches Bewusstsein. Mit Hilfe dieses Bewusstseins könnt ihr euch miteinander und mit den Silberfäden verbinden, durch die ihr mit dem kollektiven Bewusstsein verbunden seid. Ihr könnt die von euch benötigten Dinge anziehen, indem ihr durch euer Wasser telepathische Wellen aussendet. Das ist wahre Kommunikation. Ihr könnt jetzt damit beginnen und sie wird sich verstärken; sie wird gefördert werden. Jene Menschen, die verstehen, wie man die Realität in eurer Welt mit erschafft, demonstrieren die Wahrheit und ein größeres Verständnis der Realität. Was sagt ihr dazu?

Ja. Ich glaube, dass das, was ihr uns erzählt, die absolute Wahrheit ist und ich glaube, wir wachsen in dieses Verstehen hinein. Ich kann für uns beide sprechen, dass wir wissen, dass ihr real seid, wir real sind und es nichts gibt, woran wir zweifeln müssten.

Ja. Und wir stimmen euch zu. Es gibt noch mehr zur Erschaffung der Realität zu sagen. Es sind nicht nur eure Glaubenssysteme, welche die Realität erschaffen; auch die Überzeugungen des kollektiven Bewusstseins der Menschheit erschaffen eure gemeinsame Realität. Das kollektive Bewusstsein besitzt ein generelles Verständnis und Glaubenssystem, das die kollektive Realität definiert. Es wird durch die Zeit begrenzt. Das kollektive Bewusstsein hat für die Menschen festgelegt, was in der dreidimensionalen Realität möglich ist und was nicht. Das kollektive Bewusstsein beinhaltet gemeinsame Ängste, gemeinsame Gedanken und gemeinsame Visionen - all das, was die Menschen in den energetischen

Topf der Menschheit geben. Wie wir erwähnt haben, seht ihr uns als sechs, doch wir sehen uns als eins; beim kollektiven Bewusstsein ist es auch so. Wir sehen euch *(Cullen und Pia)* als zwei, doch die Menschheit als eins; es ist fast dasselbe. Kollektives Bewusstsein als Ganzes muss sich also in eine höhere Form weiterentwickeln. Wenn ihr euer Licht aussendet, eure positiven Gedanken und eure Fähigkeiten, euch über die Zeit, den Raum und die Form hinauszubewegen und eure Überzeugungen aufzulösen, dann handelt jeder von euch als Herz und Hirn für den gesamten Organismus. Alles, was ihr tut, beeinflusst das kollektive Bewusstsein, gerade so als hätte ein menschliches Wesen eine Gehirn- oder Herzoperation, um besser funktionieren zu können; ihr dient dazu, das kollektive Bewusstsein zu verändern. Ihr seid dabei nicht allein, alle Menschen nehmen an dieser Veränderung teil.

Es gibt auch ein unbewusstes kollektives Bewusstsein - wir meinen diese vergessene Sehnsucht, die alle Menschen in sich tragen, zur Quelle zurückzukehren, in Liebe zu handeln, eine wahre Verbindung zu haben, das Verlangen nach Schönheit, die Sehnsucht nach Wissen; die Definition dessen was die Menschen als „Gott kennen". All das liegt im Unterbewusstsein des kollektiven Bewusstseins. Bei unserer Zusammenarbeit werdet ihr beide als Wegbereiter dienen und das ansprechen, was aus dem Unterbewusstsein ins Bewusstsein der Menschheit gebracht werden muss. Das zu lehren, was wir euch mitgeteilt haben, und ein Beispiel zu geben, wird helfen, das Unterbewusstsein der Menschheit anzuschubsen und es ans Licht zu bringen, damit die Menschheit sich zu einem kollektiven Bewusstsein entwickeln kann, das seinen eigenen Schatten kennt und sich daran erinnert, woher es kam und dass es aus Licht besteht. Pia interpretiert das, was wir sagen als Herzöffnung. Das Unterbewusstsein öffnet das Herz dem kollektiven Bewusstsein. Die Göttlichkeit innerhalb des Unterbewusstseins zu enthüllen, öffnet das Herz des kollektiven Bewusstseins, damit es sich hin zur Liebe bewegen kann. Doch die meisten Menschen können sich in dieser Zeit nicht in die Stille begeben, um dies zu tun, denn der Großteil der Menschheit hat einfach Angst davor, seinem

Schatten zu begegnen. Die Menschen beschäftigen sich selbst so sehr, dass sie keine Zeit für Reflexion oder für die Stille haben, die nötig ist, um sich in die eigene Schattenarbeit zu versenken. Sie lenken sich mit vielen "Pflichten" und den vielen „Dingen" ab, die ihr Leben laut machen, wie z.B. Fernsehen, Radio und Computer. Das Vermeiden von Stille zur Selbsterforschung kann man mit einem Wort zusammenfassen: Angst. Wir werden darauf später noch näher eingehen.

Das kollektive Unterbewusstsein trägt also Informationen in sich, die den Menschen Angst machen. Die Sehnsucht, von der ihr sprecht, muss ein Schlachtfeld sein für den Wunsch, sich zu erinnern und wenn die Angst an Oberhand gewinnt, macht es die Sehnsucht nach wahrer Erinnerung zunichte.

Nicht ganz. Im Unterbewusstsein leben das Licht und die Erinnerung, die hervorgebracht werden müssen. Die Angst lebt in der Mitte. Schattenarbeit ist nicht unterbewusst; sie findet in der Mitte statt und die Menschen haben Angst, in irgendwelche Tiefen vorzudringen. Im dreidimensionalen Verständnis könnt ihr euch das in Schichten vorstellen. Die erste Schicht ist das kollektive Bewusstsein, dort sprechen die Menschen über die alltäglichen Dinge der Welt. Darunter ist eine Schicht der Angst, durch die sich die Menschen entweder versuchen durchzuarbeiten oder sie weigern sich, diese überhaupt anzuschauen. Wenn sie tatsächlich durch die Angst hindurchgehen, sich mit ihren eigenen Schatten anfreunden und verstehen würden, was der Schatten sie zu lehren versucht, *dann* würden sie zu einer anderen Schicht durchdringen, in der das Licht wohnt. Verständnis über die wahre Natur der Realität wird sich entfalten, wenn die Menschen den Mut gewinnen, ihre Schatten anzuschauen und nicht länger an ihren Überzeugungen festhalten, was „real" und was „wahr" ist. In allen Menschen werden Zweifel entstehen durch Fragen wie: „Was ist Realität?", wenn sich der Schleier hebt oder wenn er fällt, abhängig von eurer Perspektive. Wenn das, was die Menschen als unbeugsame, solide Realität betrachteten sich wandelt und verändert, werden die Menschen versuchen, sie zu beweisen und daran festzuhalten und sicherzustellen, dass das, was sie glauben umso realer ist, je mehr es zusammenbricht und unter ihren Füßen wegbricht. Ihr beide erlebt so etwas wie Kraut und Rüben (wir mögen diesen Ausdruck), indem ihr euch zwischen existierenden Realitäten hin und her bewegt - die Realität, von der ihr beide wisst, dass sie real ist, und die Realität, die die Mehrheit der Menschen für real hält. Wenn man unbewusst auf die wahre Realität stößt, kann das für die meisten Menschen verwirrend sein. Wenn ihr aus einer größeren Bewusstheit heraus auf diese Realität stoßt, dann versteht ihr sie und erkennt sie als das, was sie ist. Wenn ihr versteht, was sie ist, dann werdet ihr in aller Ruhe mit ihr in Resonanz sein. Die Realität verändert sich und die Realität war niemals das, wofür die Menschen sie hielten. Beides ist wahr.

Würdet ihr sagen, dass in der gesamten Geschichte die Menschen die Dinge, die außerhalb ihrer normalen Realität erschienen als Wunder bezeichneten?

Ja. Denn die Menschen glauben, dass alles außerhalb ihres Glaubenssystems unmöglich ist und nicht existieren kann, sie definieren solche Vorfälle als Wunder. Es sind keine Wunder; hier ist einfach die Göttlichkeit am Werk durch die Kraft der Absicht, die auf das persönliche Wasser einer Person wirkt, oder sogar noch mehr, auf das kollektive Wasser, wenn eine Gruppe die gleiche Absicht hegt. Es gibt keine Wunder. Wunder sind einfach die Göttlichkeit, die in menschlichen Ereignissen erwacht. Oder ihr könntet es anders ausdrücken - alles ist ein Wunder. Wir bevorzugen diese Version - alles ist ein Wunder. Durch ihre Angst verschließen die Menschen einfach die Tür zur göttlichen Interaktion und dadurch, dass sie sich an Glaubensstrukturen klammern und daran festhalten, die sie daran hindern, die Wahrheit zu erkennen.

Und es scheint mir, als könnte die gesamte Menschheit auf eine wundersame Weise leben, indem sie ihren eigenen Weg verlässt und der Göttlichkeit erlaubt, die Teil von uns allen ist, einfach so zu wirken, wie es geplant war.

Wir glauben, dass dies der göttliche Plan für diesen Planeten ist. Und ihr beide seid Wegbereiter, weil ihr wisst, wie man dies manifestiert, indem ihr aus der Absicht eine Handlung erzeugt.

Ist dies gleichbedeutend, wie den Geist in die Materie zu bringen? Die Menschen verwenden diesen Satz seit sehr langer Zeit und sie versuchen zu erklären, dass das Leben viel leichter wird und wir uns im Fluss befinden, wenn wir den Geist oder den ursprünglichen Sinn der Quelle in unsere menschliche materielle Welt bringen. Ist dies dasselbe wie den Geist in die Materie zu bringen?

Wir glauben, aus menschlicher Sicht ist die Erkenntnis, den Geist in die Materie zu bringen begrenzt, denn für die meisten Menschen ist die Materie das Wichtigste. Sie stützen sich auf die physische Form und verlassen sich als Realität darauf; daher möchten sie sie mit dem Geist durchdringen. Aus unserer Sicht geht es nicht darum, den Geist in die Materie zu bringen, sondern vielmehr das Göttliche zu erwecken, das bereits existiert und sich damit wieder zu verbinden, sich wieder an die Verbindung zu erinnern (um euren Ausdruck zu verwenden), die bereits besteht.

Der Geist oder die Göttlichkeit existiert bereits in physischer Form; sie wurde einfach nur durch Angst, Leid und all jene negativen Emotionen abgetrennt, die die Menschheit seit Tausenden von Jahren ausgehalten und woran sie festgehalten hat. Wenn die Menschen ihre emotionalen Klärungen durchgeführt haben und in vollkommenerem Maße alle Realitäten der vergangenen / parallelen Leben und gegenwärtige Erkenntnisse integriert haben, dann verbinden sie die Fragmente wieder miteinander, die den Fluss der Göttlichkeit ermöglichen, um von der Quelle zur Person und von der Person zur Quelle hin und her zu wechseln. Wir sehen es also eher als die Reinigung eines Kanals und das Öffnen des Weges zu dem, was bereits innerhalb der Materie existiert, anstatt etwas zum ersten Mal in die Materie zu bringen. Denkt nicht linear und in

Hierarchien und macht das eine nicht wertvoller als das andere. Beides ist wichtig. Der Geist oder die Quelle ist in euch und außerhalb von euch. Lasst uns euch helfen, eure Überzeugungen loszulassen, zu lernen, die Wahrheit zu erkennen und in die neue Realität zu reisen. Ihr werdet in die Wahrheit eingewiesen.

5

DIE MACHT DER GEDANKEN UND DER ABSICHT

Wir möchten euch für eure Bereitschaft danken, mit uns zu sprechen. Wir möchten verstehen, wie wir den Menschen bei ihren Schwierigkeiten helfen können. Wir möchten verstehen, was für euch schwierig ist oder eine Herausforderung darstellt. Wir verstehen nicht, warum viele von euch oft von Dingen herausgefordert werden, die uns so einfach erscheinen. Durch diese Gespräche lernen wir, wie eure Gedanken und Emotionen zu euren Schwierigkeiten beitragen, damit wir euch mehr Werkzeuge und Unterstützung geben können. Wir danken euch für die Gelegenheit, etwas über das menschliche Denken zu lernen. Welche Gedanken könnt ihr heute mitteilen?

Letzte Nacht wachte Pia die ganze Nacht über durch wahllose Gedanken und visuelle Bilder in ihrem Gehirn immer wieder auf. Würdet ihr bitte die Muster erklären, die sie sah und uns sagen, ob wir irgendetwas darüber wissen sollten?

Wir zeigten ihr fraktale Muster von Energiewellen und winkelförmige Komponenten von Gedankenformen und deren energetische Form, im Gegensatz dazu, wie ihr Gedanken versteht. Gedanken haben eine Struktur, obwohl die Menschen die Struktur für gewöhnlich nicht sehen können. Wir zeigten ihr die Struktur der mentalen Gedankenformen. Sie war verwirrt durch die geometrischen, winkelförmigen Formen, die ihr ungewohnt vorgekommen sein mögen. Ihr Gehirn musste sich irgendwie ausdehnen, um diese Muster wahrzunehmen. Es gibt viele visuelle Muster, die sich von denen, an welche die Menschen gewöhnt sind, unterscheiden. Wir dehnten ihr Gehirn aus, förderten ihre Fähigkeit, mehr von ihrem Gehirn zu nutzen, so wie du dein Gehirn vermehrt nutzt. Hättest du diese Dinge gesehen, sie wären für dich vielleicht nicht so ungewöhnlich gewesen, denn dein Gehirn erinnert sich an mehr Dinge aus früheren Leben als Pias Gehirn. Wir gaben ihr also einen Eindruck, eine Art Sehen der energetischen Muster von Gedanken. Was sonst noch?

Sie erwachte mit zwei Sätzen in ihrem Geist. Der erste Satz lautete: „Eine Zellerinnerung an ein Leben ohne Einschränkungen". Der zweite Satz lautete: „Die Wurzeln des Weltenbaumes bewahren uns davor, uns in die Illusion zu bewegen". Könnt ihr uns sagen, was diese Gedanken bedeuten?

Ah, ja. Nun, ihr kennt bereits die Interpretation des ersten Satzes. Er bezieht sich auf euer Wissen, dass es möglich ist, allgegenwärtig zu sein. Er bezieht sich auf die Art und Weise, wie wir uns bewegen und die Art und Weise, wie sich die Menschen bewegen konnten, bevor sie in den physischen Körper kamen. Die Erinnerung an diese Art des Seins lebt in euren Zellen. Wir helfen euch dabei, diese Erinnerung wieder zu erwecken, indem wir euch diesen Gedanken geben. Der Satz ist eine Gedächtnisstütze und eine Bestätigung dessen, was ihr bereits wisst. Der zweite Satz ist ein symbolischer Gedanke, um euch selbst geerdet zu halten, während ihr andere Arten des Seins erlernt. Der Weltenbaum muss Wurzeln in der Erde haben, wenn er hinausreicht in das Universum, und wenn man in der Dualität lebt, ohne geerdet zu sein, kann man in Schwierigkeiten geraten. Der Baum ist ein symbolischer Rat, die Geschwindigkeit zu reduzieren und sich mit der Natur zu verbinden. Macht euch keine Sorgen, dass ihr euch zu schnell beschleunigt.

Dieser Rat gilt für alle Menschen, die Teil der Erde sind und die hinaufreichen in das Universum. Wir geben euch menschliche Symbole und Gedanken, damit ihr den Menschen helfen könnt zu verstehen und zu wachsen. Letzte Nacht gaben wir Pia einige visuelle Vorstellungen darüber, wie der Mentalkörper und die mentalen Wege funktionieren.

Es war eine Kommunikation. Hier nun die Interpretation davon: Wenn ihr euch eine fremde Sprache anschaut und ihr seht die Form und den Fluss der Buchstaben, die von links nach rechts (oder von rechts nach links laufen, wie in asiatischen Sprachen), dann seht ihr gewisse Muster, die ihr als eine Form der Kommunikation versteht. Was Pia letzte Nacht gesehen hat, waren Muster und wir sagen ihr heute, dass dies eine Form der Kommunikation ist. Doch sie ist ihr nicht vertraut, denn es gibt keinen Fluss von links nach rechts oder von rechts nach links, so wie dies in der menschlichen Sprache üblich ist. Und dennoch ist es Kommunikation. Mentale Konstrukte bewegen sich durch geometrische Formen, stoßen aufeinander, wenn sie in Resonanz sind oder entfernen sich von einem Punkt zum anderen. Es ist gleichzeitig eine Form von Chaos und Ordnung, denn die Energie bewegt die Gedanken.

Ja, ich glaube der Schmetterling-Effekt bezieht sich auf die Tatsache, dass selbst etwas so Kleines wie der Flügel eines Schmetterlings, winzige Veränderungen bewirken kann, die alles verändern können. Der Effekt des hundertsten Affen bezieht sich auf die Tatsache, dass ein erlerntes Verhalten sich ganz spontan von einer Gruppe von Affen auf alle Affen ausbreitet, sobald genügend Affen diesem Verhalten ausgesetzt waren. Gedanken reisen auf die gleiche Weise.

Ok. Mentale Konstrukte bewegen sich so. Gedankenenergie bewegt sich von einem Ort zum anderen, spaltet sich auf in Fraktale, erschafft andere Farben, springt zurück und bewegt sich dann wieder weiter und beeinflusst jeden Ort, den sie berührt; manche ziemlich unerwartet. Gedanken haben eine enorme Kraft.

Das ist sehr wichtig.

Ja! Es ist sehr wichtig. Welche Gedanken möchtet ihr noch hinzufügen?

Es scheint so, als würdet ihr uns in das Verständnis dessen einführen, wer ihr seid, wie ihr seid, wie ihr lebt und wie ihr Energie erlebt. Licht, Farbe und Bewegung. Ihr gebt uns eine Zusammenfassung dessen, wer ihr seid und welches Leben oder welche Existenz es auf der anderen Seite des Schleiers gibt, der die Menschen auf dem Planeten Erde von der wahren Realität dessen trennt, woraus das Universum wirklich gemacht ist, was es tut und wie es funktioniert.

Ja, doch wir möchten dies noch etwas ausführen. Es ist nicht einfach nur ein Blick auf die andere Seite des Schleiers; es ist auch eine Enthüllung der Realität auf eurer Seite des Schleiers.

Ihr meint von dem, was sein *kann*?

Nein. Von *dem*, dessen ihr euch nicht bewusst seid, dessen sich die Menschen nicht bewusst sind und was auf beiden Seiten des Schleiers existiert.

Was sein *kann*, wenn wir es sehen, verstehen und fühlen können.

Es ist da, ob ihr es seht, versteht und fühlt oder nicht.

Wir Menschen müssen unsere Gewohnheiten aufgeben und alles „negativ Erlernte", um zu verstehen und so zu leben, wie ihr uns dies zeigt.

Ja. Ganz genau und deshalb fordern wir euch auf, *eure Glaubenssysteme aufzugeben! Seid Herr über eure Gedankenformen!* Wenn ihr an einen energetisch negativen Ort kommt, beobachtet eure Gedanken, denn diese

Gedankenformen erschaffen eine von euch nicht gewünschte Realität. Sie bauen in der Tat ein Gefängnis um euch herum und halten euch in einer Struktur fest, die euch daran hindert, genau die Dinge zu bekommen, die ihr euch von Herzen wünscht. Deutlicher oder klarer kann es nicht sein. Versteht ihr die Wichtigkeit?

Ja, ich glaube ich verstehe es, obwohl es für Menschen schwierig zu begreifen ist, wie man fortwährend seine Gedanken beobachtet, insbesondere, wenn Emotionen mit ins Spiel kommen.

Wir sagen, Gedankenmuster erschaffen mehr Realität, als ihr euch bewusst seid und wir haben Pia eine visuelle Darstellung darüber gegeben, die ihr anderen Menschen mitteilen könnt. Wir versuchen, eure Gefängnismauern niederzureißen. Bei dem Satz, den wir Pia im Schlaf gegeben haben *(„eine Zellerinnerung an ein Leben ohne Einschränkungen“),* geht es darum, aus den Begrenzungen auszubrechen und aus den Strukturen, die sich die Menschen durch ihre mentalen Gedankenformen selbst auferlegen. Der Schlüssel zur Gedankenform ist die *Form*. Wenn ihr versteht, dass die Menschen glauben, dichte physische Materie sei Form, dann ergibt der Begriff „Gedankenform“ einen perfekten Sinn; ihr *denkt* etwas und dieses Etwas erhält eine strukturelle Form. Wir meinen damit, wenn ihr gute Gedanken denkt, dann manifestiert ihr das, wonach ihr strebt. Im Gegensatz dazu erschafft ihr eine unbequeme und unangenehme Realität für euch selbst und für alle anderen, wenn ihr fortwährend negative, angstvolle, emotionsgeladene Gedanken habt.

Ich glaube, ich verstehe auf mehreren Ebenen was ihr erklärt, doch das haben die Menschen eingeübt. Was ihr sagt ist für die meisten Menschen vollkommen neu.

Wir wissen das, doch wir wissen auch, dass es unter euch viele erleuchtete Menschen gibt, die das Prinzip gelehrt haben, dass „Gedanken Dinge“ sind. Die *Form* ist der Schlüssel. *Ihr erschafft in jedem Augenblick des Tages*

Formen durch eure Gedanken. Je mehr ihr euch auf das fokussiert, was ihr über Resonanz mit Wasser und Kommunikation ohne die strukturierten Gedankenmuster gelernt habt, umso mehr kommuniziert ihr auf die Weise, wie wir es tun, von der Resonanz des Herzens aus. Solange ihr durch Gedanken und Worte kommuniziert, haben sie die Macht, sich in der Realität zu manifestieren. Form ist nicht das, was ihr denkt. Kommunikation findet durch Wasser statt. Form kann innerhalb eines Konstruktes von Liebe und fließender Bewegung gehalten werden; fließend, so wie sie sein soll, und sich dort anschließen, wo es nötig ist. An unserem Beispiel kann man dies veranschaulichen: Ihr nehmt uns als sechs Wesen wahr, doch wir selbst nehmen uns als ein vereintes Wesen wahr. Wir können uns trennen und uns willentlich überall hinbewegen, um euch mit unserer Liebe zu umhüllen oder euch aus unterschiedlichen Winkeln zu berühren. Wir bilden gemeinsam eine energetische Masse ohne Grenzen, denn wir sind in der Lage, uns wie Wasser zu bewegen, ohne spezifische Grenzen. Wir kommunizieren ohne Gedankenformen durch unser Wasser.

Wir glauben, dass die Menschen, die nach Wachstum und Weiterentwicklung streben, bereit sind, alles, was wir sagen zu hören und zu verstehen. Einige werden zuhören und sich darüber klar werden. Andere werden einfach nur zuhören und es akzeptieren. Die Wahrheit ist die Wahrheit.

Dies wird eine revolutionäre Erkenntnis für die menschlichen Wesen sein. Wie können wir dabei behilflich sein, dass die Menschheit sich mit dieser neuen Erkenntnis verändert?

Wir amüsieren uns manchmal über die menschlichen Gedankenprozesse, wie interessant und neugierig ihr sein könnt! Wir sind alle miteinander verbunden und lernen so viel von euch darüber, wie assoziative Gedankenprozesse sich durch das menschliche Bewusstsein bewegen. Je mehr wir dies verstehen, umso mehr Unterstützung können wir euch anbieten. In dieser Zeit sind nicht sehr viele Menschen besonders neugierig, ihr Gehirn auszudehnen, um sich Gedanken zu machen. Wir freuen und amüsieren uns, wenn einer von euch kreativ seine Gedankenmuster in eine positive Richtung webt. Es erfreut und amüsiert uns, denn es ist so ganz anders als unsere Art, Dinge zu tun. Dennoch möchten wir euch unsere Art der Kommunikation mitteilen, denn die Menschen sind in der Lage so zu kommunizieren wie wir. Wir beginnen vom Herzen aus, wir fühlen wie Schwingungen ausströmen, die das kommunizieren, was wir fühlen. Wir ermutigen euch dazu, euch bitte bewusst zu werden, was ihr in eurem Körper fühlt, denn dadurch öffnet ihr euer Verständnis dafür, so zu kommunizieren wie wir dies tun. Fast die gesamte Menschheit hat durch fehlerhafte Ideen, dass der Körper geringer sei als der Geist, Schaden genommen. Die Haltung der dualistischen kartesischen Prinzipien, dass Geist und Körper getrennt seien, schadet der Kommunikation.

Die beste Kommunikation findet dann statt, wenn derjenige, der kommuniziert (entweder ihr oder wir) sich in einem Zustand vollkommener Offenheit und Empfänglichkeit befindet. Eine bessere Kommunikation zwischen den Menschen und interplanetaren Wesen, so wie uns, ist nicht nur für eure Welt von Nutzen, sondern auch für das gesamte Universum.

Kehren wir mit unserer Konversation nun zu der Kraft der Gedanken zurück. Es ist wichtig, dass die Menschen die Verbindung zwischen Absicht, Gedanken und Gefühlen verstehen. Absichten können auf dem Herzen basieren oder Gefühlen entstammen oder mental sein und von Gedanken herrühren. Absichten erschaffen Realität, insbesondere wenn sie mit Emotionen gekoppelt sind. (Wir werden später sehr tiefgehend über Emotionen sprechen). Wenn jemand sagt: „Es war nie meine Absicht, dass dies geschieht“, dann gibt es immer eine missverstandene Absicht, die diesen Umstand herbeiführte. Oft ist die Absicht bekannt, was man fühlt, während gleichzeitig eine unbewusste, unbekannte (und missverstandene) Absicht vorhanden ist, die Dinge aufwirbelt, um Veränderung zu fördern. Wenn man die zugrunde liegende Absicht für Veränderung nicht gut beherrscht und sie nicht mit den bewussten Gedanken in Übereinstimmung ist, wenn sie durch eine unkontrollierte Emotion in diesem Moment losgelassen wird, dann wird die Energie für die Veränderung zu einem Fluss, der aus seinem Bett tritt, eine Überflutung verursacht, ein Übermaß dessen, was wirklich für eine positive Veränderung nötig ist.

Die Art und Weise, wie ihr eure Absicht mit euren Gedanken und emotionalen Gefühlen zusammenbringt, bestimmt die Erschaffung eurer Realität. Ihr müsst ganz bewusst denken und eine Absicht haben, denn ihr versteht noch nicht die ganze Kraft, die ihr für die Erschaffung eurer eigenen Realität besitzt. Wenn ihr euch „außerhalb eurer eigenen emotionalen Ufer" befindet, dann übt unverzüglich Mitgefühl für euch selbst und alle anderen, um das Gleichgewicht wieder herzustellen. Sucht nach dem Verbindungsstück zwischen dem bewussten Gedanken, der bewussten und unterbewussten Absicht und der gefühlten Emotion. Die Menschen sind darin nicht sehr gut. Wir versuchen euch zu lehren, eure Gedanken beobachten zu können, eure Emotionen zu kontrollieren und eure Absichten zu fokussieren, um eine bessere Realität zu erschaffen. Ihr könnt viel erreichen für die Menschheit, wenn ihr lernt, bewusst eure Gedanken, eure Gefühle und eure Absicht zu kontrollieren.

Mehr noch als mit der Absicht von einem oder zwei Menschen, kann mit einer Absicht in einer Gruppe erreicht werden, denn ihr seht euch einem gemeinschaftlichen menschlichen Bewusstsein gegenüber, das diese Konzepte nicht versteht. Die Absicht einer Gruppe hat einen größeren Einfluss. Deshalb ist es zu dieser Zeit wichtig, Verbindung und Kommunikation mit gleichgesinnten Wesen zu suchen, mit denen ihr eure Absicht vereinen könnt; sendet sie wie einen Laserstrahl in das kollektive Bewusstsein der Menschheit, um jene rigiden Glaubenssysteme und Strukturen zu zerschmettern und auseinanderzubrechen, die die Menschheit gefangen halten. Es ist an der Zeit, jene unter euch zusammenzurufen, welche die ganze Zeit darauf gewartet haben, ihre Arbeit zu tun. Dies ist Teil unseres Teamworks. Jetzt ist die Zeit gekommen.

Danke. Das war eine sehr ausführliche Antwort auf eine sehr kleine Frage. Das ist toll. Wir stellen fest, dass wir an manchen Tagen in der Lage sind, ganz ruhig unsere Gedanken, Absichten und Emotionen zu beobachten und an manchen Tagen ist dies eine ausgesprochen große Herausforderung. Warum gibt es einen solchen Unterschied im Inneren? Sind wir dafür verantwortlich? Ist das Universum dafür verantwortlich? Sind wir teilweise dafür verantwortlich? Heute fühlen wir beide uns beispielsweise extrem leicht und freudvoll. Wir möchten gerne wissen, wer, was oder welche Kombination für diese extreme Leichtigkeit des Seins verantwortlich ist?

Ah, eure Frage lehrt etwas. Sie lehrt das, woran wir am allermeisten interessiert sind: Teamwork, Einheit, Bewegung zur Quelle hin. Wir haben euch gesagt, dass die Absicht einer Gruppe oder sogar von nur zwei Menschen mehr dazu beiträgt, die kollektive Realität zu verändern, als die Absicht einer einzelnen Person. Um eure Frage Stück für Stück zu beantworten: Weder dürfen wir noch können wir die Veränderungen für euch durchführen, denn ihr kontrolliert eure eigene Einstellung. Es ist eure Kraft, die Kraft eures Wassers und wir können dies nicht ändern. Unser Beitrag besteht darin, Wege zu öffnen, das Gehirn neu zu verdrahten, euch zu unterrichten und andere Möglichkeiten zu zeigen, doch nichts kann ohne eure Erlaubnis, eure Entscheidungen und die Kontrolle eures eigenen Wassers geschehen, ohne eure eigene Kraft mittels eurer eigenen Gedankenformen. Die Gedankenformen der Menschheit haben die Menschheit einige Zeit zurückgehalten. Ihr beide bereitet durch die Liebe, die reine, bedingungslose und ursprüngliche Liebe – die Art, die bei der Menschheit selten ist – einen sicheren Ort, an dem man das empfangen kann, was wir anbieten. An diesem sicheren, liebevollen Ort können die Menschen die notwendige Schattenarbeit leisten, um alte, fehlerhafte Überzeugungen und Ängste auszuräumen und um Platz zu schaffen für eine neue Einstellung.

All das ist Teil des gesamten Teamworks, doch jede Person muss den größten Anteil daran selbst übernehmen, denn *zuerst* wird es auf individueller Ebene durch die eigene Kraft erreicht. Die Menschen hatten *immer* schon die Kraft, in der Lichtenergie zu leben, die ihr beide heute erlebt; aufgrund ihrer Anhaftungen an vertraute Muster und Glaubenssysteme weigern sie sich einfach es zu tun. Die Menschen bleiben in den Furchen stecken, in denen ihnen das Unbehagen vertrauter ist, als ein neuer Weg der Freude und Leichtigkeit. Wenn also irgendetwas geschieht, dass sie aus ihrem Gleichgewicht bringt, dann fallen sie buchstäblich in ihre alten Furchen zurück, die Furchen, die sie weiterhin durch ihre eigenen Gedanken bilden. Sobald die Menschen eines Tages verstehen, *wie* sie es anders machen können, erwarten wir, dass sie sich durch ihre Gedanken bessere Spuren für ihre Haltungen einprägen. Um also eure Frage zu beantworten, jeder einzelne Mensch allein kann seine eigene Einstellung verändern; niemand sonst ist in der Lage, dies für ihn zu tun. Es ist nicht nur das bewusste Selbst jedes Einzelnen; auch das Unterbewusstsein macht einen Unterschied. Wenn das Bewusstsein und das Unterbewusstsein miteinander kommunizieren und als ein integriertes Ganzes arbeiten, macht das einen Unterschied. Genau dann erfahren die Menschen die Heiligkeit und Göttlichkeit dessen, wer sie sein sollen. Auf eurem Weg hin zu dieser Erkenntnis werdet ihr entdecken, dass ihr in einer freudigen Zeit lebt, *wenn* ihr es zulasst.

Schließlich möchten wir euch noch sagen, dass *eure Gedanken nicht euch gehören*. Ist dies nicht eine überraschende Vorstellung für eine Spezies, die auf Individualität fokussiert ist?! Es ist eine seltsame Vorstellung für die Menschen, nicht wahr? Denkt über das nach, was wir euch darüber erzählt haben, wie wir, Laarkmaa und andere Plejadier kommunizieren. Wir kommunizieren durch unseren ersten Sinn und durch unser Herz. Dies ermöglicht es uns, einander zu lesen, denn wir streben nach dem höchsten Wohl für alle Beteiligten. Es ist nicht nötig, unsere Gedanken als privat zu verstecken. Denkt auch über unsere Worte nach, wie Menschen Macht über ihr Wasser haben, um damit Gedanken hin und her zu bewegen. Du hast z.B. Pias Wunsch gelesen, was sie heute zu Mittag essen möchte. Wenn ihre Gedanken vollkommen ihr eigenes gehütetes Geheimnis wären, wärst du nicht in der Lage gewesen, ihr Wasser zu lesen und ihr das Essen zu bereiten, das für euch beide gut ist. Denkt weiter darüber nach, wie wir acht von einem sind und einer von acht. Die menschlichen Wesen auf der langen Straße der Entwicklung haben sich Schritt um Schritt immer weiter in Richtung Trennung bewegt. Es ist jetzt an der Zeit, sich wieder der Einheit zuzuwenden. Eure Gedanken als euer eigenes Territorium zu beanspruchen, ist ein Schritt in die *falsche* Richtung. Es ist neu für ein menschliches Wesen zu denken, *die eigenen Gedanken seien nicht privat*. Den Menschen wurde beigebracht, ihre Gedanken zu hüten, denn sie wären das Einzige, das sie ganz für sich selbst behalten können; ihre Gedanken und ihre Einstellung. Doch das ist eine fehlerhafte Lehre und Schulung.

Um sich der Einheit und dem Einssein anzunähern, müsst ihr in der Lage sein, frei zum höchsten Wohle von allem ohne Trennung zu kommunizieren; versteht, dass eure Einstellungen, ebenso wie eure Gedanken jeden beeinflussen. Die Gedanken müssen offen sein. Ihr habt keinen individuellen oder gemeinsamen Nutzen, wenn ihr eure Gedanken still für euch selbst behaltet.

Erinnert euch, wenn die Menschen Absicht und Gedanken in die Welt einbringen, dann beginnen sie, eine Realität für alle zu erschaffen. Wenn die Menschen ihre individuellen Gedanken verwenden, mit oder ohne bewusste Absicht, dann erschaffen sie für ihre Gemeinschaft und ebenso für sich selbst. In einem größeren Rahmen geht der menschliche Gedanke, der in das Universum freigesetzt wird, hinein in die kollektiven Gedankenpools der *gesamten* Menschheit, hinein in das kollektive Bewusstsein, um die Realität zu erschaffen, die die Menschen in der dritten Dimension miteinander teilen.

Ihr seht also, die Vorstellung, dass eure Gedanken privat sind und ihr das Recht habt, zu denken, was euch gefällt, ist eigentlich nicht richtig und dieser Glaube hat den Menschen einige Zeit Schaden zugefügt. Ihr müsst euch stets *so* sehr eurer Gedanken bewusst sein, denn ihr *wisst*, dass eure Gedanken die Realität mit erschaffen, die euer zukünftiges Selbst und andere erleben werden. Es ist weise, sich daran zu erinnern, dass ihr nicht nur für euch selbst erschafft, sondern auch für eure Lieben und die ganze Welt. Es gibt weder Zeit noch Raum, um mit privaten Gedanken des Selbstmitleids oder Gedanken negativer Art, die emotionale Verstimmungen mit sich bringen, nachsichtig zu sein. Erkennt die Gedanken, wenn sie entstehen, verändert sie, wenn nötig und nutzt eure Absicht, um eine größere Realität zu erschaffen.

Erlaubt den Gedanken nicht einfach ihren Lauf; das ist die alte Art des Seins. Die Zeit dafür ist vorüber. Wenn Gedanken entstehen, dann ist es angemessen und wichtig zu prüfen, was ihr fühlt und was ihr denkt und euch zu fragen: „Wie möchte ich meine Gedanken um dieses Thema arrangieren, um eine bessere Umwelt zu erschaffen, in dem Wissen, dass das, was ich wähle, alles andere beeinflusst?" Ihr müsst immer fragen: „Welchen Rolle spiele ich hierbei?" Ihr beide müsst andere Menschen lehren, dass Gedanken kein privates Material für ihren eigenen internen Gebrauch sind. In eurer Kultur hat es eine starke Bewegung hin zur Selbstwerdung gegeben, die auf Trennung aufbaut. Während Psychologen lehren, dass Selbstwerdung ein angemessenes Entwicklungsstadium für Kinder ist, ist es aber nicht in Ordnung, Dinge zu lehren, die eigentlich die Trennung unterstützen. Es ist an der Zeit, dass die Menschen sich wegbewegen vom Individualismus und stattdessen hin zur Einheit.

Dieser Prozess, die fehlerhaften Überzeugungen der Menschen zu korrigieren, dass ihre Gedanken ihnen ganz individuell gehören, wird für die meisten, wenn nicht sogar für alle Menschen schwierig.

Nicht schwieriger als jedes andere Glaubenssystem. Das Loslassen von Glaubenssystemen erweist sich für die Menschen schwierig und es spielt keine Rolle, um welches Glaubenssystem es sich dabei handelt. Die *Anhaftung* eines jeden Menschen an spezielle Überzeugungen macht es schwierig loszulassen; das Festhalten an fest verwurzelten, vertrauten Glaubenssätzen macht es so schwierig, die eigenen Gedanken zu kontrollieren und sie zu verändern. Sobald die Menschen beginnen, Überzeugungen loszulassen, sobald dieser Prozess beginnt, findet eine gewisse Form von Kapitulation statt und es eröffnen sich neue Möglichkeiten. Viele Menschen werden um sich treten und schreien und an ihren Überzeugungen festhalten, bis die Wahrheit diese Überzeugungen überrollt und sie sich nicht länger vor den Veränderungen, die das Universum präsentiert, verstecken können. An diesem Punkt haben sie dann die Wahl, mit einer positiven Neugierde aufzugeben und zu fragen: „Was kommt als Nächstes?" Ihr beide tut das bereits bei einigen eurer Diskussionen, bei denen ihr mitten im Satz stoppt und zugebt: „Oh, hier ist ein Glaubenssystem; versuchen wir es anders." Dieser Prozess ermöglicht es den Menschen, ihre Gedanken über die Realität zu verändern.

Ja. Wir haben Erfindungen oder Erfinder in unserer menschlichen Geschichte betrachtet, Menschen wie Albert Einstein. Wir dachten niemals, dass er ganz von sich allein auf die neuen Ideen gekommen ist. Wir haben immer schon geglaubt, dass er mit einem größeren oder breiteren Verständnis verbunden war. Er schlüpfte einfach in dieses Verständnis hinein und wieder heraus und brachte neue Ideen in das kollektive Bewusstsein.

Ja, das ist sehr gut gesagt und gut erkannt. Die Menschen entwickeln niemals neue Ideen ganz allein aus sich heraus; entweder verbinden sie sich mit der universellen Wahrheit und erlangen Zugang zu Informationen oder sie werden geführt, um die für die Menschheit nötige Weisheit hervorzubringen. Manchmal schubst euch Laarkmaa und manchmal ist es euer Höheres Selbst, das mit der Quelle verbunden ist und euch Zugang zu der Idee verschafft.

Wenn dies nun also durch unseren Engel des Höheren Selbst geschieht, erfahren wir dann diesen Gedanken allein oder haben viele diesen Gedanken gleichzeitig?

Es ist so, als würdet ihr ein Sternenwerk sehen; ihr nennt es „Sternenwerk", wenn der Himmel erleuchtet ist?

Feuerwerk.

Feuerwerk. Es wäre wie ein Feuerwerk. Euer Höheres Selbst entzündet euch mit einer Idee und auf dem ganzen Planeten können gleichzeitig auch viele andere Menschen entzündet werden, denn ihr seid verbunden.

Genau das haben wir „simultane Erfindung" genannt.

Ja, genau. Und simultane Erfindungen gibt es seit langer Zeit. Doch hier geht es um mehr als um simultane Erfindungen. Wir ermutigen die Menschen, sich immer mehr in Richtung Einheit als Gruppe zu bewegen, anstatt an der individuellen Trennung festzuhalten. Es ist eine äußerst einfache Übung. Sie könnte euch viel Spaß bereiten.

Plejadier haben ein Gruppen-Einheitsbewusstsein, also verstehen wir es so, dass alle eine Lektion lernen, wenn ein Einzelner eine Lektion lernt. Wenn einer in Not ist, sind alle in Not. Da wir keine individuellen Vorstellungen über getrennte Gedanken haben und mit unseren Herzen und unserem ersten Sinn kommunizieren, erleben wir alle gleichzeitig das, was einer lernt. Übt, was wir euch hier mitgeteilt haben. Dieses größere Verständnis der Einheit ist für die Menschheit von großem Nutzen. Macht eure Gedanken absichtsvoll. Verwendet absichtsvolle Gedanken und denkt sie zum höchsten Wohle von allem. Die Kraft eurer Gedanken ist tiefgründig.

6

ÜBER DIE ERDE

Ihr möchtet also mehr über die Erde und die nicht-menschlichen Wesen der Erde erfahren?

Ja. Könnt ihr uns die Intelligenz der Delphine erklären? Wer sind sie oder wer waren sie in einer anderen Form?

Delphine tragen die Energie von Mu in sich, einem Kontinenten, der vor langer Zeit existiert hat, auf dem die dort lebenden Menschen ihr Wissen darüber teilten, wie man unter Wasser atmet und wie man seine Intelligenz durch schwingende Kommunikation weitergibt. Sie waren in der Lage, sich auf eine allgegenwärtige Art und Weise zu bewegen, die ihr „Schwirren" nennt. Die Delphine kennen diese Methode heute. Sie wissen, dass Freude die Schwingung anhebt und sie haben sich angeboten, den Menschen die Schwingung der Freude durch ihr Spiel und ihre Interaktion mit Menschen zu lehren. Ihr könnt sie spielen sehen. Ihr könnt mit ihnen interagieren. Nehmt die Resonanz der Freude wahr. Das ist die Schwingung, welche die Delphine den Menschen lehren und sie versuchen, sie dazu zu bewegen, sich selbst wieder daran zu erinnern.

Wenn ihr euch in der Nähe von Delphinen befindet, werden sie auf eure eigene freudvolle Schwingung reagieren und sich euch dort anschließen, wo ihr seid, wenn sie nicht mit einer anderen Aufgabe an einem anderen

Ort zu beschäftigt sind. Manchmal meiden sie bestimmte Gewässer aufgrund menschlicher und technischer Risiken, durch die es für sie nicht dienlich wäre, zu euch zu kommen, selbst wenn sie gerne Zeit mit euch verbringen würden. Seid nicht enttäuscht, wenn sie nicht zu bestimmten Gewässern kommen, an denen ihr seid, denn sie wissen am besten, wann sie in der Nähe von Menschen sein sollen.

Doch wenn sie in der Nähe sind und ihr euch mit ihnen beschäftigen möchtet, dann ist es hilfreich zu wissen, dass sie auf Musik reagieren, denn durch Klänge können Menschen und Delphine in dieser Zeit schwingungsmäßig miteinander kommunizieren. Sie erkennen bestimmte Töne als Schwingungen, die für sie angenehm sind und wo sie sich aufhalten möchten. Ihr findet auch ähnlich tiefe Kommunikation mit Walen. Wale verbrachten mehr Zeit in Mu als Delphine. Wale sind älter. Verbringt Zeit mit Walen, wenn ihr könnt. Fokussiert euch nicht nur auf Delphine. Meeresschildkröten haben auch viel zu lehren; auf der Erde sind sie noch älter als Wale oder Delphine.

Danke. Pia hat vorgeschlagen, manchmal mit Walen schwimmen zu gehen.

Wir sind uns dessen bewusst. Wir haben ihr Träume eingegeben, damit sie sich an ihre eigene Zeit im Ozean mit den Walen erinnert. Sie erinnert sich selbst daran. Pia hat uns darum gebeten und ist seit sehr langer Zeit mit uns in ihren Träumen verbunden. Wir geben Menschen nicht ganz spontan Träume ein. Manche Menschen bitten durch ihr Höheres Selbst darum und ihr bewusstes Selbst ist sich der Bitte nicht so bewusst, doch es ist immer noch nötig, darum zu bitten. Erinnert euch, wir sagten, die Menschen sind Mitschöpfer. Ihr müsst eine Absicht haben. Jene Menschen, die um Führung gebeten haben, um Weisheit, um Erkenntnis, öffnen in der Tat die Portale, die Tore für Kommunikation im Wachzustand und im Traum. Manchmal ist es einfacher für uns (Plejadier), euren Traumzustand zu betreten als euren Wachzustand, denn die Menschen verlassen beim

Träumen die Zeit; im Wachzustand sind sie durch die Zeit eingeschränkt. Daher kommen wir während der Träume.

Pias Verbindung mit den Walen war eine Erinnerung daran, wer sie ist und an das Wasser, das sie in sich trägt. Das Auge des Wales, das sie im Traum anschaute, war das Auge eines ihrer blutsverwandten Geistwesen, das sie erweckte und sie aufforderte, sich zu erinnern. Wir haben es einfach erleichtert, dass sich diese Bilder zusammensetzten und brachten Zeit von ihrer menschlichen Vergangenheit, ihrer menschlichen Gegenwart und ihrer menschliche Zukunft in einen Raum innerhalb ihres Traumes. So träumte sie, tatsächlich in der Vergangenheit mit einem Wal im Wasser zu sein, und sie träumte von der Walenergie in der Zukunft, doch der Traum fand in ihrer Gegenwart statt, um alles zusammenzufügen. Wir sind auch für viele ihrer Träume verantwortlich, in denen sie zur Schule geht. Manche dieser Schulen haben lemurische Lehrer, die ihr vertraut sind und sie fühlt sich immer zu Hause, wenn sie diese Schulen besucht. Wir haben auch auf andere Weise mit ihr kommuniziert und versuchen, die Erinnerung in ihr daran zu erwecken, wer sie ist. Wir bemühen uns darum, die Erinnerung aller Menschen daran zu erwecken, wer sie sind. Zeit am Meer wird für euch beide von Vorteil sein. Wasser. Geht ins Wasser. Ihr könnt vielleicht tief in euch befindliche Erinnerungen an Zeiten in euch erwecken, in denen ihr im Wasser gelebt habt und es mag euch dabei helfen, flexibler und fließender zu sein, wenn ihr auf der Erde seid. Das trifft auf alle Menschen zu. Wasser kann vieles bewirken; die Wale wissen das. Die meisten Delphine wissen das. Die Menschen, die sich vom Meer angezogen fühlen, haben eine Erinnerung innerhalb ihres Körpers von der Bedeutung des Wassers. Deshalb sehnen sich die Menschen danach, ans Meer zu gehen.

Es gibt andere Tiere auf Erden, mit denen ihr kommunizieren könnt. Wir haben eure energetische Bindung mit Rotwild beobachtet und ihre Reaktion auf eure Stimme. Sie reagieren auf eure sprachliche Verständigung, als ob sie eure Worte verstehen würden und das liegt daran, dass ihr eine Energie verwendet, die viel stärker auf ihre eigene Energie ausgerichtet ist. Die Fähigkeit dazu zeigt Veränderungen in euch selbst. Mehr Menschen sollten üben, ihre Energie auf die Energie der nicht-menschlichen Wesen in der Natur anzupassen. Dies fördert die Kommunikation aus energetischer Sicht und erhöht die Resonanz, sodass die Menschen ihre Fähigkeit zu kommunizieren verbessern können. Kommunikation zwischen zwei Spezies ist nicht einfach nur ein Austausch zwischen Plejadier und Menschen. Es geht hier um einen Austausch zwischen Tier und Mensch, zwischen Stein und Mensch, und Wasser und Mensch. Ihr lernt innerhalb eures Seins die Wahrheit, dass alle Dinge eins sind, anstatt nur Konzepte in eurem Geist zu akzeptieren und es werden euch Wege gezeigt, dies andere Menschen zu lehren. Jede non-verbale Kommunikation mit Steinen, mit Wasser, mit Rotwild und uns öffnet das Tor, damit ihr gut zuhören und die Führung erhalten könnt, die euch gehört. Erinnert euch an die Schwingung der Freude. Sie ist ein wundervolles Werkzeug, um euch bei eurer Entwicklung zu helfen.

Felsen und Wasser enthalten viele Informationen über die besondere Resonanz eines Menschen mit irgendeinem Ort. Wenn ihr die Energie irgendeines Ortes auf der Erde verstehen möchtet, dann sucht nach der Energie der Felsen. Fühlt das Land. Stellt euch mit nackten Füßen auf den Boden. Achtet auf die Felsen, denn die Felsen tragen Energie und Informationen in sich.

Die Menschen bemerken ihre Farbe und ihre Form; wir bitten euch darum, ihre Schwingung zu fühlen und in euch aufzunehmen, was sie euch lehren können, wenn ihr das möchtet. Viele Menschen fühlen sich von Felsen angezogen und erkennen, dass sie Energie in sich tragen, doch sie erkennen nicht, dass es möglich ist, mit Felsen zu kommunizieren. Die Energie der Steine spricht zu dem menschlichen kristallinen Körper. Die Menschen müssen ihr Tempo drosseln, um zu hören, was die Felsen ihnen zu sagen haben. Die Felsen sind Lehrer auf der Erde. Geschäfte, die Steine verkaufen sind heilende Orte; es sind Orte, an denen die Menschen eine starke Dosis kristalliner Energie erhalten können. Die Felsen können die Menschen auch lehren, Muster niederzureißen, die sie in ihrer Struktur tragen.

Ihr habt über das gesprochen, was die Felsen lehren und ihr habt über das Wasser gesprochen, das uns etwas über die Veränderung der Form lehrt. Könntet ihr den Unterschied erklären in dem, was uns diese beiden Elemente lehren?

Ah, das ist eine hervorragende Frage. Energie kann man auf einer niedrigen molekularen Ebene erkennen. Kleinste Veränderungen führen zu riesigen Wellen der Veränderung. Felsen tragen Muster von Weisheit und Energie in sich; die Menschen können diese Weisheit von den Felsen lernen, indem sie ihre Hände auf die Oberfläche der Felsen legen. Man kann von den Felsen viel über Langsamkeit lernen; Felsen bewegen sich in einer unendlichen Langsamkeit. Durch die Langsamkeit können die Menschen die elektrischen Partikel ihres Seins verändern. Durch die Langsamkeit können die Menschen das erreichen, was man als wundersame Bewegungen betrachtet. Wenn die Menschen ihr Bewusstsein auf das eines alten Felsen verlangsamen, lernen sie durch Resonanz zu kommunizieren. Wir möchten euch nicht verwirren. Durch eine Verlangsamung des Bewusstseins wird eine Schwingungsanhebung möglich.

Deshalb ist Meditation für die Menschen hilfreich. Lasst es uns erklären. Die Elektronen des menschlichen Körpers bewegen sich sehr schnell innerhalb eures Seins, innerhalb eurer DNA, wenn ihr auf höheren Schwingungsebenen schwingt, wie z.B. die Ebenen, die ihr sucht, um mit uns zu verschmelzen oder um aufzusteigen. Doch in dieser Geschwindigkeit gibt es eine Langsamkeit, die außerhalb der Zeit liegt, vielleicht eurem meditativen Zustand ähnlich. So können wir das am besten erklären. Es geht darum, das Tempo außerhalb der Zeit zu drosseln, während sich die Energie beschleunigt. Dies ermöglicht eine molekulare Veränderung durch die Verlangsamung eurer menschlichen Geschwindigkeit und die Beschleunigung eurer göttlichen Schwingung. Dadurch könnt ihr dann verstehen, dass Felsen sich langsam bewegen. Felsen bewegen sich, doch die meisten Menschen betrachten Felsen als statisch: Felsen brechen durch den Wind ab oder durch den Kontakt mit fließendem Wasser, doch die Menschen erkennen nicht, dass sich Felsen von selbst bewegen. Diese Sichtweise ist eigentlich falsch. Felsen bewegen sich selbständig. Kristalle wachsen. Felsen verändern ihre Positionen. Dies geschieht einfach nur in einer anderen als der menschlichen Zeit. Das ist etwas, was ihr von den Felsen lernen könnt. Es ist *wichtig, sehr wichtig*, dass die Menschen verstehen, wie sie all ihre Muster durchbrechen können. Muster halten die Menschen fest.

Macht langsam. Macht langsam genug, um die Möglichkeiten zu verstehen, welche die Langsamkeit beinhaltet, während ihr gleichzeitig die Elektronen eurer Schwingung auf eine immer höhere Umdrehung beschleunigt. Dadurch entsteht Licht. Diese Art der sich drehenden Bewegung kann man im menschlichen Herzzentrum erleben. Es verlangsamt und beschleunigt sich gleichzeitig, und es steht sowohl in Beziehung zur Veränderung als auch zu höheren Ebenen der Kommunikation. Wir wünschen uns, dass die Menschen solche Bewusstseinsöffnungen erleben. Legt eure Hände auf Felsen; hört auf das, was sie zu sagen haben; fühlt ihre Hitze und ihre Kühle. Lauscht ihren Geschichten, die ihr vielleicht nicht als Worte hört, doch ihr habt vielleicht das Gefühl, sie zu verstehen.

Felsen sind eine Form von Sternenstaub. Sie sind Teil dieses Planeten, das kristalline Gitter, das aus dem Herzen kommt, aus dem Kern des flüssigen kristallinen Wesens, das ihr Erde nennt, und ein Teil des Sternenstaubs kommt herunter aus anderen Reichen. Nicht alle, aber viele Felsen wurden, wollen wir sagen, von den Sternen geküsst. Die meisten Menschen wissen nicht, wie sie Felsen respektieren, ihnen zuhören, ganz leicht auf ihnen laufen und ihnen zuhören, zuhören, zuhören sollen. Felsen halten manchmal etwas von dem zurück, was sie lehren sollen, denn sie werden nicht respektiert. Doch ihre Weisheit erschließt sich jenen freizügig, die bereit sind, ihr Tempo zu drosseln, still zu sein und zuzuhören. Dies gilt auch für Kristalle. Kristalle fokussieren in erster Linie Energie. Felsen lehren euch, euer Tempo zu drosseln und zuzuhören.

Wasser lehrt euch, zu fließen und euch hinzugeben. Wasser lehrt durch Resonanz. Die Resonanz des Wassers hat mit der Erkenntnis zu tun, dass *ihr* Wasser seid. Es lehrt euch, dass ihr, wenn ihr euch dem hingebt, was ist und damit fließt, im Einssein miteinander verschmelzt. Die Dualität der polaren Gegensätze hört auf zu existieren, wenn ihr zu Wasser werdet. Es gibt keine Konflikte mehr oder polare gegensätzliche Argumente darüber, wer Recht hat und wer nicht.

Wenn ihr untereinander durch euer eigenes Wasser in Resonanz seid, kommuniziert ihr auf eine andere Weise miteinander und dies bedeutet weniger Trennung. Felsen lehren Langsamkeit und Zuhören. Wasser ist ein Lehrer der Einheit. Beide sind sehr großartige Lehrer der Menschheit. Die Menschen verstehen das Konzept der Einheit, des Einsseins, noch nicht. Ihr seht eure Hände als getrennte Teile eures gesamten physischen Körpers und ihr seht euch selbst als getrennt von der Erde. Ihr und die Erde seid nicht getrennt. Ihr seid Teil der Erde. Die Erde ist ein Ort des Wassers. Die Menschen sind aus Wasser gemacht; ihr kommt aus dem Wasser und von den Sternen. Ihr nutzt eure Macht als Menschen, um euer Wasser (Gedanken) telepathisch nach außen zu projizieren und dies hat einen Einfluss auf die Erde. Die Erde ist auf ihrem eigenen spirituellen Entwicklungsweg, so wie jeder Mensch; und dennoch beeinflusst ihr einander. Die Erde bringt Stürme hervor, nicht nur zur Reinigung, wie manche glauben, sondern auch, um den Menschen die Gelegenheit zu geben, Zusammenarbeit, Verbindung und Einheit besser zu verstehen. Meteorologen studieren Sturmmuster, doch stellen sie keine Verbindung dazu her, dass menschliche Gedankenformen zur Entstehung von Stürmen beitragen. Die Menschen verstehen die Vorstellung noch nicht, dass ihre Gedankenformen und mentale Unruhe zu den Stürmen der Erde beitragen. Die Menschen ermöglichen der Erde, ihre eigene spirituelle Entwicklung zu fördern oder zu verringern, gemäß dem, was die Menschen telepathisch durch ihre Gedanken von ihrem Wasser aus in das Wasser der Erde projizieren.

Die Menschen mögen die Erde vielleicht als dichtes, physisches Wesen oder als einen Ort von funkelnder, kristalliner Energie betrachten. Beide Realitäten existieren. Die Realität wird erschaffen durch die Kraft des Wassers, die in Gedankenformen gebracht wird. Die Menschen, die in der Lage sind, die physische, ätherische und universelle Verbindung und Realität von allem zu verstehen, sehen die Erde in dieser Form. Die Menschen, die sich auf ihre negativen Gedanken und die physische Trennung fokussieren, betrachten die Erde als ein dichtes, getrenntes physisches Wesen. Diese unterschiedlichen Gedankenebenen konkurrieren miteinander, um die Realität zu erschaffen, die durch das kollektive Bewusstsein der Menschheit geteilt wird.

Könnt ihr uns etwas über Kornkreise sagen? Sollen Kornkreise unser Verständnis erweitern oder uns helfen?

Die Menschen glauben, dass die Erkenntnis durch den Geist kommt, indem man lernt und etwas hinterfragt. Kornkreise sind eine andere Form der Wissensvermittlung. Wenn Menschen Kornkreise wahrnehmen, dann nehmen sie visuell verschiedene Informationsmuster in ihren Körper auf, so als würden sie per Blindenschrift lesen. In der Gegenwart von Kornkreisen nehmen die Menschen Lern- und Erkenntnismuster auf, die ihnen dabei helfen, ihre DNA zu öffnen. Die Kornkreise helfen den Menschen, Muster anzusprechen, die bereits in ihnen existieren. Wenn Menschen Kornkreise in einem meditativen, offenen und respektvollen Zustand besuchen, können sie vielleicht den wahren Zweck von Kornkreisen erfahren: Die Ausrichtung menschlicher Muster auf die Muster, die in den Kornkreisen zu sehen sind. Es ist eine Möglichkeit, wie wir mit den Menschen kommunizieren können.

Vor einigen Jahren, als Pia und ich den Super-Vulkan im Yellowstone besuchten, sagte ich aus einer Vision heraus voraus, die ich während meines dortigen Aufenthaltes hatte, dass es eine

riesige Eruption geben würde, die bedeutsame Veränderungen bringt. Dies hat nicht stattgefunden. Könnt ihr das ansprechen?

Du lagst vollkommen richtig bei der Wahrnehmung dieser Möglichkeit. Als du dort warst, hast du mit deinen Händen und deinem Körper energetische Veränderungen in der Erde wahrgenommen. Deine Vision wurde aktiviert und du erhieltest einen Blick auf das, was bevorstand. Es gibt Verwerfungen durch Vulkane oder durch Erdbeben an Orten, die von Geophysikern aufgegeben oder übersehen werden, und sie glauben, der Hauptfokus liege nur auf Kalifornien. Erst seit kurzem beginnen sie zu erkennen, dass dies auch an diesen anderen Orten möglich ist. Vieles wird sich verändern. Flexibilität und Bewegung sind für das Überleben notwendig, wenn ihr euch zu Geschöpfen des Universums und dazu entwickelt, die Wellenbewegung des Wassers, das ihr seid, zu achten, anstatt zur Stabilität von Partikeln, die ihr zu sein glaubt. Eines der wichtigsten Dinge, die die Menschen jetzt wissen müssen, da die Erde sich verändert, ist das Verständnis über die Gemeinschaft und darüber, das Herz auszudehnen. Arbeitet zusammen, denn es können herausfordernde Zeiten kommen, wenn sich die Erde hin zu ihrem eigenen Aufstieg bewegt. Jene, die in der Lage sind, in Liebe, statt in Angst zu handeln, können eine Realität manifestieren und erschaffen, die anders ist, einen Ort, der durch die vereinigten Gedankenformen sicher ist. Dies ist der Grund, warum sich die Menschen von Orten angezogen fühlen, die eine Gemeinschaft bilden.

Bitte erzählt uns mehr darüber, wie wir die Bewegung des Planeten beeinflussen und wie uns dies beeinflusst. Was können wir zum Nutzen von allem beitragen?

Bewegung ist notwendig bei den Veränderungen, die nun und auch weiterhin stattfinden werden, um das menschliche Verständnis zu erweitern. Dies hat teilweise mit der Veränderung des Magnetfeldes zu tun und mit den Sonnenstürmen, der Veränderung der Energie, die von der Sonne empfangen wird. Die Veränderung des Erdmagnetfeldes wirkt sich sehr stark auf das menschliche System aus. Ihr werdet aufgefordert, euch auf den neuen Magnetismus auszurichten. Bei Vielen bewirkt dies ein Gefühl von Verunsicherung. Die Erde beginnt mit den Veränderungen im Inneren und dies fühlt sich sehr wie ein Zusammenbruch und eine energetische Disharmonie an; sensible Menschen wie ihr beide, erleben diese Disharmonie auf ihrem weiteren Weg hin zu einem größeren Verständnis von Einheit. Die Erde erfährt dasselbe. Da alles eins und Einheit das Ziel ist, ist vieles von dem, was ihr als Menschen erlebt, gleichzusetzen mit den Erfahrungen der Erde. Ihr und die Erde seid auf einer gewissen Ebene eins und ihr reflektiert gegenseitig die Gefühle des inneren Wachstums.Wenn die Menschen emotional und geistig mit ihren Gedankenformen sorglos umgehen, mit ihrem emotionalen Schmutz und ihren Handlungen, dann verunsichert diese Energie die Erde. Wenn die Erde auf ihrem Weg hin zur Veränderung gepeinigt wird, dann peinigt dies die Menschen. Ihr seid eins mit der Erde, mehr als euch bewusst ist. Die Menschen richten sich magnetisch, energetisch mit dem Ort aus; ihr beeinflusst die Erde und die Erde beeinflusst euch.

Ihr könnt euch gemeinsam auf die Absicht fokussieren, die Energie der Erde zu verändern. Nutzt die Kraft eures Wassers, um die energetischen Störungen innerhalb der Erde zu besänftigen, zu beruhigen und zu heilen. Die Erde hat über einen langen Zeitraum Nahrung und Schutz für all ihre Kreaturen bereitgestellt. Es ist nun angemessen, dass die Menschen erkennen, wie man den Planeten energetisch und schwingungsmäßig schützen kann und das Leben durch angemessene Gedanken unterstützt. So wie sich das eine bewegt, so bewegt sich das andere. Wenn ihr in einer reinen ätherischen Form seid, dann ist auch die Erde in einer reinen ätherischen Form. Ihr könnt euch zusammenschließen und euch wieder in das Physische eingliedern, denn das Physische entsteht aus dem Ätherischen. Wir werden uns zu einem späteren Zeitpunkt noch weiter über die ätherisch-physische Verbindung äußern. Aus menschlicher Perspektive lehren wir euch etwas über Magie. Aus unserer Perspektive betrachtet, ist es einfache Realität. Das Wichtigste, was ihr wissen und woran ihr euch erinnern müsst, ist, dass die Erde Teil von euch ist und dass ihr Teil der Erde seid.

7

DER MENSCHLICHE AUFBAU

Könnt ihr uns etwas darüber erzählen, wie wir in diesen Zeiten des Wandels beeinflusst werden? Manche Menschen haben in dieser Zeit Schlafstörungen. Wir haben gelesen, dass ein niedriges Niveau an Stresshormonen im Blut mit äußerer Hypersensibilität zusammenhängt, was eine innere Sensibilität und eine Störung der Schlafmuster hervorrufen kann. Könntet ihr uns hierzu bitte etwas sagen?

Die meisten Menschen sehen das Hormonsystem nur als ein physisches System und ignorieren die energetischen Komponenten. Die Hypophyse, der Thymus und die Schilddrüse sind alle miteinander verbunden und ihr hormonaler Fluss wird durch Energie reguliert. Die Energie der Emotionen beeinflusst den Ausstoß an Hormonen und Chemikalien in allen Bereichen dieses Systems, die notwendig sind für die menschliche physische Funktion. Sie sind miteinander verbunden. Jedes von ihnen muss bestimmte Stoffe ausstoßen, doch durch stressige Emotionen und fordernde Belastungen entstehen Ungleichgewichte.

Es gibt fünf Elemente in der menschlichen Hirnstruktur, die extrem sensibel gegenüber emotionaler Energie sind. Wir nennen dieses System in den Menschen das „Fünfer-Pack". Die Schilddrüse, die durch die Hypophyse reguliert wird, wäre das sechste Element; es sitzt weiter unten im Körper. Das Herz, die Lunge und alle Organe und Drüsen sind auch recht sensibel in ihrer Reaktion auf emotionale Energie. Alles im Körper kommuniziert mit allem.

Wir werden das definieren, was wir das menschliche Fünfer-Pack nennen. Das Fünfer-Pack setzt sich zusammen aus dem Hypothalamus, dem Thalamus, der Hirnbrücke, der Hypophyse und der Zirbeldrüse. Die Hirnbrücke ist im Zentrum des Gehirns, die Hypophyse befindet sich hinter dem Dritten Auge und die Zirbeldrüse ist mehr oder weniger zwischen diesen beiden. Der Thalamus und der Hypothalamus bilden den restlichen Teil des Fünfer-Packs. Die Schilddrüse steht als sechster Teil im System damit in Wechselwirkung. Jedes Element hat seine ganz eigene Aufgabe, die Endokrine oder hormonellen Substanzen auszubalancieren und zu regulieren und sie kommunizieren durch ein Fließen miteinander. Die Menschen verstehen noch nicht, wie der energetische Input von Emotionen den Fluss oder Blockaden dieser Kommunikationswege zwischen diesen fünf Elementen im Gehirn beeinflusst.

Wenn diese fünf Bereiche nicht ordnungsgemäß miteinander kommunizieren, entsteht dadurch eine Stressreaktion innerhalb des einzelnen Elements, die dann durch die Schilddrüse aufgenommen wird. Die Schilddrüse reguliert die Hormone innerhalb des Körpers. Wenn diese fünf Elemente innerhalb des Gehirns einen Auslösereiz durch negative Energie aufnehmen, einen Mangel an Sicherheit oder eine emotionale Instabilität, dann entsteht eine hyperwachsame Reaktion, durch die ein konstanter innerer Stress entsteht. Dieser konstante Stress setzt das Fünfer-Pack des Gehirns außer Kraft und überlastet es. Durch Vermeidung von äußerem Stress oder Überstimulation erschafft das Individuum eigentlich eine Hypersensibilität der inneren Organe. Das menschliche System ist so geschaffen, dass es den Stresshormonen ermöglicht, sich durch das Blut hindurchzubewegen und zum normalen kommunikativen Zustand zurückzukehren, wenn der Stress vorüber ist. In der gegenwärtigen Situation der Menschen, in der sie kontinuierlich Stress ausgesetzt sind (sowohl kollektiv als auch individuell), haben die Menschen ein inneres Alarmsystem entwickelt, das immer eingeschaltet ist. Solch ein fortwährender Alarmzustand stresst das menschliche System bis zu dem Punkt, an dem das Fünfer-Pack in einen äußerst unausgeglichenen Zustand gelangt.

Mangelnder Schlaf oder Schlafstörungen sind eine der Auswirkungen eines unausgeglichenen Fünfer-Packs. Hinzu kommt, dass genau jetzt die Menschen die Gelegenheit haben, eine enorme Menge an neuer und ungewöhnlicher Energie und Informationen zu empfangen und zu integrieren, die sich außerhalb eures dreidimensionalen Verständnisses befinden. Dieser Zustrom an Energie, der dazu bestimmt ist, euch wieder an eure Göttlichkeit zu erinnern, ist auch teilweise für eure Schlafstörungen verantwortlich. Wenn ihr diese Information empfangt und integriert, dann verändert sich euer Gehirn und euer Körper muss sich von dem heftigen Zustrom dessen, was ihr empfangt ausruhen; ihr müsst euch ausruhen. Es geht hier nicht um eine Krankheit, es ist eine Anpassung. Wir werden später noch näher darauf eingehen.

Unsere Trägheit, unsere Schläfrigkeit und unser Gefühl, nicht vollkommen „dabei" zu sein, kommt von dem, was mit uns geschieht, von unserer Beschleunigung?

Genau. Ihr werdet weiterhin zyklische Integrationszeiten erleben, in denen ihr euch benommen und lethargisch fühlt, wenn eure mentalen Vorstellungen im Übermaß beansprucht werden und sich euer Körper an die ätherischen Veränderungen anpasst. Das ist ziemlich normal für Menschen in der Entwicklung. Doch das Übermaß an Gift, das sich durch die Aufnahme schädigender Gedanken und Nahrungsmittel und durch Stress im menschlichen System befindet, kann auch zum Ungleichgewicht des Fünfer-Packs beitragen, wenn sich die Menschen nicht bewusst dafür entscheiden, daran etwas zu verbessern. Jene Menschen, die sich ihren Schatten stellen, die gesunde Nahrung, Wasser und Gedanken aufnehmen und die Menge an Gift verringern, können ihren physischen Körper während dieser positiven Veränderungen unterstützen.

Könnt ihr uns etwas darüber sagen, wie Berührung das Gehirn beeinflusst?

Viele Menschen wurden als Kinder nicht in geeigneter Weise behandelt und lernten als Säugling nicht, sich selbst zu beruhigen, indem man sie wiegte (die Bewegung des Wiegens beeinflusst die Hypophyse und die Zirbeldrüse) oder indem sie berührt wurden (dies stimuliert die Selbstregulierung des Hormonsystems). Wenn Menschen dies als Säuglinge nicht lernen, verlieren sie viel schneller das Vertrauen und neigen zu extremer Wachsamkeit.

Fortwährender Stress durch das Leben trägt zu einem unausgewogenen Fünfer-Pack bei. Menschen in dieser Zeit täten gut daran zu versuchen, ihre Fünfer-Packs durch Meditation ins Gleichgewicht zu bekommen, durch die absichtsvolle Kontrolle ihrer Gedanken, durch die Ausrichtung auf Liebe und das Erlernen von Vertrauen. Vertrauen beinhaltet, sich auf die menschliche Intuition zu verlassen. Diese Dinge tragen dazu bei, den Fünfer-Pack Mechanismus wieder instand zu setzen. Das Fünfer-Pack des Gehirns ist ein ineinandergreifendes System, das alle verbindenden Teile des Gehirns mit einschließt, die nach draußen in den physischen Körper ausstrahlen. Berührungsrezeptoren, die entlang der menschlichen Haut liegen, agieren als elektrische Signale und feuern den Teil des Gehirns an, der Informationen empfängt oder den Informationsfluss in beiden Richtungen entstehen lässt. Das am Rande liegende, energetische Reich, dort, wo wir euch berühren, wo ihr ein Prickeln spürt und wo euch jene, die ihr Energiearbeiter nennt, beeinflussen, beeinflusst auch euer Gehirn. Die meisten Menschen sind sich dieser Berührungsebene noch nicht bewusst; sie reagieren eher auf die direkte physische Berührung. Ihr beide und andere, die Energien gegenüber sensibel sind, erkennen, dass Berührung auf oder jenseits der Haut möglich ist. Berührung, sowohl physische als auch energetische, ist wichtiger als die Menschen meinen.

Danke.

Könnt ihr die Verwendung von psychoaktiven Pflanzen und Halluzinogene für die spirituelle Entwicklung ansprechen?

Viele Menschen möchten dies gerne verstehen und wissen selbst nicht, wie sie ihre eigenen Schwingungen erhöhen oder ihre Glaubenssysteme entfernen können, die dieses Verstehen blockieren. Daher suchen sie außerhalb nach Hilfe, indem sie Substanzen zu sich nehmen. Es ist nicht angemessen, Drogen zu nehmen, um auf die Überholspur zu kommen, ohne den eigenen Schatten zu erforschen. Viele Menschen möchten gerne die „Höhen" eines veränderten Zustandes erreichen und ihn erfahren, ohne im Gegenzug dazu ihre eigenen Schatten anzunehmen. Die meisten möchten ihre Schatten gar nicht anschauen. Jene, die ganz mutig immer und immer wieder tief in ihren Schatten graben und um Hilfe und Erleuchtung bitten, können auch ohne den Einsatz von Drogen oder Pflanzen den gleichen erleuchteten Zustand eines veränderten Bewusstseins erlangen. Wir wissen, dass viele Aborigines und Ureinwohner Pflanzen auf eine heilige Weise verwendet haben, um Zugang zu den spirituellen Reichen zu erlangen. Doch jene, die dies tun, sind in einem größeren Gleichgewicht und haben die Pflanzen als ihre Brüder angenommen, haben das Einssein angenommen und verstanden. Sie haben nicht versucht, die Pflanzen für ihre eigenen selbstsüchtigen Zwecke zu verwenden. Die meisten Menschen haben versucht an Dinge zu gelangen, ohne das Einssein zu verstehen. Sie möchten diese Dinge für sich selbst, denn sie möchten, dass ihr Schmerz aufhört. Sie möchten sich besser fühlen und sie möchten die Antworten sofort.

Meint ihr, wenn wir unsere eigene Arbeit tun, indem wir unsere Schatten anschauen und mit Energie und Absicht arbeiten, brauchen wir diesen Weg nicht zu nehmen?

Es ist selten, dass Menschen, während sie in diesem Zustand sind, eine Abkürzung nehmen und wahrhaft die Weisheit erlangen können, die sie aus den Erfahrungen des Einsseins erhalten würden. Die meisten, die Drogen nehmen, um zu einer Einsicht zu gelangen, greifen immer und immer wieder auf die Droge zurück, um das zu wiederholen, was sie erlebt haben, anstatt die Erfahrung in sich selbst zu bewahren.

Wenn sie keine Schattenarbeit leisten, können sie die Weisheit, zu der sie Zugang erhalten, nicht aufrechterhalten. Wenn die Menschen Energie, Absicht und Bereitschaft dafür einsetzen, um all das zu lieben, was sie sind und alles, was jeder andere ist, dann erreichen sie von sich aus einen erhöhten Zustand der Bewusstheit, dann sehen sie Farben, fühlen die Schwingung und Einheit. Es ist nicht nötig, Drogen zu nehmen. Doch die meisten wissen nicht, wie sie solch einen Zustand erreichen können. Erkennt, dass all das, was wir euch über die Arbeit mit Wasser und der Verringerung der Geschwindigkeit auf die Geschwindigkeit eines Felsens erzählt haben, euch dabei helfen kann, die gleiche erhöhte Schwingung zu erreichen, wie dies mit Drogen möglich ist. Ihr könnt dies durch eure eigene Absicht und Energie ohne eine Erwartung tun. Die Menschen erkennen ihre eigene Macht nicht mehr, deshalb gehen sie zum Arzt, um ihre Krankheiten zu heilen, sie gehen zu Priestern, um sich mit Gott zu verbinden oder nehmen Drogen, um die Wahrheit zu erkennen. Das alles ist ein menschlicher Trugschluss.

Euch eurem Schatten zu stellen und die Glaubenssysteme loszulassen, die euch nicht länger dienen, das bringt euch zu dem erleuchteten Zustand der Einheit. Drogen zu nehmen, um die Einheit zu finden, ist nicht nötig. Hinzu kommt, dass die Substanzen jetzt eine andere Auswirkung auf den menschlichen Körper haben, denn euer eigener Magnetismus hat sich verändert, da sich in den letzten zwanzig Jahren der Magnetismus in eurem physischen und ätherischen Körper und der Erde verändert hat.

Ihr seid jetzt stärker mit Energien angeglichen, die euch helfen, euch mehr zu öffnen. Daher raten wir den Menschen heute mehr denn je, weise zu sein bei der Wahl, was sie in ihren Körper aufnehmen. Jene, die von der bevorstehenden Gelegenheit profitieren möchten, müssen sorgfältig wählen. Nehmt nur nahrhafte Substanzen zu euch, sowohl hinsichtlich der Gedanken als auch der Nahrung. Nehmt Substanzen zu euch, welche die vor sich gehende natürliche Öffnung unterstützen, wenn ihr eure eigene Arbeit tut. Was ihr zu euch nehmt und was ihr gebt hängt zusammen und ist miteinander verbunden. Das Innere und das Äußere sind gleich. Es gibt keine Abkürzungen.

Was könnt ihr uns über das Tanzen sagen? Geht es dabei um Verbindung?

Zuerst einmal geht es um Bewegung, sich im Kreis zu bewegen, immer und immer wieder. Es bringt die Menschen aus der linearen Bewegung heraus, denn der Körper führt den Geist. Die Sufis wissen dies in ihrem göttlichen Tanz. Sich im Kreis drehen, im Fluss und in Harmonie, ist ein weiterer Schritt in Richtung Einssein und dies führt dann zur Verbindung. Deshalb ist das Tanzen beim Paarungsritual der Menschen wichtig geworden. Es ist die erste gemeinsame Annäherung zum Einssein. Es ist eine Möglichkeit, sich über die Vorstellung hinwegzuheben, die jedes Geschlecht vom jeweils anderen hat und sich direkt in den Fluss zu begeben. Versucht es einmal aus dieser Perspektive.

Selbst jene, die Angst vorm Tanzen haben, genießen es oft, die Bewegung der Verbindung zu beobachten. Die Bewegung zu beobachten, verleiht ihnen einen kleinen Blick auf die Einheit. Sie sehen wie etwas geschieht, wenn sich die Tänzer von der Linearität hinweg und hinein in die Spiralen der Verbindung mit dem universellen Fluss bewegen. Es spricht ihren Wunsch nach Verbindung an, wie weit zurück die Erinnerung auch liegen mag. Jenen, die Angst vor dem Körper haben, fällt es schwerer zu tanzen, denn der Körper mit all seinen Zyklen richtet sich auf die Einheit aus und orientiert sich weg von der Linearität, in welcher der Geist regiert. Der Geist versucht, die Kontrolle aufrechtzuerhalten, indem er durch die Bedingungen von Ursache und Wirkung alles in linearer Ordnung hält. Der Körper weiß es anders. Der Körper ist darauf ausgerichtet, euch Zyklen und Kreisläufe bewusst zu machen. Betrachtet alles, was der Körper tut. Nichts ist linear. Alles ist kreisförmig.

Wie nehmt ihr das menschliche Lächeln wahr?

Wir sehen es als Wellen von Energiemustern und Farben, die von eurem Gesicht ausstrahlen. Wir nehmen genau die Energie wahr, die ihr erlebt. Wir glauben, die Menschen reagieren auf molekularer Ebene auf Dinge, die sie lächeln lassen, Dinge, die ihnen ein Versprechen geben, Freude und Erkenntnis. Lächeln trägt die Schwingung der Freude.

Würdet ihr sagen, ein Lächeln auf unserem Gesicht ist eine stille Form des Lachens, mit der gleichen energetischen Komponente? Hebt das Lächeln unsere Schwingung?

Hervorragende Erkenntnis. Die Menschen können ihre Dynamik durch die energetischen Komponenten des Lachens verändern. Lachen hebt euer schwingungsmäßiges Sein an, so wie auch das Lächeln. Das Lachen kann dabei helfen, physisches und emotionales Ungleichgewicht wieder zu korrigieren und euch in einen Zustand der Einfachheit zurückbringen; es kann dabei helfen, alle Dinge, die euch in einem zerbrechlichen, schwierigen Zustand halten, zu korrigieren. Es gibt einen Grund dafür, warum viele spirituelle Lehrer lachen. Lachen hebt eure Schwingung an, so wie auch das Lächeln.

Wenn wir also voller Freude lächeln, dann sind wir in der Freude.

Ja, und wenn wir diese gemeinsame Unterhaltung haben, dann hebt die Freude, die ihr durch die Kommunikation mit uns fühlt, unser aller Schwingungen an. Das Lachen gehört wahrhaft jenen auf dem spirituellen Pfad. Lachen kommt von Herzen; es ist spontan. Wenn ihr Menschenkinder beobachtet, dann seht ihr sie lachen, wenn sie einen Schmetterling auf einer Blume landen sehen oder sie lachen über etwas Witziges, das der Hund tut. Die Kinder wissen, wie man ganz spontan die aus ihrem Herzen kommende Schwingung der Freude ausstrahlt und teilt.

Und das hört auf, wenn die Kinder im Alter zwischen fünf und sechs sozialisiert werden.

Eure Einschätzung des Alters ist zu hoch. Darüber werden wir später noch mehr sprechen.

Laarkmaa, danke, dass ihr uns helft zu lächeln und danke, dass ihr uns helft zu lachen. Wir schätzen die vielen Geschenke, die ihr uns macht!

Es ist uns eine große Freude, mit euch die Schwingung zu teilen, die vom Lachen ausgeht und wir schätzen die Fähigkeit, mit euch in dieser Schwingung zu sein und sie mit euch zu teilen. Es ist eine Sache, den Menschen dabei zuzusehen, wie sie sich in diese Schwingung hineinbewegen und wieder heraus; es ist eine andere Sache, dies mit euch zu teilen. Dadurch erweitern wir unser Verständnis, also profitieren wir alle davon. Wir finden die Komplexität der Menschen äußerst interessant, denn sowohl euer Gehirn als auch euer Herz haben so viele Gedanken. Deshalb möchten euch andere Wesen aus dem Universum (außerhalb der Plejadier) auch studieren. Sie sind sehr an dem emotionalen Aspekt der Energie interessiert, doch auch neugierig, auf welchen Wegen sich eure Gedankenmuster durch eure Welt bewegen, denn im Universum ist bekannt, dass durch das Zusammenspiel von Gedanken und Emotionen die Realität für die Menschen erschaffen wird. Deshalb sind die Wesen, welche die Menschen studieren, daran interessiert, wie das funktioniert.

Die Menschen haben ein sehr begrenztes Verständnis und manchmal scheint es, als wären wir in unseren Fähigkeiten voranzukommen durch ein höheres hierarchisches System eingeengt. Seid ihr Plejadier auch in einem höheren hierarchischen System eingebunden, dessen Regeln ihr befolgen müsst?

Sehr gute Frage. Zuerst möchten wir euer Verständnis der menschlichen Begrenzungen ansprechen. Ja, die Menschen sind, wie ihr richtig festgestellt habt, in ihrem Verständnis und ihren Fähigkeiten begrenzt. Doch die Begrenzungen stammen von der Fragmentierung innerhalb der Gesamtheit dessen, wer ihr seid. Je mehr ihr alle Aspekte eures Seins integriert, sowohl bewusst als auch unterbewusst, umso weniger Begrenzungen gibt es. Ihr leidet nicht nur unter der Fragmentierung eures Körpers und Geistes, sondern auch eurer Erinnerungen aus vergangenen / parallelen Leben; diese Trennung hat eine tiefe Fragmentierung eures gesamten Systems bewirkt. Um sich über die menschlichen Begrenzungen hinwegzuheben, müsst ihr das Körperbewusstsein sowohl in den bewussten als auch den unterbewussten Geist integrieren. Es ist eure Fragmentierung, durch die Gefühle von Begrenzung entstehen.

Wenn ihr die Fragmente der Geschichten, die ihr durch all eure vielen Leben mit euch getragen habt, in einem größeren Zusammenhang integriert und auf dem Weg eure Schatten aufarbeitet, *werden* die *Grenzen* eures Verständnisses *geringer*. Ihr habt viele Leben als männliches, aber auch als weibliches Selbst verbracht. Die Menschen müssen sich darum bemühen, alle Gefühle und Glaubenssysteme zu integrieren, die von all jenen Aspekten getragen werden, die ihr seid. Ihr habt ein Höheres Selbst, das euch leitet. Wenn ihr die Schatten der fehlerhaften Glaubenssysteme aufarbeitet, die euch Leid verursachen, dann öffnet ihr euren eigenen Weg zum göttlichen Verständnis. Ein Großteil eurer menschlichen Wahrnehmung der Begrenzung entsteht durch eure Unfähigkeit, mit den unterschiedlichen Aspekten eurer selbst zu kommunizieren und sie zu integrieren. Diese Fragmentierung hält euch getrennt in euch selbst als Individuum, voneinander und auch von uns. Die Menschheit ist nun bereit, zurückzukehren in die Ganzheit, die Heiligkeit und das Einssein mit dem Göttlichen, das sich in euch und außerhalb von euch bewegt und das verbunden ist mit der Quelle, auf dass ihr den Vertrag erfüllen könnt, den ihr abgeschlossen habt, um in dieser Zeit hier zu sein und der Erde und der Entwicklung der Menschheit zu dienen. Wir sind hier, um euch dabei zu helfen.

Die von euch wahrgenommenen Begrenzungen sind wirksam, denn ihr leidet darunter, in einem dreidimensionalen Bewusstsein zu leben. Wenn die Menschen aus den Glaubenssystemen ausbrechen, die sie als

Gefangene in dem gehalten haben, was sie als Realität *erachteten* und sich in Richtung Zusammenarbeit und Verbindung bewegen, lösen sich jegliche Begrenzungen auf. Wir sind hier, um euch dabei zu helfen, wieder zu der Erinnerung dessen zu erwachen, was ihr schon immer gewusst habt. Die Kraft liegt in eurem Wasser. Die Fähigkeiten, euch von einem Ort zum nächsten zu bewegen und ohne Worte zu kommunizieren, sind in eurem Wasser enthalten. Wenn eure physischen und ätherischen Körper immer mehr verschmelzen, werdet ihr größere Möglichkeiten der Grenzenlosigkeit in eurer eigenen Welt erfahren.

Das kann verwirrend sein, doch es ist sehr tiefgehend. Die Menschen sind zunehmend verwirrt und vergesslich, denn sie beginnen, ihre Anhaftung an die Zeit loszulassen.

Und, ja, wir haben eine höhere Quelle, die uns führt. Doch wir sehen dies nicht als Kontrolle, Begrenzung oder Behinderung, um das zu tun, was wir möchten, so wie dies die Menschen tun. Wir nehmen es als Ausrichtung auf den Fluss als Verbindung zur Quelle wahr und erkennen, dass „alles ist, wie es sein soll". Als wir euch erklärten, dass ihr uns als sechs seht, doch wir uns als eins sehen, erzählten wir euch von der Einheit. Wenn es nur einen gibt, dann gibt es keine Kontrolle.

Die Erkenntnis der Maya, die sie von uns erhielten, „ich bin ein anderes Du", ist eine Möglichkeit zu verstehen, dass es keine Grenzen gibt, denn alles ist eins. Wenn ihr alles und jeden als euch selbst betrachtet, wie könnte man euch dann kontrollieren? Ihr manifestiert in dem Augenblick einfach einen anderen Ausdruck, denn jede Geschichte hilft euch, wieder zu erwachen und euch daran zu erinnern, wer ihr wahrhaft seid. Ihr seid Teil der Quelle; ihr seid göttlich. Wenn ihr entsprechend dieser Göttlichkeit handelt und eure eigene Macht einsetzt und erkennt, dass Emotionen nur Werkzeuge sind, um alte Glaubenssysteme und Muster, die euch begrenzt hielten, zu entfernen, dann werdet ihr erkennen, dass alles so ist wie es sein soll; alles ist eins und es gibt keine Kontrolle. Alles hat einen Zweck und einen Platz und ihr habt die Wahl. Das ist eine große Herausforderung für die Menschen, denn sie fühlen, wie es sein sollte und doch können sie es nicht umsetzen, somit entsteht eine Frustration. Wir sind hier, um euch dabei zu helfen, diese Vorstellungen zu durchbrechen. Ihr habt die Fähigkeit noch nicht gemeistert, euer eigenes Wasser und eure eigene Macht zu nutzen, um eure Glaubenssysteme loszulassen und euch aus der Zeit herauszubewegen. Ihr lasst euch von der Zeit kontrollieren. Die Zeit wirkt wie ein Störfaktor auf eure Fähigkeit, derjenige zu sein, der ihr als euer zukünftiges Selbst seid. Das ist eine Begrenzung, die euch gefangen hält. Und jetzt beginnt die Zeit sich aufzulösen. Die zukünftigen Menschen werden auf eine ganz andere Weise, ohne die Auswirkungen der Zeit, in der Welt leben.

Die Menschen fühlen sich also kontrolliert, doch eigentlich werden wir nur durch unsere eigenen Überzeugungen und Begrenzungen der dreidimensionalen Zeit kontrolliert. Wir werden nur dadurch kontrolliert, dass wir nicht im Fluss sind und erkennen, wer wir auf unserem Entwicklungsweg in Richtung Einheit und Quelle sind.

Ja! Ja! Genauso ist es. Das Einzige, was ihr ausgespart habt, ist die emotionale Verpackung um all eure Erfahrungen aus parallelen / vergangenen und gegenwärtigen Leben. Diese Emotionen sind mit Energien geladen, die euch an Muster gebunden halten, die euch nicht länger dienen.

Diese Frage wollte ich euch schon lange stellen. Sind die Menschen die zerbrechlichsten Kreaturen im Universum?

Ah, das ist eine interessante Frage. Die Menschen sind die *komplexesten* Energien im Universum. Die meisten anderen Energien sind einfacher und unkompliziert. Wie ihr durch eure Beteiligung an der Materialität eurer Welt wisst, je komplexer etwas ist, umso eher kann es brechen und umso schwieriger ist es, es aufrecht und in Balance zu halten. Da die Menschen fragmentiert sind, indem sie sich im Laufe der Zeit vom Licht und von der

Göttlichkeit entfernt und es erlaubt haben, dass ihre Macht von anderen übernommen wurde, sie ihre eigene Göttlichkeit vergessen und sich durch die Aufteilung in unterbewusste und bewusste Erinnerungen und durch die mental-physische Trennung selbst getrennt haben, ist es schwieriger, die Balance und die Vereinbarung aufrechtzuerhalten, dass all eure Teile in Harmonie arbeiten. Diese Trennung macht die Menschen in der Tat zerbrechlicher als sie sein müssten. Hinzu kommt, dass einvernehmliche Überzeugungen über den Tod und das lineare Fortschreiten des Alterns zur menschlichen Zerbrechlichkeit beitragen, denn die Menschen erwarten, dass sie abbauen, wenn sie erst einmal „den Zenit überschritten" haben, um einen Ausdruck von euch zu nehmen. Die Menschen schauen sich um und sehen, wie jeder, den sie kennen, älter wird und durch den Prozess des Todes geht. Da ihr unterbewusstes Selbst weiß, dass es den Tod viele Male erlebt hat, hängen sich die Menschen an die Überzeugung, das dies die einzige Realität ist. Dadurch legen sie ihre eigene Absicht fest, dass ihr physischer Körper zerfällt, was dann letztendlich zum Tod des physischen Körpers führt.

Wir möchten, dass die Menschen die Kraft der Absicht verstehen und beginnen, sich darin zu üben und sie zu nutzen, wenn wir euch andere Möglichkeiten aufzeigen, andere Realitäten. Solange die Menschen ihre mentalen Gedanken fokussieren und diese durch Emotionen befeuern, werden sich diese Gedankenmuster immer wieder bilden, um das zu manifestieren, worauf sie sich fokussieren. Es ist eine Übung in Sachen Absicht. Wenn eine Frau beispielsweise weiß, dass alle Frauen in ihrer genetischen Linie an Brustkrebs gestorben sind und sie sich darauf fokussiert, dann macht sie sich selbst Angst damit und fühlt sich dahingehend bedroht, dass dies auch ihre Zukunft ist, und damit verstärkt sie die genetische Möglichkeit. Oder wenn ein Mann von allen Männern seiner genetischen Linie weiß, dass sie einen Herzinfarkt erlitten haben, dann erwartet er, dass dies auch seinem Leben ein Ende setzen wird, damit beabsichtigt er die Manifestation seines eigenen Todes. Die menschliche Zerbrechlichkeit ist ein sehr komplexes Thema, denn die Menschen sind in sich selbst komplex. Doch die Prinzipien, die wir euch lehren und die sich auf eure eigene Göttlichkeit ausrichten, dienen dazu, unterschiedliche Aspekte von euch selbst zu integrieren, damit ihr euch wieder an die Einfachheit dessen erinnern könnt, wer ihr seid. Sobald Integration und göttliche Anbindung regelmäßig erreicht werden, fallen viele der Komplikationen weg und die Menschen werden nicht nur weniger zerbrechlich, sondern auch einfacher und wahrhaft machtvoll.

Mit anderen Worten also, mit sehr einfachen Worten, worauf auch immer wir uns fokussieren, das bringen wir zu uns selbst.

Das Einzige, was wir noch hinzufügen müssen ist, dass ihr durch die gemeinsame Realität beeinflusst werdet und es einen Kampf gibt, wenn ihr versucht, euch aus dieser Realität zu lösen. Gemeinsame Realität hat ihre Kraft. Je mehr ihr eure eigene Absicht stärkt und euch mit positiven Gefühlen auf angemessene Gedanken fokussiert, umso schwieriger ist es, euch in die gemeinsame Realität hineinzuziehen; tatsächlich beginnt ihr, durch die Kraft eurer eigenen Gedanken und Absichten, die gemeinsame Realität zu verändern. Je mehr Menschen dies tun, umso mehr wird sich die gemeinsame Realität verändern.

Könntet ihr bitte mehr über Wellen und Partikel im menschlichen Aufbau sprechen?

Die Menschen nehmen sich selbst als statisch oder festgelegt in ihrer dreidimensionalen Realität wahr. Diese Sichtweise begründet sich darauf, ein Partikel zu sein, eine feste Form, die sich in festen Mustern bewegt. Doch da sich die Menschen bewegen und emotional verändern, auch im Hinblick auf positive Gedanken, sind sie eher wie Wellen. Indem ihr Wellen seid, durch die Wellenbewegung, ist eure Fähigkeit wahrzunehmen besser und es ist für euch einfacher, euch an anderen Realitäten auf der anderen Seite des Schleiers zu beteiligen. Wellenbewegung hat auch mit dem zu tun, was die Menschen als unmöglich oder als Fantasie betrachten, wie beispielsweise durch Wände zu reichen (denn in einer Wellenbewegung seid ihr und die Wand gleich) oder die Form zu verändern. Wir möchten dieses Thema ganz im Fokus eures Bewusstseins und eurer Aufmerksamkeit halten, um dazu beizutragen, dass die Menschen die Wasser-Natur ihres Wesens besser verstehen. Menschen haben die Vorstellung von „Gedankenwellen" (achtet auf das Wort Wellen), doch sie stellen keine Verbindung dazu her, dass solche Wellen durch miteinander geteiltes Wasser erlebt werden. Die Menschen verstehen auch nicht, dass ihre Gefühle der Treibstoff sind, der ihre Gedankenwellen antreibt und die Erschaffung ihrer Realität lenkt.

Wir ermutigen die Menschen, sich mehr und mehr von der Starre des Partikel-Denkens (sowohl in gedanklicher als auch physischer Form) zu entfernen und sich vorzustellen, als Form oder in der Weise ihres Seins Wellen zu sein. Partikel sind unveränderlich, auch wenn sie sich bewegen können. Die dreidimensionale Körperlichkeit ist die niedrigste Form, die dichteste. Die Wellenform hat mehr mit der ätherischen Welt zu tun, in der wir leben, aus der die Menschen kamen und wohin sie auch einmal wieder gehen. Wenn ihr euer Verständnis darüber, wer ihr seid, vom Partikel zur Welle hin verändert, helft ihr eurem physischen Körper, immer mehr zu einem Wellenkörper zu werden. Die Naturelemente können euch dabei helfen, eure eigenen Körper als Wellen zu verstehen. Betrachtet die Bewegung von Wasser oder starrt in ein Feuer. Ihr werdet dort Wellen sehen. Solche Übungen fördern eure Fähigkeit, uns zu sehen, eine andere Version von euch selbst zu sehen und die wahre Realität besser zu verstehen. Je mehr ihr Wellenbewegungen und Licht sehen könnt, umso wahrscheinlicher werdet ihr uns wahrnehmen und einen Blick auf euer zukünftiges Selbst erhaschen können. Es ist die Wellenbewegung, die euch in eurem Aufstiegsprozess helfen wird, euren physischen Körper mitzunehmen und so ist zu dieser Zeit der Übergang erwünscht. Wir werden später noch mehr über den Aufstieg sprechen.

Wenn die Menschen alles als Bewegung erkennen, können sie die Wellenbewegung besser verstehen und sich mehr in diese Richtung bewegen: den Atem, physische Bewegung und Bewegungsmuster, an die sie nicht gewöhnt sind. Alles, was außerhalb eurer strukturierten normalen Realität ist, hilft den Menschen, keine Partikel mehr zu sein und sich mehr in die Richtung zu bewegen, Wellen zu sein. Geht in die Nähe des Meeres und anderer Gewässer und tut so, als wärt ihr Teil des Wasser, geht aber nicht ins Wasser. Dieses Verstehen hilft den Menschen, sich auf die Formveränderung vorzubereiten, die es ihnen ermöglicht, sich zwischen den Königreichen zu bewegen, zwischen den Schleiern, außerhalb von Zeit und Raum und Dimensionalität. Ihr beide beginnt bereits in kleinen Bereichen diese Fähigkeiten zu manifestieren. Alles, was ihr in eurem Bewusstsein tun könnt, um Bewegung als Fluss zu erkennen und zu unterscheiden, ob ihr euch in Gedankenmustern oder in einer kreativen Bewegung bewegt, trägt zu diesem Prozess bei. Die Menschen können üben, auf andere Weise zu denken, auf andere Weise zu laufen, ihren Körper in eine andere Stellung und Position zu bringen; alles, was die gewohnten, strukturierten Muster durchbricht, wie sie ihren Körper von einem Leben zum nächsten verstanden haben.

Wir *möchten*, dass ihr euch auf die Wellenbewegung fokussiert, anstatt auf Dinge, die an einem festen Ort sind. Sucht überall nach Wellen. Richtet eure Aufmerksamkeit nicht darauf, feste Objekte zu sehen. Fest ist nur eine kondensierte Form von vielen Wellen. Den Menschen wurde von Kindesbeinen an beigebracht: „Oh, schau den Hund an. Oh, schau die Katze an". Niemand hat euch jemals gelehrt „Schau das Laufen an. Schau das Sitzen an. Schau das Essen an." Menschliche Lehrer und Eltern haben eine Realität gelehrt, die auf Substantiven basiert, nicht auf Verben. Damit es leichter wird, uns zu sehen und euer physisches und ätherisches Sein für den Aufstiegsprozess anzuheben, möchten wir, dass ihr eher in Verben denkt. Fließen. Bewegen. Verändern. Denkt nicht: „Da ist der Tisch oder da ist der Hund", sondern denkt: „Wir sitzen. Die Rehe laufen". Bewegung ist von allergrößter Bedeutung, damit sich die Menschen von ihrem Partikel-Zustand zu einem Wellenzustand verändern.

Emotionen erschaffen auch Struktur und je mehr ihr euch mit hohen Schwingungen von Freude, Liebe und Vertrauen beschäftigt, umso mehr richtet ihr euch auf den Fluss der Bewegung aus. Der Fluss bringt euch von der Trennung hin zum Einssein und dort vereinen sich euer physisches und ätherisches Sein. Dort, auf der anderen Seite des Schleiers, könnt ihr euch auch zur wahren Kommunikation mit uns verbinden. Wir werden dies immer und immer wieder aus verschiedenen Blickwinkeln mit euch betrachten, bis es für euch zu einem natürlichen Teil dessen wird, wer ihr seid.

Letzte Nacht erhielt Pia zwei erstaunliche Einsichten. Die erste Einsicht kam als eine direkte Erfahrung dessen, in der Lage zu sein, im Dunkeln mit geschlossenen Augen alles vollständig klar zu sehen. Die Botschaft, die mit dieser Einsicht einherging, lautete: „Schau darüber hinaus." Die zweite Einsicht kam als eine Vision, in der ihr gezeigt wurde, wie sie zu einer größeren Tiefe vordringen kann, als ihre biologischen Sinne dies normalerweise erlauben: Tiefer zu lauschen und über die normale Berührung hinaus zu reichen, um ein anderes Bewusstsein zu finden. Die Botschaft der Vision lautete: „Durchdringe deine 3-D Realität. Geh darüber hinaus."

Beide Botschaften ließen uns scheinbar wissen, dass wir als Menschen das loslassen müssen, was wir fühlen und was wir denken, indem wir mehr als unsere normalen Sinne verwenden, mit denen wir festlegen, was real ist. Wir müssen über unsere menschlichen Gedanken und unsere menschlichen Gefühle hinausgehen, um an den Ort zu gelangen, an dem die Liebe alles ist, was existiert.

Wir müssen uns weigern, noch länger festzusitzen. Wir müssen uns bewegen und jetzt ist die Zeit dafür. Wie wunderbar wäre es, nicht länger alles auf die begrenzte Weise zu sehen, wie es den Menschen beigebracht wurde! Es ist sehr interessant, darüber nachzudenken, darüber hinauszuschauen, mit dem Herzen zu schauen, statt mit den Augen und sich einfach der Energiewellen bewusst zu sein.

Ihr werdet euch immer bewusster, was möglich ist. Die Menschen bewegen sich in die Richtung, Wellen zu sein, statt Partikel, doch in eurer dreidimensionalen Realität der Zeitkonstrukte existiert ihr immer noch als Partikel. Jeder Mensch kann festlegen, wie stark er sich in die Richtung bewegen möchte, eine Welle zu sein oder wie sehr er das Gefühl von Wellen erlebt. Ihr beide seid gut dabei, die Dinge anders zu sehen und in der Lage zu sein, das zu erleben, was wir beschreiben. Andere Menschen können so üben wie ihr und dasselbe tun. Doch bitte vergesst nicht, dass die Menschen in dieser Zeit in der Dualität der dritten Dimension funktionieren und solange die Dualität existiert, ist es eine größere Herausforderung für die meisten Menschen, nicht mehr an den polaren Glaubenssätzen darüber festzuhalten, was real ist. Wenn die Menschen sich den Einsichten der Einheit nähern und von der Dualität, an die sie gewöhnt sind, entfernen, dann macht sie das ein wenig instabil und sie müssen sich anpassen. Es ist immer noch nötig, das zu ehren, was in eurer menschlichen Form in der dritten Dimension existiert, während ihr auf eurem Weg seid, die zukünftigen Menschen zu werden. Wir möchten auf keinen Fall, dass jemand vollkommen aus seiner Stabilität kommt, weil er sich zu schnell in Richtung der Energien und Einsichten bewegt, die wir hier ansprechen.

Eine Übung, die euch helfen kann ist, euch auf Energie, Bewegung und Farben zu fokussieren, anstatt auf statische Formen. Doch um mit einer Analogie zu sprechen - wir tauchen eure Zehen ins Wasser; wir möchten nicht, dass ihr kopfüber hineinfallt. Ihr werdet irgendwann einmal für einen Augenblick oder über einen längeren Zeitraum vollkommen in die Wellenform des Seins eingetaucht sein, denn darauf bewegt ihr euch zu, wenn ihr euren physischen und ätherischen Körper verbindet. All dies ist auf dem Weg. Indem die Menschen ihren Glauben an die Realität aufgeben, sind sie in der Lage, sich schneller in eine andere Realität zu bewegen, als sie jemals gedacht hätten.

Bitte denkt daran, dass ihr zu einem Zweck hier in der menschlichen Form seid. Wenn ihr euch auf einmal vollkommen in die Richtung bewegen würdet, Wellen zu sein, würdet ihr einfach und dauerhaft von der einen Seite des Schleiers auf unsere Seite gelangen. Dies wird geschehen, doch noch ist die Zeit nicht gekommen. Ihr wärt noch nicht in der Lage, fortwährend das Schwingungsniveau zu halten. Wir möchten einfach nur unsere große Freude und Begeisterung zum Ausdruck bringen, mit der ihr schwingt, diese Konzepte versteht und in deren Richtung ihr euch bewegt.

Uns Menschen wird seit sehr langer Zeit gesagt: „Ihr seid noch nicht bereit." Viele von uns bemühen sich sehr darum, diesen Prozess zu beschleunigen, denn wir wissen, dass es einen besseren Weg gibt. Zu wissen, dass ihr hier seid, um uns bei dieser Umstellung zu helfen, ist sehr beruhigend. So können wir den Prozess eher verlangsamen und geduldiger sein.

Wir freuen uns, über die Entwicklung der Menschheit zu sprechen. Ihr müsst euch zusätzlich zu der Erkenntnis, dass ihr euch von Partikeln zu Wellen hin bewegt, der Elemente bewusst sein, welche die Entwicklung der Menschheit und die Evolution der Erde gleichzeitig unterstützen. Das Licht der Sonne versorgt euch mit Weisheit und hilft euch, immer höhere Schwingungszustände zu erreichen. Die Menschen brauchen Sonnenschein. Felsen lehren euch den Wert der Langsamkeit.

Das Wasser hilft euch dabei, euch selbst als Wellen zu verstehen und es lehrt euch, eure eigene Fluidität anzunehmen und mit eurem eigenen Wasser zurechtzukommen. All diese Elemente unterstützen euren Versuch, Wellenformen zu werden. Wenn die Erde Veränderungen durchläuft, können die menschlichen Bedürfnisse nach physischer Nahrung und Wasser in der kommenden Zeit, von einem physischen Standpunkt aus betrachtet, herausgefordert werden. In der Nähe von Wasser zu sein, wird euch helfen, Nahrung anzubauen, um euren physischen Körper zu nähren. Die Verwendung des Wassers eures Seins zur Bildung von Gemeinschaften, wird euch unterstützen, denn gleichgesinnte Menschen werden in der Lage sein, ihre gemeinsame Absicht zusammenzuweben mit dem Inhalt von Kapitel 7: Der menschliche Aufbau hebt die Erschaffung einer besseren

Realität an und lenkt sie. In einer gemeinschaftlichen Absicht hat das Wasser mehr Kraft. Sonnenschein, Wasser, Gemeinschaft - diese drei Elemente sind die wichtigsten für euch, doch Felsen und Bäume helfen euch, euch in eurem Sein dort zu erden, wo ihr seid; sie unterstützen euch, sie lieben euch, sie lehren und nähren euch, während ihr tut, was ihr tut. Alle fünf Elemente sind wichtig und alle fünf Elemente unterstützen euch bei eurer Bewegung hin zum Fluss des Einseins. Fokussiert euch nicht nur auf die Gedanken und Absichten im Geiste; erinnert euch an die Weisheit in eurem Herzen. Das Herz führt euch auf natürliche Weise hin zur Einheit.

Wir haben oft gesagt, dass angeborene Intelligenz viel höher zu bewerten ist, als aus Büchern erlernte Intelligenz und das scheint mit eurer Aussage zur Herzensweisheit verbunden zu sein. Wir wissen nicht, woher der Begriff „angeborene Intelligenz" kommt, doch wir denken, es bedeutet dasselbe wie das, was ihr gerade erklärt habt.

Der Begriff stammt von den Alten, die erkannten, dass es weise ist, der Natur zu lauschen (ihrer eigenen inneren Natur und der äußeren Natur, mit der sie verbunden sind). Angeborene Intelligenz heißt, direkt der Natur dieser Welt zu lauschen *und* den Rhythmen, die im Universum existieren, nach dem natürlichen Fluss und der Einheit zu suchen, anstatt durch das Denken eine künstliche Trennung zu erschaffen. Die Weisheit der Zyklen zu erkennen, kann euch dabei helfen, die Bedeutung der Natur und ihrer Rhythmen besser zu verstehen. Den Rhythmen der Natur zu lauschen, ist in der Tat ein Schritt hin zur Erinnerung, dass ihr göttliche Wesen seid. Folgt ihnen mit der Weisheit eures Herzens. Das Wichtigste, woran ihr euch erinnern müsst, ist, dass ihr Wellen seid. Wellen sind der Rhythmus des Lebens.

8

EMOTIONEN

Ihr habt uns den Rat gegeben, uns auf Energie zu fokussieren, statt auf Zeit und unsere Gedanken zu beobachten. Ihr habt uns auch gesagt, dass Emotionen Gedanken mit Energie versorgen, um Realitäten zu erschaffen. Könnt ihr uns mehr über die emotionalen Zyklen sagen, die wir als Menschen erleben? Wie können wir am besten mit den emotionalen Wogen umgehen, die unerwartet auf uns zukommen?

Ah, ihr bittet uns darum, das zu beantworten, was uns am meisten an euch interessiert. Andere Wesen haben das größte Interesse daran, zu studieren, wie ihr mit Emotionen umgeht. Wir kennen und verstehen die unterschiedlichen Schwingungsebenen, die mit wechselnden Emotionen einhergehen. Wir wissen, wie wir euch lehren können, eure Gedanken von negativen Gefühlen zu lösen, wenn ihr euch schwingungsmäßig in einer Abwärtsspirale befindet; ihr müsst eure Gedanken auf positive Dinge fokussieren, bis ihr euch selbst wieder stabilisiert und ins Gleichgewicht gebracht habt. Wir sind äußerst interessiert daran, wodurch die negativen Gefühle entstehen, wenn die Dinge ganz sanft zu fließen scheinen, wie ihr sagt. Am ehesten verstehen wir das so, dass eine unerwartete Emotion aus parallelen / vergangenen Leben dort triggert, wo Schatten geklärt werden müssen. Im Schatten eures Unterbewusstseins lauern alte Glaubenssysteme und fehlerhafte Gedanken, die jetzt in diesem gegenwärtigen Leben korrigiert werden müssen. Da sie im Unterbewusstsein sind, seid ihr oft überrascht, wenn ihr ganz plötzlich scheinbar „grundlos" übermäßig emotional seid, wenn eure Emotionen viel stärker zu sein scheinen als das vorliegende Problem. Die Emotionen dienen als Wegweiser, sie zeigen den Weg zu dem Glaubenssystem, das geklärt und korrigiert werden muss. Für gewöhnlich ist das etwas, woran ihr euch nicht nur in diesem Leben gehaftet habt, sondern auch in vielen anderen Leben. Die Emotionen entstehen und treffen euch unvorbereitet, denn in diesem Leben seid ihr euch eurer existierenden Muster nicht bewusst oder ein altes Muster aus einem anderen Leben steigt an die Oberfläche, um jetzt angegangen zu werden. Diese für euer äußeres Verständnis unbedeutenden Dinge sind Eingangstore, um größere emotionale Themen aus parallelen / vergangenen Realitäten anzugehen. Ihr erwartet sie nicht, denn ihr nehmt nicht all eure parallelen / vergangenen Leben gleichzeitig wahr. Wenn die Menschen bei einer negativen Schwingung ihre Gedanken stärker auf das Positive fokussieren, ermächtigen und energetisieren sie sich selbst, um in einen höheren Schwingungszustand gelangen zu können.

Warum erliegen wir immer wieder emotionalen Verstimmungen, wenn wir denken, wir hätten alles gelernt und sie überwunden?

Dies geschieht immer und immer wieder, denn es bietet der Menschheit die *Gelegenheit*, Leben voller alter Wunden und Glaubenssätze zu klären, die euch in einem Zustand der Trennung halten. Alles Leben ist ganz spontan, wenn ihr euch im Fluss befindet. Wenn ihr störende Emotionen erlebt, dann seid ihr nicht mehr im Fluss. Die Emotionen dienen als Hinweis dafür, die Richtung zu ändern, um in den Fluss zurückzukehren. Jedes Mal, wenn ihr eine intensive Emotion erlebt und versteht, dass die *Überzeugung*, die mit dieser Emotion zusammenhängt, *nicht* der Realität entspricht, nähert ihr euch immer mehr eurem zukünftigen Selbst an. Die emotionale Reinigung wird so lange andauern, bis ihr eure Göttlichkeit vollkommen erkennt. Hilfreich ist, wenn die Menschen sich nicht mehr über das ärgern, was sie nicht haben, sondern dankbar dafür sind, was sie *haben*. Dankbarkeit unterstützt die Bewegung hin zum Fließen mit der Einheit. Schattenarbeit gibt es bei jedem Menschen und im kollektiven Bewusstsein der Menschheit. Von Zeit zu Zeit müssen die Menschen eine energetische Blockade loslassen, wenn sie eine Emotion, die sich festgesetzt hat, entfernen und sich hindurcharbeiten. Das Loslassen kann wie eine Explosion sein, sprunghaft und unbequem. Die blockierte Energie entschwindet mit dem Loslassen der Blockade. Das ist richtig. *Nicht* richtig ist es, diese Energie *an* einem anderen menschlichen Wesen oder einem Tier auszulassen. Solch eine Freisetzung muss insgeheim geschehen oder mit der Unterstützung eines anderen Menschen, der darin geübt ist, das energetische Loslassen der Emotion auszugleichen und umzuleiten.

Wir haben unser eigenes Verständnis von Schatten. Bitte definiert für uns, wie ihr den Schatten seht.

Wir definieren „Schatten“ als dunkle oder ungelöste Themen in euch. Wir meinen die dunklen Aspekte eurer selbst, vor deren Betrachtung ihr euch entweder fürchtet oder mit denen ihr euch zu arbeiten entscheidet, wenn ihr nicht durch sie abgelenkt oder von ihnen eingeschüchtert werdet. Wir verwenden Schatten, um auf jene Aspekte von euch selbst hinzuweisen, die ihr vergessen habt und die euer Verhalten beeinflussen. Euer Schatten repräsentiert Aspekte von euch selbst, die schwache, aus gewohnheitsmäßigen Mustern heraus getroffene Entscheidungen reflektieren oder die emotionale Reaktionen oder „Trigger“ hervorrufen. Es sind die Dinge, von denen alle gegenwärtigen und vergangenen / parallelen Leben gereinigt werden müssen. Ihr könnt euch vielleicht nicht bewusst an sie erinnern, doch sie rufen emotionale Trigger hervor und lassen euch auf eine gewisse Weise reagieren, die euch und andere verärgert. Die meisten Menschen sind sich entweder dieser Schattenwirkungen auf ihr Verhalten nicht bewusst oder sie fürchten sich zu sehr davor, um sie anzusehen.

Eure Ängste und Reaktionen stammen von ungelösten Situationen, die in diesem oder in einem der vielen Leben stattgefunden haben, die ihr neben diesem Leben gelebt habt. Ihr erinnert euch vielleicht nicht mehr an die

Muster, die in euch Angst schüren und zu einer Reaktion bewegen, doch eure Emotionen weisen euch auf das hin, was ihr euch innerhalb eures Schattens anschauen sollt. In euch gibt es Fragmente, die angeschaut und aufgelöst werden müssen, um zur Einheit zu gelangen. Ohne eure Auseinandersetzung mit euren Schatten bleibt ihr fragmentiert und unfähig, alle Teile von euch selbst zu integrieren, die in Einklang gebracht werden müssen, um ganz zu sein. Ihr müsst beginnen, euch mit euren Schatten anzufreunden und euch all die Trigger und Ängste anschauen, die in eurem Unterbewusstsein leben. *Das* ist Schattenarbeit. Schatten sind ein wichtiger Teil dessen, wer ihr seid. Ihr solltet sie kennenlernen, mit ihnen tanzen und sie ganz, ganz nah bei euch halten, bis ihr lernt, mit ihnen als Teil von euch zu arbeiten. Lasst euer Licht der Liebe in alle dunklen Ecken scheinen und letztendlich werden sich die Schatten auflösen, denn ihr verschmelzt damit und integriert sie in der Ganzheit dessen, wer ihr seid. Wenn ihr dies tut, wird all eure Essenz mit mehr Licht angefüllt und ihr verbindet euch stärker mit eurer eigenen Göttlichkeit. Erfahrene Menschen wissen, dass sie, wenn sie sich weiterentwickeln möchten, alle Teile in sich selbst erforschen müssen, die bewussten und die unbewussten, um alles, was in ihnen existiert, besser zu verstehen und zu integrieren.

Die meisten Menschen haben zu viel Angst, sich ihre Schatten anzuschauen; wenn ihnen etwas unangenehm wird, laufen sie davon. Sie halten sich ihre Schatten vom Leib, indem sie sich selbst stark beschäftigt halten, damit sie sich das nicht anzuschauen brauchen, was ihre Aufmerksamkeit benötigt oder durch ihr Suchtverhalten, das sie beschäftigt und betäubt. Sie hindern sich dadurch selbst daran, sich in Aspekte zu versenken oder deren Existenz zu erkennen, die bewusst angeschaut und mit denen sie umgehen müssen. Die Menschen beschäftigen sich selbst so sehr mit ihren Pflichten, fortwährenden Gedanken, Erledigungen und sozialen Aktivitäten, wodurch sie vermeiden zu erkennen, dass sie sich selbst erforschen müssen. Alle Suchtverhalten dienen dazu, die Dinge zu verschleiern oder zu verdecken, die ans Licht gebracht werden sollen. Wir werden nur einige Beispiele aufführen, die, indem sie eine Sucht erzeugen, die Menschen von der wahren Entwicklungsarbeit abhalten. Die Liste dieser Verhalten ist äußerst lang, denn die meisten Menschen neigen zu allen möglichen Extremen, um die unbequemen Bereiche ihres Menschseins zu vermeiden, anstatt die notwendigen Veränderungen vorzunehmen.

Beispiele sind:

- Radio und Fernseher ständig laufen zu lassen, um Stille zu vermeiden, denn in der Stille lassen euch eure Gedanken zu unbequem oder einsam fühlen.
- Das soziale Bedürfnis nach *fortwährender* Interaktion mit anderen, einschließlich ständiger Handy-Telefonate, eines direkt nach dem anderen, ohne die Balance einer ruhigen Innenschau.
- Die Einnahme süchtig machender Substanzen, die euch „beruhigen" (Alkohol) oder euch „antreiben" (Koffein).
- Sich dem bequemen Konsumieren zuzuwenden, anstatt darauf zu hören, was euch eure Emotionen zu sagen haben.
- Unmäßiges Essen, Sex-Sucht, Internet-Sucht, Shopping-Sucht, Verwendung von Nikotin, Stimulanzien und Partydrogen
- Grundsätzlich *alle* regelmäßigen, unguten Aktivitäten, die euch ablenken, können als Sucht betrachtet werden, die euch davon abhalten, eure *wahre* Arbeit zu tun.

Wenn ihr euch in eine neue Realität hinein entwickeln möchtet, müsst ihr eine andere Wahl treffen. Ihr müsst euch dafür *entscheiden*, auf die unbequemen Themen zu achten, die in eurem Schatten leben. Der erste Schritt in diese Richtung besteht darin, ruhig zu werden, sich Zeit für innere Einkehr zu nehmen.

Gönnt euch die Ruhe, um zu erkennen, was in euch geschieht. Ohne die Stille, in der ihr tiefer in euch selbst hinein hören könnt, ist es schwierig, die Bereiche zu erreichen, an denen ihr arbeiten müsst, und es ist schwierig, die Muster zu erkennen, die euch in einem zerstörerischen Zyklus halten. Entfernt euch also zuerst von euren normalen Aktivitäten, werdet ruhig und beginnt zu erkennen, was Aufmerksamkeit benötigt. Beginnt die Teile in eurem emotionalen Feld zu fühlen, die nicht ruhig, voller Freude und Frieden sind, denn Friede, Freude und Liebe sind keine Emotionen. Emotionen sind menschlich. Friede, Freude und Liebe sind universell; es sind Seinszustände, keine Emotionen. Emotionen sind eure Wegweiser, dass sich etwas verändern muss. Achtet darauf, wenn ihr beginnt, emotional zu werden und erkennt dann die Gedanken, die ihr denkt. Gebt ihr euch die *Schuld* dafür, einen Fehler gemacht zu haben oder gebt ihr jemand anderem die *Schuld* dafür, dass er euch verletzt oder etwas „falsch" macht? Hört auf zu urteilen.

Klärt eure Emotionen, indem ihr durch sie hindurch atmet und beginnt, liebevollere Gedanken zu denken. Wenn ihr aufhört, in Vorwürfen zu denken und euch liebevollen Gedanken zuwendet, korrigiert ihr ein Muster, das sich in eurem Schatten befindet. Wenn beim nächsten Mal eine Emotion auftaucht, die mit diesem Muster zu tun hat, dann kommt sie vielleicht aus einer vollkommen anderen Richtung und ihr werdet zu einer anderen Einsicht gelangen. Das ständige Auftauchen von Emotionen triggert das Bewusstsein, dass euer Schatten dort liebevolle Arbeit benötigt. Je stärker die Reaktion, umso größer die Gelegenheit, sich hindurchzuarbeiten. Wenn ihr zu üben beginnt, auf eure Emotionen zu achten, sie anzuschauen, zu erkennen, was ihr denkt und dann zu beginnen, anders zu denken, dann werdet ihr erkennen, welche Muster ihr klären müsst. Das ist unser Vorschlag für eure Arbeit mit dem Schatten.

Jeder Mensch hat seine eigene Schattenarbeit zu leisten, denn jeder Mensch hat eine Anhäufung von Traumata, die immer im Emotionalkörper und im Körperbewusstsein mitgetragen werden und die spezifisch sind für die Leben, die dieser Mensch gelebt hat. Wenn Menschen Schattenarbeit per Vereinbarung miteinander teilen, dann profitiert jeder Beteiligte, wenn sie sich durch eine Schattenepisode hindurchbewegen. Jeder muss die Verantwortung dafür übernehmen zu verstehen, was der Schatten ihm enthüllt, ohne verstehen zu müssen, was die Schattenepisode für den anderen bedeutet.

Jede Schattenerfahrung eröffnet allen Beteiligten eine Gelegenheit. Wenn Menschen Schattenarbeit teilen, dann findet bei einer Person manchmal eine Freisetzung statt und während dieser Freisetzung lernt die andere Person vielleicht einfach die Lektion „lass dich nicht von dem beeinflussen, was nicht zu dir gehört". Leitet die Energie um und seid in Liebe und Mitgefühl beieinander. Die Lektion hier ist zu lernen, wie man *nicht* reagiert, denn *Reaktionen laden immer mehr Reaktionen ein*, die euch immer weiter trennen und vom Verstehen der Einheit entfernen. Wenn Emotionen das Sagen haben, dann mögen die Menschen vielleicht nicht die dadurch entstehende Veränderung. Um nicht zu reagieren, müssen die Menschen beobachten, was sie denken und sagen. Haftet euch nicht mit negativen Gedanken an die entstehende emotionale Energie, denn wenn ihr das tut, fügt ihr neue und wiederkehrende Trigger hinzu, die eine bereits negative Kommunikation zwischen euch noch weiter verschlimmert und den Zyklus der Trennung am Laufen hält.

Durch eine gemeinsame Hingabe an die Schattenarbeit können sich Menschen von ihren eigenen gewohnheitsmäßigen Denkmustern und Emotionen befreien, bei denen es um gemeinsame Erfahrungen geht und auch ihre persönliche Schattenarbeit tun.

So wie sich in eurem Haus Staub und Schmutz ansammeln und es regelmäßig geputzt werden muss, so müsst ihr kontinuierlich daran arbeiten, eure eigenen Schatten zu klären, um eine bessere Umgebung zu erschaffen. Die Menschen müssen lernen, ihre Emotionen zu durchleben, ohne sie mit negativen Gedankenformen zu belegen, um zu vermeiden, dass sie in fest verwurzelten Mustern und alten Überzeugungen hängen bleiben, die verschwinden müssen. Wenn ihr euch immer mehr in Richtung dieses Einsseins bewegt und die Dynamik von Form und emotionaler Ladung versteht, seid ihr in der Lage, in Liebe und Mitgefühl beieinander zu sein und den Emotionen zu erlauben, an die Oberfläche zu kommen und ihren Zweck zu erfüllen, ohne dass ihr euch mit ihnen verstrickt. Somit klärt ihr alles, was ihr aus parallelen / vergangenen Leben mit euch tragt.

Damit wird wie mit einem Kehrbesen alles weggefegt, was noch übrig ist. Wenn bei euch Dinge auftauchen und ihr habt das Gefühl sagen zu müssen: „Oh nein, nicht schon wieder“, dann erkennt einfach, dass die Emotion dazu dient, irgendetwas Ungelöstes zu klären, zu reinigen und dies muss nicht unbedingt aus diesem Leben stammen. Die Menschen müssen sich nicht zu sehr anstrengen, um zu versuchen, aus so viel Müll schlau zu werden. Sie müssen ihm einfach erlauben aufzutauchen, einander zu lieben, einander zu unterstützen und wenn ihr lachen könnt, dann lacht euch durch die Bedrängnis hindurch und sagt: “Hier ist es also wieder. So wie wir das Haus putzen müssen, so müssen wir auch das hier putzen. Schmutz ist Teil des Lebens.“ Dafür sind die Menschen in dieses Leben gekommen; um die Gesamtheit all ihrer Erfahrungen zu sammeln, sie miteinander zu verbinden und die Überzeugungen, die Gedankenformen, die Traumata, die fehlerhaften Muster aufzulösen, die sie ungelöst von einem ins nächsten Leben mitgenommen haben.

Gedanken, Energie und Emotionen erschaffen Form. Wenn ihr diese drei Dinge auf eine besondere Weise kombiniert, sendet ihr ein Signal aus von dem, was ihr zu erschaffen wünscht. Wenn eure Gedanken und Gefühle positiv sind, beginnt ihr die Erschaffung einer positiven Realität. Wenn sie negativ sind, sind sie normalerweise mit etwas verbunden, vor dem ihr in eurer Erinnerung zu einer anderen Zeit Angst hattet oder weswegen ihr unglücklich wart. Erinnerungen sind eine Form des Ausschwitzens, das durch etwas ausgelöst wird, was in eurer vergangenen Existenz existierte.

Ihr tretet gewissermaßen von einer Zeit in eine andere, außerhalb des gegenwärtigen Augenblicks. Eure stärker gewordenen Emotionen ermöglichen es euch, tiefer in eine frühere Realität hineinzugehen, die zu einer anderen Zeit ziemlich real für euch war und deshalb *fühlt* es sich jetzt real an. Die Emotionen und Gedanken lassen es real werden und ihr tragt das Muster einer unglücklichen Realität in die Gegenwart hinein. Warum sich also nicht daran erinnern, wie ihr euch zu einer besseren Zeit gefühlt habt und eure Schöpfungen auf diese Energie fokussieren? Die Menschen würden davon profitieren zu lernen, wie man dies tut.

Wir stellen fest, dass die Mehrheit der Menschen dazu neigt, sich in zwei Richtungen von negativen Gedanken weg zu bewegen, während sie Emotionen erlebt. Die erste Richtung ist eine nach außen gerichtete Projektion von Emotionen in Form von *Urteil und Schuldzuweisung an andere Menschen*. Dies manifestiert sich in Gedanken wie „Es ist nicht meine Schuld; er (oder sie) hat mich verletzt," oder „Der andere hat Unrecht". Diese typische Reaktion herrscht bei all jenen Menschen vor, die sich weigern, sich ihre *eigenen* Schatten anzuschauen oder ihre eigene Arbeit zu tun. Sie klagen andere Menschen und Umstände an und weigern sich, die Gelegenheit zu erkennen, die vor ihnen liegt, um ihre eigenen Reaktionsmuster zu verändern.

Sie verurteilen oder beschuldigen jemand anderen, anstatt selbst die Verantwortung für ihre eigene Gelegenheit zu übernehmen, durch neue Gedanken etwas Besseres zu erschaffen. Diese Art von Verhalten ist bedauerlich, und es trägt nicht dazu bei, das eigene spirituelle Wachstum zu fördern, doch es ist noch viel, viel schlechter, dem zweiten Ansatz zu folgen. Beim zweiten Ansatz geht es darum, die Emotion in Form von *Selbstverurteilung* und *Selbstanklage* aufzunehmen. Sich selbst zu verurteilen ist nicht dasselbe wie Verantwortung zu übernehmen. Selbstverurteilung entsteht, wenn man *zu* nah am eigenen Schatten lebt und an den Punkt kommt, das Gefühl zu haben, alles was man ist, sei ein Schatten.

Warum dies noch schlechter für die Menschheit ist, liegt darin, dass Vorwürfe der Angst entstammen (insbesondere der Angst davor, den eigenen Schatten anzuschauen), während die Selbstverurteilung, aus einem Mangel an Liebe und der Unfähigkeit, Selbstliebe zu empfinden, noch mehr Angst erzeugt und dies setzt die Trennungszyklen immer weiter fort. *Zuerst* müssen sich die Menschen selbst lieben, bevor sie andere lieben können, wenn man sich also selbst nicht liebt, dann bringt dies den Fluss des Lichtes, das in die Welt hinausströmt, zum Erliegen. Liebe und Licht sind so eng miteinander verbunden. Ein vollkommenes Eintauchen in den Schatten löscht das individuelle Licht aus. Wenn ein Mensch sich selbst nicht lieben kann, kann er keine Liebe geben und alle leiden. Wenn die Menschen sich selbst anklagen, verurteilen und nicht genügend lieben, dann überkreuzen sie die Verdrahtung innerhalb ihrer Netzwerke; sie vergessen, wie man vernünftig über irgendetwas denkt. Wenn dies geschieht, verwandelt sich ihr Unterscheidungsvermögen in harte Urteile und die Emotionen, die sie an ihre entstellten Urteile haften, machen sie blind. Sie können nicht mehr erkennen, dass *sie* selbst dafür verantwortlich sind, dass sie das Ausmaß des Ereignisses übertreiben. An diesem Punkt verursachen ihre emotionalen Projektionen in der Tat noch mehr Schaden als die ursprüngliche Situation, auf die sie dann reagieren.

Wie verhält es sich damit, wenn man die volle Verantwortung für das schlechte Benehmen übernimmt, indem man nachgibt? Es scheint eine natürliche Reaktion einer bewussten Person zu sein, sich zurückziehen zu wollen, um die Energie dessen zu verändern, was sie erschaffen hat.

Das grundlegende Problem ist, dass die Person, die sich zurückzieht, sich sehr oft weiterhin auf selbst verurteilende Gedanken fokussiert und sie durch das Gefühl, betrübt zu sein, energetisiert. Zu harte Gedanken wie „Das werde ich nie mehr tun", die keinen Raum für eine allmähliche Verbesserung zulassen, erschaffen einen Zyklus, in dem man dann nicht mehr in der Lage ist, sich voranzubewegen, denn in der Person verstärkt sich noch das Gefühl zu versagen, wenn sie ein anderes Mal den gleichen oder einen ähnlichen Fehler macht, bis sie lernt, das alte Muster zu verändern. Die Menschen benötigen Hilfe.

Ihr seid noch nicht in der Lage, alles aus vollkommener Selbstverantwortung heraus tun zu können, solange ihr nicht alle Muster durchbrochen habt, die nicht funktionieren und alle Glaubenssysteme loslasst, die euch begrenzen und verwirren. Ihr seid keine getrennten Wesenheiten. Ihr seid mit allem verbunden und Hilfe steht immer zur Verfügung.

Ich glaube, viele Menschen, die danach streben, bewusster zu werden, versuchen unausgeglichene Situationen durch sich selbst wieder gut zu machen. Sie wissen, dass sie einen Fehler gemacht haben. Wir verstehen, dass wir nicht alles alleine tun können; ja, wir brauchen Hilfe; ja, wir brauchen Gnade. Doch es gibt auch den Einfluss von innen, der uns sagt, dass wir uns zurückziehen sollen, bis wir uns wieder beruhigt haben, bis wir das Notwendige, die Stärke und die Weisheit haben, um das wieder gut zu machen, was wir getan haben.

Danke für deine Erklärung. Sich zurückzuziehen, um sich zu beruhigen und Weisheit zu sammeln ist förderlich. Wir erkennen jedoch das Muster vieler Menschen, die sich zurückziehen, um sich in ständigen Gewissensbissen und Selbstverurteilung für die ganze Situation vertiefen, anstatt nur die Verantwortung dafür zu übernehmen, die notwendigen Veränderungen in sich selbst durchzuführen. Sie *glauben* fälschlicherweise, dass alles gut wird, wenn sie all die Arbeit leisten. Wir erkennen ein vorherrschendes Muster von Selbstverantwortung, das viel zu sehr bei jenen aus dem Gleichgewicht ist, die sich um alle Menschen in ihrem Leben kümmern. Ihr nennt sie „Betreuer" oder „Pflegekräfte".

Viele dieser Menschen, deren Schwerpunkt darauf liegt, sich um andere zu kümmern, achten oft nicht angemessen auf sich selbst. Diese Menschen, die sich zu verantwortlich für alle anderen Menschen fühlen, während sie ihre eigenen Bedürfnisse ignorieren, sind bereits aus dem Gleichgewicht im Hinblick auf die eigene Verantwortung geraten, denn die meisten von ihnen haben niemals gelernt, sich selbst zu lieben und sich um sich zu kümmern. Sie neigen oft dazu, sich selbst hart dafür zu verurteilen, wenn sie das Gefühl haben, etwas nicht korrekt getan zu haben, und geraten aus dem Gleichgewicht und gehen über in den Selbstvorwurf und das gewohnheitsmäßige Denken, dass sie die Situation ganz allein in Ordnung bringen müssen. Die Menschen müssen lernen, ein Gleichgewicht zwischen der Übernahme von Verantwortung, um ihre Gedanken und

Taten zu verändern, und dem Loslassen von Verantwortung, die nicht die ihre ist, zu finden. Sich zurückzuziehen bis man seine Emotionen wieder beruhigt hat und eine angemessene Verantwortung zu übernehmen, ist positiv. Doch die Menschen müssen bei dem Rückzug lernen, die Richtung ihrer Gedanken zu verändern. Um Hilfe zu bitten, unterstützt diese Veränderung.

Durch alle Zeiten hindurch haben viele menschliche spirituelle Meister das Konzept des Gleichgewichts gelehrt. Die New-Age-Bewegung hat dem Gedanken von Gleichgewicht großen Schaden zugefügt, denn New-Agers fokussieren sich oft nur darauf, sich in Richtung des Lichtes zu bewegen. Sie fokussieren sich darauf, nur das Licht zu sehen, ohne den Schatten anzuschauen. Sie wiederholen positive Affirmationen, ohne sich darum zu kümmern, das, was im Schatten existiert, zu verändern. Wir halten diesen Ansatz für höchst unausgeglichen. Bittet um Hilfe, um eure Selbstverantwortung festzulegen und um eure Gedanken angemessen in Richtung Veränderung zu lenken.

Wir müssen den Unterschied erkennen, was es heißt, sich um andere zu kümmern, jedoch nicht um sich selbst und zu viel Verantwortung für sie zu übernehmen und dadurch in eine Verstrickung zu geraten.

Das ist ein bedeutsamer Erkenntnissprung. Die Prüfung für die Menschen besteht darin, die sich nach unten drehende emotionale Spirale zu stoppen, wenn sie einsetzt und sich stattdessen der Selbstliebe zuzuwenden, anstatt der Selbstanklage. Die Menschen sollten ihre eigene Liebe hervorbringen, um sich mit der Göttlichkeit ihres eigenen Wassers zu verbinden und sie nach außen zu senden, um einander in einem Netzwerk aus Licht zu helfen. Die meisten Menschen sind derzeit nicht in der Lage, dies zu tun, denn sie sind so weit entfernt von jeglichem Gefühl der Balance. Die meisten leiden unter irreführenden emotionalen Anhaftungen an unrichtige Überzeugungen. Doch für die meisten von euch, die das sind, was ihr „Lichtarbeiter" nennt, ist es die Aufgabe, das Licht zu verbreiten und wenn ihr feststellt, dass das Licht eines Menschen durch einen Mangel an Selbstliebe ausgelöscht worden ist, dann könnt ihr eure eigene Liebe voller Mitgefühl zu seinem Schatten senden.

Ihr beide, als menschliche Botschafter unserer Arbeit, müsst diese Veränderungen selbst erleben, damit ihr lernt, wie man Reaktionsmuster überwindet, um dies anderen Menschen beibringen zu können. *Emotionen können als Werkzeug für Veränderungen eingesetzt werden oder sie können tödlich sein*. Ihr beginnt das zu verstehen. Doch es ist die Entscheidung eines jeden Menschen, die Granate voller Emotionen mit seiner Hand zu ergreifen und sie zu halten, bis sie ihn in Stücke reißt oder sie von sich zu werfen und sein Gesicht dem Licht zuzuwenden. Ihr müsst eure Emotionen überprüfen, bevor ihr sie wegwerft. Wenn ihr sie wegwerft, nachdem ihr ihre Botschaft überprüft habt und euch leichteren Gedanken zuwendet, werdet ihr wellenförmige Momente erleben, in denen ihr eine Leichtigkeit empfindet, die euch Frieden bringt. In solchen Augenblicken reichen wir euch die Hände, wenn ihr durch uns auf Ebenen zurückgreift, derer ihr euch nicht immer bewusst seid. Wir beobachten Menschen, wie sie ihre Muster auf die eine oder andere Art durchbrechen, um immer besser in das hineintreten zu können, was real ist.

Wir haben bei einem Autoren gelesen, dass es ihn überrascht, dass er erwählt wurde, die Lehrer und Helfer zu haben, die ihm so viel Einsicht vermitteln und dass er dies nicht wirklich verstehen kann. Ich wundere mich auch oft selbst darüber, wenn ihr uns helft. Die Menschen scheinen so schwerfällig zu sein und aus Gewohnheit so engstirnig, dass es manchmal schwierig für uns ist, zu verstehen, warum wir Energien und Liebe, so wie euch, in unserem Leben haben. Nicht, dass wir es nicht verdient hätten, doch wir scheinen nicht weit genug entwickelt oder reif genug zu sein, dass ihr euch damit abgebt.

Jetzt müssen wir lachen. Die Menschen sind oft schwerfällig und gewohnheitsmäßig engstirnig?! Was gibt's Neues? Doch in allen Menschen gibt es ein strahlendes Licht, ein großes Wissen und eine enorme Verbindung mit der Göttlichkeit. Ihr könntet sagen, wir helfen euch, nach den Edelsteinen in euch selbst zu schürfen. Durch eure Arbeit und unsere Hilfe tragen wir alle fehlerhaften Überzeugungen und Annahmen ab, so wie ihr einen Felsen abtragen würdet, um darin einen polierten Edelstein zu finden. Es ist der gleiche Vorgang. Bei weiterentwickelten Menschen, so wie ihr beide und viele andere, gibt es weniger abzutragen, um zum Edelstein zu gelangen. Das Beispiel nach Edelsteinen zu schürfen ist vereinfacht ausgedrückt und nicht *ganz* präzise, denn ihr seid immer verantwortlich für eure eigenen Entscheidungen. Wir dachten jedoch, die Analogie könnte sehr lehrreich sein. Ist das akzeptabel?

Das ist es. Doch denkt ihr nicht manchmal: „Oh Mann. Wir dachten, das sei die richtige Mine, um sie zu erforschen, doch vielleicht sind diese Edelsteine zu verkrustet oder zu tief vergraben?"

Wir reichen euch schwingungsmäßig unsere Hand und streicheln genau diesen Edelstein in euch. Wir wissen, was da ist. Wir machen keine Fehler. Die Menschen haben immer die Wahl. Während wir wissen, was da und was möglich ist, könnt ihr euch aber auch weiterhin anders entscheiden. Das Einzige, was der Gewissheit in den Weg kommen kann, seid ihr. Ihr beide seid nicht für den Misserfolg geschaffen. Versteht das.

Danke dafür, dass ihr das, was ihr in uns seht, erkennt und dem vertraut.

Wir bitten euch darum, euch daran zu erinnern, dass wir unsere Zeit mit euch lieben, sie genießen und davon profitieren, was auch immer ihr uns vorbringt. Wir beobachten eure Launen, eure Emotionen und eure Gedanken voller Liebe, wenn wir eure energetische Schwingung erleben. Während wir die Menschen dazu ermutigen, ihre Emotionen anzunehmen und zu erleben und zu lernen, was sie ihnen über die Richtung der Veränderung zu sagen haben, ermutigen wir euch nicht, euch an eure Emotionen zu hängen, insbesondere nicht an negative Gefühle, die zu erleben die Menschen so gewohnt sind. Die Menschen hängen sich an das, was ihnen vertraut ist, anstatt die alten Muster zugunsten geeigneterer neuer Muster loszulassen, die ungewohnt oder sogar seltsam zu sein scheinen. Wenn ihr dabei seid, eure eigene Realität zu erschaffen, so wie dies die Menschen in jeder Sekunde eines jeden Tages mit jedem Gedanken und jedem Gefühl, das sie in die Welt geben, tun, seid ihr eher in der Lage, die von euch gewünschte Realität zu erschaffen, wenn ihr euch nicht an negative Gefühle hängt und ihr hindurch fließt und annehmt, was in dem Augenblick geschieht. In Wirklichkeit ist es einfach, doch zu versuchen es zu erklären, ist sehr komplex.

Grundsätzlich müssen die Menschen das vertraute Gefühl von Angst davor loslassen, was sie nicht kennen oder verstehen und lernen darauf zu vertrauen, dass alles perfekt ist, genau so wie es ist. Lenkt euren emotionalen Zustand von der Angst hin zum Vertrauen. Lenkt euren mentalen Zustand durch solche Gedanken wie „Was möchte ich erschaffen? Wie erschaffe ich in diesem Augenblick durch meine Gedanken und Gefühle? Welche Realität möchte ich erschaffen für das höchste Wohl von allem?“ Nutzt die Kraft eures Wassers, eurer fokussierten Absicht. Erkennt, dass eure Gefühle die Richtung eurer Absicht füttern. Aus diesem Grund lehren wir euch: „Habt keine Angst; akzeptiert voller Vertrauen und Liebe dass das, was geschieht, richtig ist und dass etwas Positives aus dem von euch gefühlten Unbehagen entsteht, wenn ihr *euren* Teil dazu beitragt“.

Denkt daran, dass ihr Mitschöpfer seid und durch eure Gedanken und Gefühle ständig Veränderungen herbeiführt. Die Menschen müssen immer ihren eigenen Teil dazu beitragen, damit andere Möglichkeiten verfügbar werden. Wenn ihr eure eigene persönliche Verantwortung übernehmt, indem ihr mit euren Gedanken und Emotionen euren Teil dazu beitragt, dann wird euch geholfen. Es ist Teamwork zur Einheit der Quelle zurückzukehren. Das Universum präsentiert euch eine Situation und ihr helft dabei, sie zu verändern.

Emotionen haben eine tatsächliche Auswirkung. Die Menschen müssen erkennen, dass sie emotionalen Treibstoff darauf verwenden, worauf sie mit ihren Gedanken ihre Absicht richten und somit die Realität erschaffen. Ihr seid Mitschöpfer durch das kollektive Bewusstsein mit anderen Menschen und mit dem Universum. Es ist am besten, eure Emotionen anzuerkennen und zu erkennen, dass es ihre Aufgabe ist, den Weg zu weisen und den Treibstoff zu liefern für die Veränderung, dann die Emotionen zu klären, eure Gedanken in eine positive Richtung zu lenken und sich in die reine Liebe hineinzubewegen, die keine Emotion ist. Reine Liebe ist Licht und sie ist kein Teil des emotionalen Spektrums.

Wenn die Menschen sich mit einem größeren Verständnis des Zwecks der Emotionen zur Einheit hinbewegen, werden sie viel eher in der Lage sein, in Liebe und Mitgefühl zusammen zu sein und den Emotionen erlauben, an die Oberfläche zu kommen und ihren Zweck zu erfüllen, indem sie euch hin zu einer positiven Veränderung treiben. Erinnert euch, die Art und Weise, wie ihr die Emotionen erlebt und nutzt, ist die ganz persönliche Verantwortung eines jeden Menschen. Es ist eure Entscheidung. Die Entscheidung liegt bei euch.

Gibt es Techniken, die ihr uns beibringen könnt, um uns zu helfen, uns emotional nicht auf einer Abwärtsspirale zu bewegen?

Wenn sich die Menschen in einer voll entfalteten emotionalen Erfahrung befinden, bitten sie für gewöhnlich um drei Dinge:

1. Bedingungslose Liebe zu empfangen.
2. Anerkennung zu erhalten, dass sie von Bedeutung sind.
3. Rückversicherung zu erhalten, dass sie in Ordnung sind.

Verändert diese Bitten ein wenig. Bittet um die folgenden drei Dinge:

1. Bedingungslose Liebe zu sein.
2. In der Welt etwas zu bewirken.
3. Sich durch die Einheit zu verbinden.

Wir geben euch weitere Ratschläge, die jeder Mensch auf seine eigenen Bedürfnisse anpassen kann.

- Prüft euch innerlich, wenn ihr merkt, dass sich eure Laune verschlechtert, sobald ihr feststellt, dass ihr euch schwingungsmäßig vom Frieden eures wahren Selbst entfernt.
- Denkt daran, dass Emotionen die Aufgabe haben, etwas Ungelöstes auszuräumen und zu reinigen.
- Bittet um spirituelle Unterstützung und Hilfe.
- Erfüllt euch selbst mit dem goldenen Licht der Gnade, damit ihr euch über die Muster eures Karmas hinausbewegen könnt.
- Durchlebt die Emotion und seid euch gewiss, dass sie bald wieder vorüber ist und hängt euch nicht an irgendeine mentale Gedankenform, die entsteht oder gebt dem, was ihr fühlt nicht zu viel Bedeutung,
- Denkt daran, dass Gedanken und Emotionen sich gegenseitig Nahrung geben.
- Sagt euch selbst: „Diese Energie gehört nicht länger zu mir."
- Weigert euch, euch selbst in alte Muster der „Opferrolle" zu begeben, indem ihr denkt, man hätte euch Unrecht getan oder würde euch missverstehen.
- Seid dankbar für alles, was in eurem Leben funktioniert.

Wir hoffen, dass dies für euch hilfreich ist. Erinnert euch einfach daran, Emotionen sind Hinweise, damit ihr umlenkt und in die richtige Richtung fließt.

9

DIE ILLUSION DER ZEIT

Könnt ihr bitte erklären, was in der Nacht geschehen ist, als Pia um 4:25 Uhr aufwachte, dann um 5:00 Uhr, dann um 3:11 Uhr und dann wieder um 4:25 Uhr und um 5:00 Uhr? Wie war es möglich, dass sie mehrere Male in der gleichen Nacht etwas wieder und wieder erlebte oder hat sie einfach die Uhr falsch abgelesen?

Pia erlebte das Auflösen der Zeit. Sie hatte viele Gelegenheiten, sozusagen mit der Zeit zu tanzen. Sie ist sich bewusst, dass sie die Zeit aufhalten kann, wenn sie schreibt oder wenn sie alleine reist, indem sie die menschlichen Grenzen der Zeit überwindet und schneller ankommt, als die „Zeit" dies erlauben würde. Es gibt einen Grund dafür, warum sie sich für die Zeit interessiert und warum sie es nicht mag, wenn man einen Bezug zur Vergangenheit herstellt. Die Vergangenheit gibt ihr das Gefühl, eingeschränkt zu sein und lenkt sie von der Gegenwart ab, von der sie weiß, dass dies alles ist, was real ist. Durch ihre Erinnerung an vergangene / parallele Leben versteht sie viel klarer als die meisten Menschen, dass Vergangenheit und Gegenwart Seite an Seite existieren. Wenn andere Menschen sich fortwährend auf die Vergangenheit beziehen, dann fühlt sie sich davon verletzt, so als würde etwas oder jemand aus der Dimension der Vergangenheit sie von dem entfernen, was gegenwärtig im *Jetzt* ist.

Pia wird von der Vergangenheit gequält, nicht weil sie die Geschichten nicht hören möchte, sondern weil sie fühlt, dass diese Energien etwas von der Energie dessen abziehen, was sie im *Jetzt* erleben kann. Nicht viele Menschen verstehen die Dynamik der Vergangenheit, welche die Gegenwart verletzt. Pia weiß, dass sich die Realität nicht auf der Vergangenheit aufbaut, sondern in jedem *gegenwärtigen Augenblick* erschaffen wird. Wir arbeiten weiterhin mit ihr und nehmen sie aus der Zeit heraus, so oft sie dies möchte. Dieses Hin und Her zwischen den Dimensionen ist genau das, was letzte Nacht geschah. Sie hat die Uhr nicht falsch abgelesen.

Um die Begrenzungen zu verstehen, die die Menschen aufgrund der Illusion der Zeit erleben, müsst ihr an eurer linearen Wahrnehmung arbeiten. Ihr müsst verstehen, dass Ursache und Wirkung nicht an das menschliche Verständnis gebunden sind; universelle Gesetze haben einen größeren Einfluss auf die wahre Realität. Realität wird durch Energie erschaffen, nicht durch Zeit. Zeit ist eine Illusion, die nur in der dreidimensionalen menschlichen Realität existiert und als solche hält sie die Menschen gefangen durch den falschen Glauben, dass Zukunft und Vergangenheit existieren. Nur der gegenwärtige Augenblick existiert wirklich. Durch die gemeinsam von den Menschen erfahrene Realität ist die Vorstellung entstanden, dass Geschehnisse ein Leben haben bevor sie entstehen und nachdem sie entstanden sind. Ihr nennt dies Vergangenheit und Zukunft. Eigentlich geschieht alles gleichzeitig. Da die Menschen darauf trainiert sind, linear zu denken, glauben sie, dass alles von einer zur anderen Richtung fortschreitet (von der Vergangenheit zur Gegenwart zur Zukunft). Das entspricht nicht der Wahrheit. Ihr erlebt viele Dinge gleichzeitig und doch unterteilt ihr sie innerhalb eures Bewusstseins, damit sie für euch einen Sinn ergeben. Das, was die Menschen vergangene Leben nennen, sind eigentlich parallele Leben. Ihr könntet „in der Zeit" zurückgehen, um das neu zu erschaffen, was in einer „früheren" oder parallelen Zeit geschehen ist und das Ereignis in ein positiveres und produktiveres Ergebnis verändern. Ihr könnt dies mit jeder "vergangenen" unangenehmen Lebenserfahrung tun, um euer Karma zu klären und für alle Zeiten die Dynamik dessen zu verändern, was euch in den vergangenen / parallelen Leben zugestoßen ist und dadurch eure Gegenwart verändern. Wenn ihr beginnt zu verstehen, dass die Vergangenheit und die Zukunft nicht existieren, dann könnt ihr anfangen, eure Gegenwart vollkommener zu erschaffen, ohne euch auf das zu verlassen, was ihr „Geschichte“ nennt. Geschichte ist einfach nur eine Geschichte. Sie ist nicht real. Ihr könnt zu jeder Zeit in die Geschichte eintreten und das Ergebnis verändern. Versteht ihr?

Ja, wir beginnen, diesen Gedanken klarer zu verstehen. Wie können wir unser Verständnis ausdehnen, um uns vom linearen Denken zu entfernen?

Wir würden uns wünschen, dass die Menschen sich damit anfreunden, die Zeit ein wenig zu verbiegen. Genau das ist Meditation. Die Menschen entbinden sich von der Zeit und können sich dadurch mit ihrem zukünftigen Selbst (das bereits existiert) verbinden. Der Grund, warum ihr euch nach einer Meditation erfrischt und ruhig fühlt liegt darin, dass ihr in Verbindung mit eurem zukünftigen Selbst seid und ihr etwas von dem Frieden und dem Vertrauen zurück in euren gegenwärtigen Zeit-Raum mit euch bringt. Cullen, du sagtest einmal, dass du nicht wüsstest, wohin du dich in einer Meditation begibst, doch du „gehst irgendwohin“ und lässt dein Selbst zurück. Du lässt in der Tat deine Persönlichkeit zurück und triffst dein göttliches zukünftiges Selbst, das vollständig und vollkommen ist. Ihr könnt dies mit allem oder jeder Situation tun, denn alles existiert gleichzeitig. Ihr könnt euch selbst heilen, indem ihr versteht, dass ihr zu einem Ereignis in der Vergangenheit zurückkehren und es in der Gegenwart korrigieren könnt, denn sie existieren gleichzeitig. Wir werden darauf später noch näher eingehen, doch versteht jetzt, dass die Momente, in denen die Menschen sich aus der Zeit heraus bewegen, eine zelluläre Erinnerung an ein Leben ohne Beschränkungen reflektieren. *Zeit* ist die Beschränkung. Die Menschheit hat eine Zellerinnerung an das, was es bedeutet, außerhalb der Zeit zu leben und diese Erinnerung wird jetzt erweckt.

Wie beeinflusst die Zeit die Ansammlung dessen, was wir Schatten nennen, durch die wir uns hindurcharbeiten müssen?

Die Menschen erleben viele Dinge durch ihre parallelen Leben in einem männlichen und einem weiblichen Körper. Eure gegenwärtigen Körper haben auch ein Bewusstsein dessen, was in parallelen Leben existiert. Heutzutage glauben viele Menschen, dass nur die Persönlichkeit bewusst ist und dass der Körper mit der Geburt ankommt und mit dem Tod stirbt. Staub zu Staub, und der Körper hat sich aufgelöst. Doch euer Unterbewusstsein enthält Geschichten aus vergangenen / parallelen Leben, die ihr erlebt habt und es gibt ein Körperbewusstsein, das euch durch all eure Leben begleitet. Das Körperbewusstsein sammelt auf die gleiche Weise Erfahrungen, wie das männliche und das weibliche Selbst der vergangenen / parallelen Leben. In hohem Maße ignorieren die Menschen ihren Körper und das Bewusstsein, das in ihren Zellen lebt. Sie sehen nur die physische Biologie und nicht die ewige Energie, die vorhanden ist. Wenn die Menschen zu dem Bewusstsein erwachen, das in jeder Zelle ist und erkennen, dass jede Zelle ein universelles Bewusstsein in sich trägt, das über den Tod und über die Zeit hinaus existiert, dann erwecken sie große Erinnerungen innerhalb ihrer DNA. Das Körperbewusstsein und die männlichen und weiblichen Persönlichkeiten existieren in parallelen / vergangenen Leben ebenso pulsierend, lebendig und bewusst wie das, was euch in der Gegenwart bewusst ist. Sie alle existieren gleichzeitig. Die Illusion der Zeit hat die Menschen im Hinblick auf die Wahrheit der Realität verwirrt.

Die in parallelen Realitäten lebenden männlichen und weiblichen Persönlichkeiten tragen Erinnerungen an spezielle gespeicherte Emotionen in sich. Dies ist sozusagen der rote Faden der Geschichte. Ihr tragt emotionale Pakete aller Geschichten in euch, die das männliche und weibliche Selbst in all den parallelen Leben erfahren, die ihr lebt. Das Körperbewussstsein trägt den Schmerz in sich, der von diesen gespeicherten Emotionen gehalten wird. Der Schatten ist die Ansammlung der emotionalen Muster, die durch all diese erlebten Geschichten entstanden sind. Der Grund, warum Schattenarbeit jetzt so wichtig ist, liegt darin, dass dies eure Gelegenheit ist, all eure Leben miteinander zu verschmelzen und all eure fehlerhaften Überzeugungen und die Muster auszuräumen, die euch davon abhalten, eure eigene Göttlichkeit und Macht anzuerkennen. Wenn die Menschen an der Auflösung der Emotionen arbeiten, die in ihren Schatten gespeichert sind, dann steigen die fehlerhaften Glaubenssysteme, die von Gedankenformen in parallelen Leben getragen werden, in der Gegenwart an die Oberfläche, um emotional geklärt und wieder integriert zu werden. Ihr habt die Gelegenheit, das, was ihr für die *Vergangenheit* haltet, in die *Gegenwart* zu bringen, um es zu integrieren. Manchmal seid ihr euch noch nicht einmal dessen bewusst, was die Emotion hervorgerufen hat, die bei der Schattenarbeit freigesetzt wird, doch wenn ihr sie bewusst klärt und eure Gedanken in eine andere Richtung lenkt, heilt ihr etwas in allen Leben gleichzeitig. Alte körperliche wie auch emotionale Verletzungen müssen nicht andauern. Kommunikation mit dem menschlichen Körper ist der erste Schritt. Wir werden später bei unserer Diskussion zum Thema Heilung noch weiter darüber sprechen. Wir sind hier, um den Menschen dabei zu helfen, ihr Bewusstsein über das momentane Verständnis der Zeit hinaus auszudehnen.

Wir haben euch gesagt, dass Zeit ein menschliches Konstrukt ist. Nun sagen wir euch, die Menschen erschaffen in der Tat Zeit durch ihre Gedanken und Überzeugungen, die durch die gemeinsame Realität mit erschaffen und von ihr unterstützt werden. Die Menschen müssen lernen, durch ihren ersten Sinn das zu ehren, was sie fühlen und auf den gegenwärtigen Augenblick fokussiert zu bleiben. Die Begrenzungen der Zeit bilden eine Art verdichtete Energie, die euren Fluss blockiert. Wir verstehen, dass ihr in eurer gemeinsamen Realität Termine festlegen müsst; es ist unmöglich, dies zu vermeiden. Doch da die Menschen kollektiv ihren ersten Sinn entwickeln und sich hin zur Einheit bewegen, wird euer Bedürfnis geringer, innerhalb eines künstlichen Konstruktes, das Zeit genannt wird, zu funktionieren und ihr werdet euch, hinsichtlich dessen, was geschehen muss, auf euren ersten Sinn verlassen und immer im gegenwärtigen Augenblick bleiben. Zeit ist ein trennender Faktor, der entsteht, wenn sich die Menschen von ihren physischen Empfindungen und den Rhythmen der Natur entfernen und beginnen, dem Leben durch die Gedanken, die sie denken und die Emotionen, die sie zum Ausdruck bringen, eine Bedeutung zu geben. Genau an dieser Verbindungsstelle nehmen die Menschen an der Erschaffung der Zeit teil. Menschliche Babies kommen nur mit ihren biologischen Rhythmen zur Welt und verstehen die Begrenzungen durch die Zeit, in die sie eintreten, nicht. Kleine Kinder leben im gegenwärtigen Augenblick; ihre Gefühle sind eng verknüpft mit ihren physischen Empfindungen und mit nur wenigen Gedanken. Wenn sich bewusstes Wahrnehmen an mentale Gedanken bindet, beginnen sie, sich vom Leben im gegenwärtigen Augenblick zu entfernen. Wenn sie Bedeutungen von dem anhäufen, was sie empfinden und was sie durch kulturelle Anpassung lernen, dann lösen sie sich davon, im gegenwärtigen Augenblick zu leben. An diesem Punkt findet eine Trennung statt. Bedeutungen beginnen sich anzuhäufen und Trennung findet statt, die sie dazu drängt, in der gemeinsamen Realität der Dualität zu leben, die erfüllt ist von polaren Gegensätzen, die eine Bedeutung haben. Wenn die Kinder von ihren Betreuern dazu gebracht werden, den polaren Extremen Bedeutung beizumessen, dann entsteht für sie Zeit, denn Vergangenheit und Zukunft sind einfach nur polare Gegensätze der Dualität.

Wenn die Kleinen beginnen, Bedeutungen anzusammeln, bilden sie einen historischen Rahmen ihrer Erfahrungen wie beispielsweise: „Wenn ich weine, werde ich in den Arm genommen", und anstatt von Empfindungen im gegenwärtigen Moment aus zu handeln, beginnen sie darüber *nachzudenken*, was sie *tun werden*. Habt ihr jemals ein Kind beobachtet, das hinfällt und sich nach jemandem umschaut, *bevor* es weint, weil es sich beim Hinfallen weh getan hat? Sie entfernen sich davon, in der Gegenwart auf ihr Umfeld zu reagieren und erschaffen eine Zukunft durch ihre Gedanken und emotionalen Reaktionen. So beginnen die Menschen, sich ihre Realität zu erschaffen. Die Reaktionen der Eltern oder anderer Betreuer formen und gestalten diesen Prozess noch weiter, da die Betreuer ihnen ihre eigenen angesammelten Bedeutungen von *ihren eigenen* Erfahrungen aufzwingen und die Kleinen akzeptieren diese Bedeutungen als „die Wahrheit." Somit beginnen die Kinder den Prozess der Trennung von der Einheit, indem sie sich in die gemeinsame Illusion der Zeit hineinbewegen und ihre Zukunft durch ihre Emotionen und Gedanken erschaffen.

Wenn Kinder im Alter zwischen vier und sechs Jahren nicht sozialisiert oder kulturell angepasst würden, gäbe es dann für sie keine Trennung oder Dualität?

Das ist eine interessante Frage. Ihr schätzt das Alter zu hoch. Der Prozess beginnt, sobald Kleinkinder und Kinder beginnen, ihren physischen und emotionalen Empfindungen Bedeutung beizumessen. Sie beginnen, den Konflikt zwischen dem, was sie fühlen und dem, was ihnen gesagt wird zum Ausdruck zu bringen, indem sie anfangen „Nein" zu sagen. Genau an diesem Punkt lernen sie, dass das, was man ihnen über die Wahrheit sagt, nicht notwendigerweise mit ihrer Erfahrung der Wahrheit in Resonanz ist. Ungefähr im Alter von zwei Jahren erleben sie eine Trennung. Sie treten in die Dualität ein. Da die Eltern auf einer linearen Zeitlinie von Vergangenheit, Gegenwart und Zukunft agieren und sie ihre Kinder in eine gemeinsame gedankliche Realität bringen möchten, bauen sie bei der Erziehung ihrer Kinder auf vergangenen Verhaltensweisen auf. Wenn die Kinder in ihr Umfeld hineinwachsen, beginnen sie, ihre eigenen Kreisläufe auszubilden, indem sie das, was sie durch ihren ersten Sinn wissen, ignorieren und sich an die Bedeutungen anhaften, die ihnen beigebracht werden. Sie bewegen sich hinein in den Kreislauf der Zeit, denken über vergangenes Lernen und zukünftige Handlungen nach und trennen sich selbst vom Verständnis des gegenwärtigen Augenblicks und der Einheit. Sie bewegen sich in die Trennung hinein und dies ist der Beginn ihrer Erfahrung von Zeit und Dualität. Wenn die Menschen die Illusion der Zeit erschaffen, entfernen sie sich von dem Wissen, dass sie Teil der Quelle sind.

Was geschieht mit den Menschen, wenn offiziell die Uhren umgestellt werden (diese zwei Mal im Jahr stattfindende Zeitumstellung auf Sommerzeit)? Auch wenn wir nicht auf die Uhr schauen und auch nicht bemerken, dass eine „Zeitumstellung" stattgefunden hat, fühlen wir beide uns desorientiert.

Die Menschen erleben biologische Veränderungen, wenn sie dazu gezwungen werden, in einem anderen Rhythmus zu schlafen und aufzuwachen. Diese künstlichen Zeitverschiebungen verursachen eine Desorientierung, da eure Ausrichtung auf den Planeten noch mehr aus dem Gleichgewicht gerät, als dies normalerweise der Fall ist. Dadurch werdet ihr noch weiter von der Natur getrennt und kommt noch weniger in Berührung mit eurem eigenen inneren Rhythmus und eurer eigenen inneren Weisheit. Wenn die Menschen nicht mehr auf den Planeten und ihr eigenes biologisches System (ihre elektromagnetische Beziehung zum Leben) ausgerichtet sind, dann sind sie leichter zu kontrollieren, denn die Menschen werden bedürftig, wenn sie das Gefühl haben, aus dem Gleichgewicht zu sein. Regierungen verstehen das und versuchen, euch zu kontrollieren, indem sie fortwährend eure gemeinsame Zeit manipulieren, damit ihr außerhalb eures Gleichgewichts bleibt.

Wir lehnen die künstliche Manipulation eurer gewohnten gemeinsamen Zeit durch eure Regierungen ab und stimmen euch zu, dass dies die Menschen verwirrt. Was ihr beide als Desorientierung fühlt, ohne zu verstehen warum, hat direkt damit zu tun, dass ihr euch in eurem Innersten bewusst seid, dass ihr von der Natur getrennt seid. Da die gemeinsame Zeit anderer Menschen ganz plötzlich in eine andere Gestaltung mit einer „offiziellen Zeitveränderung" einrastet, fühlt ihr den Wandel. Da ihr euch innerhalb der energetischen Parameter dieses Wandels befindet und ihr beide sensibel seid, habt ihr das Gefühl, stärker desorientiert zu sein. Je mehr sich die Menschen auf die Natur ausrichten, sich den natürlichen Rhythmen hingeben und mit ihnen fließen (beides sind keine Zeitfunktionen), umso mehr sind sie sich der Desorientierung bewusst, die während offizieller Zeitumstellungen stattfindet. Bewegt euch durch die Desorientierung hindurch, indem ihr erkennt was geschieht. Wenn ihr andere Menschen unterrichtet und ihnen helft, könnt ihr denjenigen, die offen sind zuzuhören, auf diese Weise die Grundlagen dessen, was geschieht, mitteilen und ihr könnt ihnen mit euren Heilfähigkeiten helfen, ihre innere Balance wiederzufinden. Es ist eine andere Funktion eurer Arbeit und damit ihr lernen könnt, dies gut zu tun, damit ihr anderen Menschen helfen könnt, ist es erforderlich, dass ihr fühlt, was sie unbewusst fühlen. Dann könnt ihr ihnen helfen, ihr Bewusstsein anzuheben und sie ermächtigen, das Ungleichgewicht in ihnen selbst zu korrigieren. Ihr selbst und andere Menschen profitieren von eurem Eifer und eurer Bereitschaft, das zu achten und zu respektieren, was ist.

Da die Illusion der gemeinsamen Realität, die durch die Zeit definiert wird, sich auflöst, beginnen die Menschen sich unter Druck gesetzt zu fühlen, nicht genügend „Zeit" zu haben, um ihre vielen dreidimensionalen Aufgaben zu erledigen; sie verstehen nicht, wie es sich auswirkt, sich von diesen dreidimensionalen Begrenzungen zu befreien, die stattfinden werden, wenn die Zeit aufhört zu existieren. Ohne Zeit werden die Menschen viel Freiheit empfinden. Doch gerade jetzt, da sie den Druck der kollabierenden Zeit merken, fühlen sie sich unsicher und ängstlich, denn ihr Bezugssystem löst sich auf. Da viele Menschen die Freiheit gegen Sicherheit eingetauscht haben, suchen sie nach mehr Möglichkeiten, um sich sicher zu fühlen, anstatt mit ihren aufkommenden Ängsten umzugehen. Viele versinken in falsche Annehmlichkeiten.

Viele Menschen suchen im Außen Hilfe in der Medizin oder der Religion, anstatt mit ihrem eigenen Ungleichgewicht umzugehen. Sie beruhigen sich selbst, indem sie mehr Kaffee oder Alkohol trinken, Drogen nehmen, mehr Sex haben, mehr schlechte Nahrungsmittel zu sich nehmen, mehr Fernsehen schauen oder sich durch den Computer ablenken. Diese „zeitweiligen Annehmlichkeiten" werden zu Suchtverhalten, die sie davon abhalten, sich damit zu beschäftigen, ihre eigenen Schatten zu erforschen und sich ihre eigenen Ängste anzuschauen. Nur durch das Anschauen der menschlichen Ängste kann man die vorhandenen Ungleichgewichte verstehen, dafür die Verantwortung übernehmen und sie korrigieren. Wenn man die unterbewussten Ungleichgewichte nicht anschaut, kommen immer mehr Ängste und Konflikte an die Oberfläche. Da die meisten Menschen nach Sicherheit und Bequemlichkeit suchen, haben die Mächte, die versuchen, die Menschheit zu kontrollieren, die Gelegenheit, Entscheidungen zu treffen oder Veränderungen durchzuführen, die ein bewusstes, angstfreies menschliches Leben in Liebe niemals erlauben würden.

Förderte die Erfindung der Uhr durch die Mönche im 13. Jahrhundert das menschliche Zeitgefühl?

Sie gab dem Ganzen eine Struktur. Die Uhr und die Erfindung des Gregorianischen Kalenders gaben dem eine Struktur, was bereits vorhanden war, indem es ein Gefäß und eine Möglichkeit erhielt, die sich nähernde Zukunft zu beobachten. Die Struktur der Uhr bot eine Möglichkeit, einen künstlichen Rhythmus zu erzwingen, der Zeit genannt wird, der die Menschen noch weiter von den Rhythmen der Natur entfernte. Vor vielen Jahren entdeckte eine der religiösen Personen der Menschheit, dass die Menschen kontrolliert werden können, indem man sie von der Natur trennt. Sich auf die künstliche Zeit zu fokussieren, trennt die Menschen von ihrer natürlichen Umgebung, lässt sie sich weniger behaglich und ängstlicher fühlen und leichter kontrollieren. Der Gregorianische Kalender erschuf einen künstlichen Rhythmus, der die Menschen noch mehr von ihren natürlichen Rhythmen in Harmonie mit der Erde abtrennte. Religiöse Anführer ermutigten die Menschen, ihr Leben auf kollektive Weise auf den Kalender auszurichten und das Ungleichgewicht, das durch die Abtrennung von den Rhythmen der Natur entstand, schürte noch mehr Ängste. Mit zunehmenden Ängsten begannen die Menschen, sich mehr auf Quellen außerhalb ihrer selbst zu verlassen, um sich von ihnen leiten, kontrollieren und in Sicherheit halten zu lassen. Eine der bedeutsamsten Auswirkungen dieser religiösen Kontrolle durch künstliche Zeit war die Entmachtung der Frauen auf eurem Planeten, die natürliche Wächter der Rhythmen sind. Durch die Weisheit ihres Körpers hatten die Frauen den Menschen gezeigt, wie man einen guten Rhythmus in Harmonie mit der Erde beibehält. Der Rhythmus basierte auf dem Fluss innerhalb des gegenwärtigen Augenblicks. Als dieser natürliche Rhythmus von der Kirche durch einen künstlichen Kalender ersetzt wurde, bewegten sich die Menschen weiter hinein in die Trennung von Vergangenheit, Gegenwart und Zukunft und beendeten den natürlichen Fluss der Harmonie und des Einsseins auf eurem Planeten; diese künstliche Trennung brachte die Menschen immer weiter dazu, an eine Zukunft und eine Vergangenheit zu *glauben*, während sie den gegenwärtigen Augenblick ignorierten.

Die Menschen begannen die Bewegung von einer künstlichen Vergangenheit zu einer künstlichen Zukunft als Fortschritt zu betrachten. Diesen Fortschritt gibt es nicht, denn es gibt keine Vergangenheit und es gibt auch keine Zukunft. Es gibt nur ein größeres Verständnis der Wahrheit und es kann nur im gegenwärtigen Augenblick erlangt werden. Menschen, welche die Vergangenheit abgrenzen und auf ihrem Kalender nach den Tagen in der Zukunft schauen, tragen dazu bei, durch ihre Gedanken noch weiter die Illusion der Zeit zu verstärken. Das hilft euch nicht, ihr Menschen. Wenn ihr euch auf eine illusionäre Zeit fokussiert, erlebt ihr auch mehr Angst. Ihr befürchtet, dass ihr Dinge nicht erledigen könnt; ihr befürchtet, zu spät zu kommen; ihr befürchtet, dass euch jemand nicht liebt, weil ihr Dinge nicht erledigt habt oder zu spät seid. All diese Ängste trennen euch von der Liebe und der Einheit. Ist es also verwunderlich, dass es für die Menschen solch eine Herausforderung ist, Frieden zu schaffen?

Sai Baba manifestierte oft Armbanduhren für seine Anhänger. Ich glaube, er manifestierte Armbanduhren, um den Menschen zu zeigen, dass Zeit eine Illusion ist. Stimmt das?

Exakt. Er manifestierte auch kostbare Edelsteine für Menschen in Form von Ringen und lehrte sie die Kräfte der Manifestation. Der wahre Edelstein, den er manifestierte, ist die Kraft, die im Wasser eines jeden menschlichen Wesens enthalten ist, zu verstehen; diese Kraft kann zum höchsten Wohle von allem manifestieren, wenn die Menschen ihr Wasser individuell oder kollektiv für einen gemeinschaftlichen Zweck einbringen. Die Menschen haben die Wahl, diese Lehren zu nehmen und in ihrem eigenen Leben Dinge zu manifestieren oder in ihren Glaubensmustern hängen zu bleiben, dass nur er dies könnte. Viele Menschen hängen sich an einen Messias oder einen Guru, denn sie verstehen nicht, dass sie die gleiche göttliche Macht in sich selbst tragen. Sie verstehen weder die Göttlichkeit, die in ihrem eigenen menschlichen Wasser enthalten ist, noch die Kräfte, die diesem Wasser möglich sind, um eine andere Realität als ihre eigene zu erschaffen. Sai Baba diente dem Planeten und dem Universum durch seine lehrenden Beispiele der Manifestation und durch die Gegenwart seiner Liebe.

Wie hängen die Jahreszeiten der Natur und die Veränderungen von Sonne und Mond mit der Zeit zusammen?

Es sind *natürliche* Rhythmen. Zeit ist eine künstliche Bewegung, weg von den natürlichen Rhythmen durch Gedanken, die eine „Vergangenheit" und eine „Zukunft" erschaffen. Wenn die Menschen beginnen, eher den künstlichen als den natürlichen Rhythmen Bedeutung beizumessen, dann entfernen sie sich von der Natur. Die Natur plant nicht; Natur findet im gegenwärtigen Augenblick statt. Schaut euch die Rehe an oder irgendein anderes Tier in der Natur. Die Rehe planen nicht, dem Regen zu entfliehen, wenn sie sehen, wie Wolken entstehen. Sie fressen einfach und wenn der Regen kommt, dann laufen sie entweder weg oder bleiben im Regen stehen. Wenn ihr euch auf die Rhythmen der Natur fokussiert, dann bewegt ihr euch hin zur Einheit. Es ist wichtig, dies jetzt zu tun, denn die Illusion der Zeit nähert sich ihrem Ende.

10

GÖTTLICHKEIT

Die Menschen hatten sehr lange eine grundsätzlich falsche Vorstellung von der Göttlichkeit. Wir möchten dieses falsche Verständnis korrigieren, das auf dem Glauben basiert, dass Göttlichkeit *außerhalb* von euch existiert. Göttlichkeit ist *in* euch, denn alle *Menschen sind göttlich und alles Leben ist göttlich*. Aus unserer Sicht ist Göttlichkeit ziemlich einfach. Göttlichkeit ist eure Verbindung zur Quelle. Göttlichkeit bedeutet, die Wahrheit und die vertrauensvolle Liebe zu erkennen. Göttlichkeit bedeutet, eine Verbindung zu erkennen und weder euch noch andere zu bewerten, während ihr euch an den Gedanken „Ich bin ein anderes Du" erinnert. All das ist Göttlichkeit, denn all das entstammt einer erleuchteten, illuminierten Perspektive. Während wir eure Fragen beantworten, müssen wir nicht ausführlich über Göttlichkeit sprechen, denn die ganz einfache Wahrheit ist, dass ihr alle göttlich seid.

Die Menschen, so scheint es, mussten in den vergangenen Tausenden von Jahren glauben, dass es ein göttliches Wesen oder eine Intelligenz im Universum gibt, die größer ist als sie selbst. Hat dieses Bedürfnis nach diesem Glauben damit zu tun, dass wir teilweise vergessen haben, dass wir aus der Liebe kamen und Teil der Quelle sind?

Ja, euer Vergessen, das mit eurer Angst verbunden ist, bringt euch dazu, an die Illusion zu glauben, von der Quelle getrennt zu sein. Angst ist der trennende Faktor. Das menschliche Bedürfnis nach Sicherheit entsteht aus eurer Angst und euren Gefühlen der Trennung. Ängstliche Menschen fühlen sich machtlos und ohne Kontrolle, also suchen sie etwas oder jemandem außerhalb von sich, von dem sie *glauben*, dass er die Macht hat, damit sie sich sicher und geliebt fühlen. Aufgrund dieses Bedürfnisses haben die Menschen die Illusion erschaffen, getrennt zu sein von der göttlichen allgegenwärtigen Liebe der universellen Quelle. Ihr habt vergessen, dass ihr durch die göttliche Macht der Liebe, die in euch wohnt, eure eigene Sicherheit erschaffen könnt, denn es besteht ein konstanter offener Kanal zwischen der menschlichen Göttlichkeit und der Göttlichkeit der Quelle.

Wenn die Menschen an eine Göttlichkeit *außerhalb* von sich selbst glauben, meinen sie leider, dass diese Intelligenz die Macht hat, ihnen zu helfen oder sie zu verstehen. Eure Geschichte ist voller Erzählungen, in denen Menschen versuchten, einen zornigen Gott durch Menschen- oder Tieropfer oder dem Opfer ihres eigenen Selbstwertes zu besänftigen. Ihr habt also eine irrige Annahme auf eurem fehlerhaften Glauben über die Göttlichkeit aufgebaut. Euer gegenwärtiges Verständnis, euren eigenen Selbstwert und eure Fähigkeit, euch direkt mit der Quelle zu verbinden, zu opfern, ist nicht göttlich. Ihr müsst für die Liebe oder die Quelle nicht euer göttliches Verständnis dessen, wer ihr seid oder euer Leben opfern, um in Sicherheit zu sein.

Das Einzige, was ihr opfern sollt und das von der Quelle gefordert wird, ist euer von euch gepflegter fehlerhafter Glaube und das gewohnte Verhalten, das euch davon abhält zu erkennen, wer ihr als Teil des göttlichen Ganzen seid. Die Kinder kommen mit dem Wissen ihrer Göttlichkeit in die Welt und dass sie göttlich mit der Quelle verbunden sind. Es wird auf sie eingeredet und sie bekommen das abtrainiert, was sie wissen und wenn sie sich der Gesellschaft und der gleichgesinnten Realität der Welt, die ihr erschaffen habt, anschließen, lernen sie etwas zu glauben. Wir bitten die Menschen, sich auf den Weg zurück zu dem zu machen, was sie als Wahrheit kannten, bevor sie anderweitig überzeugt wurden. Wacht auf und erkennt, wer ihr seid, denn ihr seid kurz davor, die Wahrheit zu verstehen, dass die Menschen göttlich sind.

Die Menschen verstehen nicht mehr, dass die *Göttlichkeit genau hier ist, genau jetzt, in jedem von euch*. Wir erinnern euch noch einmal, jeder ist mit der Quelle verbunden und ist Teil von ihr, denn die Göttlichkeit führt in beide Richtungen, von der Quelle zu euch und von euch zur Quelle. Vorherrschende Haltungen der Angst haben dazu geführt, dass das wahre Verständnis von Liebe und Einheit von vielen eurer Religionen fehlgedeutet wurde. Viele gute Menschen, die sich nach göttlicher Verbindung sehnen, wurden irregeleitet und von ihren Religionen gelehrt, ihre eigene Göttlichkeit zu ignorieren und stattdessen außerhalb von sich nach der Göttlichkeit zu suchen oder sie dort zu akzeptieren.

Trauriger Weise haben die Religionen die Menschen über die Wahrheit der Göttlichkeit irregeleitet. Auch wenn es viele gutherzige Menschen in organisierten Religionen gibt, die den Menschen helfen wollen, sich mit Gott oder der Quelle zu verbinden, können sie diese Verbindung für andere nicht herstellen, denn jeder Mensch muss sich selbst an die Verbindung mit der Quelle erinnern. Es ist die Verantwortung eines jeden Einzelnen, sich aus sich selbst heraus mit dem Göttlichen zu verbinden, so wie euch euer eigenes Herz leitet. Menschen, die ihre eigene göttliche Macht an eine Kirche, eine Moschee, einen Tempel, einen Priester oder an irgendeine Person abgeben, die ein hierarchisches System darstellen, das eine höhere Verbindung zur Quelle für sich beansprucht, geben ihr Recht auf ihre eigene direkte Verbindung zur Göttlichkeit auf. Viele eurer Religionen lehren euch, dass ihr die Quelle nicht erreichen könnt ohne die Vermittlung einer Person, die darin geübt ist, sich direkt mit Gott zu verbinden. Während organisierte Religionen vielen Menschen dabei helfen, ein Gefühl von Gemeinschaft zu empfinden, hindern solche hierarchischen Strukturen die Menschen eigentlich daran zu verstehen, dass jeder Einzelne von ihnen göttlich ist.

Die Menschen müssen erkennen, dass sie *immer* eine direkte Verbindung zur Göttlichkeit haben, *denn* sie *sind* göttlich. Ein weiteres Missverständnis über Göttlichkeit entsteht, wenn Religionen die Menschen zum Glauben ermutigen, denn Glaube ist nicht dasselbe wie Vertrauen. Glaube basiert darauf zu *glauben*, anstatt zu wissen. Vertrauen basiert auf *dem Wissen* und Wissen kommt von der Verbindung zur Göttlichkeit, die in jedem menschlichen Herzen wohnt. Glaube entstammt der Hoffnung, dass sich etwas außerhalb von euch um euer Leben kümmert. Vertrauen entstammt dem *Wissen, dass ihr göttlich seid* und dass ihr gemeinsam mit der Quelle eure eigene Sicherheit mit erschaffen könnt.

Viele Menschen verlassen sich auf Quellen außerhalb von sich selbst, um sich in Sicherheit zu wiegen (einschließlich Waffen, Zäune und ihre Vorstellungen von einem getrennten Gott), anstatt die göttliche Macht in sich selbst zu erkennen, um sich mit der Quelle zu verbinden und mit ihr gemeinsam zu erschaffen. Alles, was die Menschen brauchen, um ein Gefühl von Sicherheit zu haben, ist das Vertrauen in ihre eigene Göttlichkeit. Die Menschen haben letztendlich die Macht, jede Situation zu verändern, indem sie sich mit anderen verbinden und ein anderes Ergebnis beabsichtigen. Ihr seid Mitschöpfer mit der Quelle.

Göttlich ist es, sich auf Kooperation zu fokussieren, anstatt auf Trennung. Doch die menschliche Angst hat Zusammenarbeit in Konkurrenz umgewandelt. Selbst Religionen konkurrieren darum, wer die Wahrheit besitzt und zwingen ihren „Glauben" anderen als „die einzige Wahrheit" auf, auch wenn die Wahrheit konstant ist und immer allen zur Verfügung steht. Oftmals verurteilen Religionen die Menschen, die nicht ihren Glauben teilen, selbst wenn ihre religiösen Lehrer sie angewiesen haben: „Richtet nicht, auf dass ihr nicht gerichtet werdet". Durch Urteilen entsteht weitere Trennung und dies fördert noch mehr Angst. Den Glauben anderen Menschen aufzuzwingen, ist der Grund für viele Kriege und den sinnlosen Verlust von Millionen von Menschenleben. Göttlichkeit ist nichts, um das man kämpft. Wir wissen, die Menschen halten die Göttlichkeit für komplex, doch eigentlich ist sie sehr einfach. Eure Göttlichkeit existiert als ein Fluss, der sowohl aus euch als auch aus der Quelle herausströmt; das Licht bewegt sich hin und her, wenn ihr euch verbindet. Ihr seht, ihr seid Teil der Quelle, deshalb müsst ihr verstehen, dass die Quelle als Hierarchie betrachtet nicht göttlicher sein kann als eure eigene physische Form, denn ihr seid erfüllt vom Licht der Göttlichkeit.

Viele Menschen sind eigentlich stärker mit der Wahrheit ihrer eigenen Göttlichkeit verbunden, als diejenigen, welche die Regeln erstellen, die definieren, wer oder was göttlich ist. Und viele derjeniger, die die religiösen Regeln aufstellen, versuchen zu kontrollieren und euch zu entmachten, indem sie euch durch Angst von eurer eigenen göttlichen Macht trennen. Sie geben Gedanken in das kollektive Bewusstsein hinein, dass die Welt ein furchterregender Ort sei und die Menschen nur durch den Glauben an eine „höhere Intelligenz" von Leid und Herausforderungen gerettet werden können. Eigentlich sind euer Leid und eure Herausforderungen *Geschenke*, die euch helfen, euch an eure Göttlichkeit zu erinnern, damit ihr eure eigene göttliche Macht für die Miterschaffung eurer eigenen Realität zurückfordert. Es liegt an jedem Menschen selbst, sich wieder an seine eigene innere Göttlichkeit zu erinnern und wieder damit zu verbinden, anstatt im *Außen* nach Gott zu suchen.

Die Geschichte der Menschheit aus der vergangenen / parallelen und sogar aus der aktuellen Realität enthält Beispiele göttlicher Wesen wie beispielsweise Jesus, Buddha und Sai Baba. Wir behaupten, dass alle Menschen, wenn sie sich darum bemühen, sich über die Angst vor ihren eigenen Schatten zu erheben, so göttlich handeln können wie sie. Es ist nicht gut für die Menschen, sich auf ein hierarchisches lineares Denken zu fokussieren, bei dem es nur einen Gott an der Spitze gibt und sie am unteren Ende sind. *Jeder* Mensch, der versteht und lebt, was wir über Göttlichkeit lehren, kann die gleichen Wunder tun, die Christus oder Sai Baba wirkten, denn es sind überhaupt keine Wunder. Es ist ein höheres Verständnis fortgeschrittener Menschen und letztendlich aller Menschen.

Christus war schwingungsmäßig fortgeschritten und göttlich inspiriert. Wenn die Menschen ihre Ängste überwinden, können sie ihre eigene Inspiration dafür einsetzen, die gleiche höhere Schwingung zu erlangen, die Jesus Christus, Buddha und Sai Baba hatten. Alle Menschen können dies erreichen, *denn* ihr seid alle göttlich. Ihr müsst euch daran erinnern und eure göttliche Macht beanspruchen, anstatt sie an jene abzugeben, von denen ihr fälschlicherweise *glaubt*, sie hätten eine stärkere göttliche Verbindung als ihr. Ihr müsst euch einfach mit euren Schatten vereinen und an eure eigene Göttlichkeit erinnern. Jeder von euch ist göttliche Perfektion, die nur darauf wartet, dass ihr euch wieder an sie erinnert.

Was könnt ihr uns über die wahre Dreifaltigkeit sagen, die Christus zu lehren versuchte und die von den Christen als Vater, Sohn und Heiliger Geist verstanden wird?

Der Mensch namens Christus setzte die Dreifaltigkeit als Lehrwerkzeug ein, um das Prinzip der Individualität innerhalb der Einheit zu demonstrieren. Er nutzte das Prinzip der Dreifaltigkeit, um die Idee von drei in einem und von einem in dreien zu lehren so wie wir lehren, dass Laarkmaa einer von sechs ist und sechs von einem. Diese Lehre zeigt, dass es Individualität innerhalb der Einheit gibt. Alles ist verbunden. Damit die Menschen ein klares Verständnis erhalten, möchten wir die Dreifaltigkeit als den gegenwärtigen Augenblick, Vertrauen und Liebe definieren. Das ist eine andere Möglichkeit, um auszudrücken, dass Dreifaltigkeit Vollkommenheit und Einheit repräsentiert. Das ewige Jetzt, oder der gegenwärtige Augenblick, ist die Abwesenheit der Illusion von Zeit. Vertrauen ist das Wissen, dass ihr göttlich seid und göttlich verbunden mit der Quelle. Liebe ist die Abwesenheit von Angst und Trennung und das ist dasselbe wie Einheit. *Dieses* Verständnis der Dreifaltigkeit unterstützt die menschliche Evolution viel mehr, als die gegenwärtige Vorstellung von Vater, Sohn und Heiligem Geist, die den Glauben unterstützt, die Göttlichkeit läge *außerhalb* des Menschen.

Moderne Christen sind verwirrt darüber, was Christus lehrte. Die *Menschen sind göttlich* und haben das Potenzial, das Licht von Christus *in sich* zum Ausdruck zu bringen. Das ist eine große Aussage. Wir möchten, dass ihr sie aufnehmt und darauf reagiert.

Wie können die Menschen die Lehre der Dreifaltigkeit einsetzen, um ihre Missverständnisse und ihren fehlerhaften Glauben korrigieren zu können?

Indem sie sich aus dem linearen Bewusstsein der Trennung und der Angst herausbewegen, hin zu einem Verstehen, dass *alles* in Einheit durch Vertrauen und Liebe miteinander verbunden ist. Einer von drei und drei von einem, zeigt die Verbindung jedes Einzelnen in der Einheit.

Alles existiert im ewigen Jetzt, wie individuell oder spezifisch es auch zu sein scheint, alles ist verbunden. Vertraut auf das, was ihr als wahr erkennt und hört auf, die Unterschiede der anderen zu bewerten. Es ist den Menschen nun zum ersten Mal in der menschlichen Entwicklung möglich, zu einem tieferen Verständnis dieser Gedanken zu gelangen und wir bitten euch beide, dabei zu helfen, *die Lehre zu verbreiten, dass Göttlichkeit in jedem menschlichen Wesen wohnt*. Alle Menschen sind Teil der Einheit und der Liebe, *genau jetzt* im gegenwärtigen Augenblick. Die Menschen setzen vielleicht ihr Unterscheidungsvermögen ein, um die individuellen Unterschiede zu erkennen, doch denkt daran, die Unterschiede geben euch ein vollständigeres Bild der gesamten Realität: der Einheit. Erkennt Unterschiede so viele ihr wollt, doch bewertet sie nicht. Helft einander, ins Vertrauen zu kommen, um euch von unangemessenen Überzeugungen zu befreien, die euch gefangen halten. Andere beurteilen und darauf bestehen, die einzige Wahrheit zu kennen, hat mit dem menschlichen Bedürfnis zu tun, Recht zu haben und dies entstammt der Angst, Unrecht haben zu *können*.

Die Menschen sollten es niemals akzeptieren, wenn ein anderer auf ihre Wahrheit besteht, denn jeder Mensch muss die göttliche Wahrheit in sich selbst finden. Es ist auch nicht Ordnung, anderen eure Gedanken über die Wahrheit aufzuzwingen. Jeder Mensch muss selbst die Wahrheit entdecken. Traut niemals jemandem oder etwas außerhalb von euch, das euch sagt, wer ihr seid. Vertraut auf die Göttlichkeit in eurem eigenen Herzen. Weil die Menschen so viel Angst haben, verwechseln sie Bewertung mit Unterscheidungsvermögen. Das wahre Verständnis dessen, was Christus lehrte: „Richtet nicht, auf dass ihr nicht gerichtet werdet" bedeutet, dass ihr euch selbst richtet, wenn ihr andere richtet, denn ihr seid in Einheit miteinander verbunden.

Es ist an der Zeit, dass die Menschen verstehen, dass Einheit nicht gleichzeitig mit Urteil und Trennung existieren kann; Liebe, Akzeptanz und Kooperation führen zur Einheit. Die Menschen sind miteinander und mit der Erde verbunden. Wenn einer von euch verletzt wird oder Angst hat, dann fühlen dies auch die anderen Menschen und es verbreitet sich durch die Erde von Wasser zu Wasser. Ihr fühlt es durch das kollektive Bewusstsein. Deshalb ist es für die Menschen so wichtig, den Fokus auf ihre Gedanken und Emotionen zu halten, denn das, was ein Mensch durch seine Gedanken erschafft, beeinflusst alle Menschen. Wenn ihr euer Bewusstsein zu eurer eigenen Göttlichkeit anhebt, dann hebt ihr peripher die Schwingung anderer Menschen an, ob sie dies bewusst erkennen oder nicht. Erhöhte Schwingungen von Liebe und Vertrauen, in denen sich jeder Mensch angenommen und geliebt fühlt, tragen dazu bei, dass das auf Angst basierende Bedürfnis nach Konkurrenzkampf und Trennung verschwindet. Alle Menschen beginnen, sich durch ihre göttliche Verbindung sicher zu fühlen. Wenn sich die Menschen mit ihrer eigenen Göttlichkeit verbinden, mit ihrer eigenen Quelle und ihrem Wissen, dass sie Teil der Quelle und Mitschöpfer der Quelle sind, dann seid ihr vereint mit dem Einen; ihr seid Gott. Versteht also, dass ihr euch als ein Wesen nicht gegenseitig beurteilen könnt. Wenn einer von euch urteilt, fühlen die anderen die Trennung durch das Urteil. Urteil entstammt der Angst und ruft

Trennung hervor; Trennung ist eine Ablösung von der Quelle, von der Einheit und von der Liebe.

Wenn die Menschen urteilen, vergessen sie ihre eigene Göttlichkeit und die Göttlichkeit der anderen. Wir lehrten die Maya, dies zu verstehen, indem wir ihnen sagten: „Ich bin ein anderes Du", was bedeutet, „Ich bin göttlich und erkenne die Göttlichkeit in dir." Angst und Trennung von der Göttlichkeit und voneinander, bringt die Menschen dazu, einander zu beurteilen und den Gedanken „Ich bin ein anderes Du" zu vergessen. In ihrem Bedürfnis, Recht zu haben, können die Menschen oft nicht das göttliche Licht des anderen erkennen, der direkt vor ihnen steht. Leider haben viele Menschen lieber „Recht", als in Harmonie mit anderen zu sein. Der Glaube an das Bedürfnis Recht zu haben, lässt die Trennung und das Misstrauen zwischen euch weiter bestehen und dies nährt ganz einfach die Illusion, dass ihr nicht gleich seid. Die Menschen müssen unbedingt aufhören, einander zu bewerten und erkennen, dass in jedem einzelnen Herzen die Wahrheit durch die Verbindung zur Göttlichkeit wohnt. Jeder Mensch ist selbst dafür verantwortlich, sich mit seiner eigenen Göttlichkeit zu verbinden und die Wahrheit zu erkennen.

Es gibt also einen Unterschied zwischen Urteil und Unterscheidungsvermögen. Urteile trennen uns. Unterscheidungsvermögen bedeutet, einfach zu erkennen, dass es Unterschiede gibt, ohne diese zu bewerten. Unterscheidungsvermögen heißt anzuerkennen, dass alles perfekt ist und dass wir Dinge unterschiedlich betrachten und tun. Wir sind alle gleich, doch wir sind auch alle etwas unterschiedlich. Unterscheidungsvermögen sollte bei dem Gedanken haltmachen: „Oh, ich erkenne den Unterschied". Zu Erkennen, dass es einen Unterschied gibt, doch nicht weiterzugehen, bremst die Gedankenformen, die bewerten könnten und lehrt uns, von den Unterschieden, die wir erkennen, lernen zu können.

Ja, das habt ihr richtig verstanden. Es ist das Urteilen, das uns trennt, denn Urteilen steht in Verbindung mit Polarität und hängt mit den Emotionen zusammen; es hängt mit einem Bedürfnis, Recht zu haben zusammen und einem Bedürfnis, andere dazu zu zwingen, die Dinge so zu sehen wie wir und dies hat seinen Ursprung in der Angst. Unterscheidungsvermögen kann euch dabei helfen, die Einheit zu erkennen, indem es euch zeigt, dass jeder einzelne göttliche Teil ein Ganzes ergibt. Erinnert euch an eure Göttlichkeit und erschafft eine fließende Verbindung zwischen euch. Bleibt im gegenwärtigen Augenblick und erkennt einander als göttlich.

Wir müssen in der Gegenwart bleiben. In der Gegenwart. In der Gegenwart.

Ja. Denn in der Gegenwart seid ihr göttlich. Erlebt die Göttlichkeit der Liebe und vertraut dem gegenwärtigen Augenblick, denn die Realität ist wahr. Wacht auf und erkennt, wer ihr seid, denn die Wahrheit ist die Erkenntnis, dass *alle* Menschen göttlich sind. Das ist die einfache Wahrheit der Göttlichkeit.

11

GEISTFÜHRER, ENGEL UND ANDERE HELFER

Seid ihr, Laarkmaa, das, was wir als unsere Geistführer betrachten?

Wir stehen euch immer hilfreich zur Seite, doch wir sind nicht das, was ihr als Geistführer bezeichnet. Menschliche Anführer kommen aus vielen Quellen und aus einer Vielzahl von Energien. Das Höhere Selbst jedes einzelnen Menschen ist der wichtigste und leitende Führer, denn euer Höheres Selbst ist eigentlich ein Teil von euch. Das Höhere Selbst bringt Geistführer aus einer Myriade von Energien herein. Manchmal ist es die plejadische Energie, die Unterstützung anbietet, manchmal die arcturianische. Es können aber auch andere unserer Brüder und Schwestern als Geistführer kommen und auch eure menschlichen Vorfahren kommen durch Träume mit Symbolen zu euch, um euch zu unterstützen. Bei manchen Menschen bringt ihr Höheres Selbst Energien von Tieren herein, mit denen ihr eine Verbindung habt und die euch auch als Helfer in Tierform leiten. Tier-Helfer entstammen einem Zusammenwirken von eurem Höheren Selbst mit der Energie der speziellen Spezies, die freiwillig hilft.

Wenn Menschen Tier-Helfer in Geistform haben, sehen sie oftmals die gleichen Tiere in der physischen Realität. Wenn ihr beispielsweise von Bären träumt, seht ihr womöglich einen lebenden Bären und dies ist ein Zeichen für eure Verbindung mit ihnen. Euer Höheres Selbst fordert die

Geister von Tieren an, damit sie euch helfen. Viele Geistführer arbeiten mit den Menschen während des Schlafes, schlagen Ideen vor, Fragen und Einsichten, um euch auf eurem Pfad zu leiten und euch dabei zu helfen, die Wahrheit besser zu erkennen. Auch die menschlichen Körper haben ein Bewusstsein, das als Führer betrachtet werden kann. Die *meisten* Menschen missachten, ignorieren und missbrauchen ihren Körper, anstatt auf die Führung zu hören, die ihnen ihr Körper bieten kann.

Es ist eure Aufgabe, auf das Bewusstsein eures Körpers zu hören und ihn zu nähren, indem ihr auf seine Bedürfnisse und Bitten lauscht. Euch mit der Führung eures Körpers zu verbinden, kann so wichtig sein, wie auf andere Geistführer zu hören. Steigt aus euren alten Mustern aus, euren Körper weniger zu achten als euren Geist. Die Menschen haben ihren Körper auf unangemessene und fehlerhafte Weise abgelehnt. Durch wahre Gesundheit die Schwingung eures Körpers anzuheben, trägt dazu bei, eure gesamte Schwingung zu erhöhen.

Macht euch vertraut mit dem Bewusstsein eures eigenen individuellen Körpers oder erneuert es, denn es besitzt Intelligenz und kann euch helfen. Alle Geistführer sind hier, um euch zu helfen. Die Menschen, die sich immer weiter öffnen, so wie ihr beide, erleben auch, dass sich immer mehr Geistführer einstellen, da sich eine größere Anzahl an Wesen in anderen Reichen für euren Fortschritt interessieren. Sie gelangen mehr in Einklang mit euch, wenn ihr eure Schwingung erhöht. Euer Höheres Selbst jedoch ist fortwährend präsent und euer wichtigster Führer.

Könnt ihr das Höhere Selbst definieren?

Das menschliche Höhere Selbst ist ein Engelwesen mit einem universellen Bewusstsein, das in jedem seiner parallelen Leben bei dem Menschen bleibt. Es kennt alle Geschichten. Es ist in der Lage, die Geschichten in ein emotionales Paket zusammenzuschnüren und euch aufzufordern: „Es ist jetzt an der Zeit, sich hiermit zu befassen" und das euch liebevoll dabei hält. Es richtet auch die mentalen Konstrukte ein, um euch wissen zu lassen, was in allen Leben miteinander verbunden ist. Es liefert den Menschen die Katalysatoren für Veränderung und lenkt euer Wachstum hin zu eurer Göttlichkeit. Manchmal geben wir euch durch euer Höheres Selbst Dinge ein, doch euer Höheres Selbst hat bei eurem spirituellen Schicksal und Wohlbefinden die Federführung. Euer Höheres Selbst gibt die Anweisungen für eure Träume, für das Entstehen von Emotionen und was auch immer als Katalysator für Veränderung und Wachstum dient. Wir arbeiten alle zusammen. Es ist ein Teamwork. Euer Höheres Selbst ist äußerst zufrieden, wenn die Menschen fragen, wer es ist und feststellen, dass es hilft.

Ihr Menschen könnt euch euren tiefen Wunsch erfüllen, euren eigenen Engel des Höheren Selbst durch eure Absicht zu treffen und mit ihm durch eine tiefgehende, dauerhafte und innige Verbindung zu kommunizieren. Alles, was ihr dafür tun müsst, ist jeden Tag darum zu bitten und dann zu lauschen. Euer Höheres Selbst kreuzt auch manchmal euren Weg und legt euch Hindernisse vor die Füße, um euch zu helfen, euch an vorangegangene Erfahrungen aus vergangenen / parallelen Leben zu erinnern, die euch gefesselt halten. Es hilft euch, effektiv an der Eliminierung alter Gewohnheiten und Muster zu arbeiten, wie beispielsweise schlechte Gesundheit, schwierige Beziehungen oder irgendetwas, das immer wieder euren Weg kreuzt und euch daran hindert, euch weiterzuentwickeln.

Euer Höheres Selbst steuert all die Aktivitäten, die ihr braucht, um euch aus euren ungelösten Themen heraus zu bewegen; es organisiert die Schritte, die ihr benötigt, um euch selbst aus euren alten Glaubenssätzen und Mustern zu befreien. Manchmal entlassen sie Geistführer auch wieder, die euer Höheres Selbst unterstützt haben, wenn ihr deren Dienst nicht länger benötigt und schaffen Platz für andere besser geeignete Geistführer, die sich auf die Bitte eures Höheren Selbst hin einstellen. Ihr könnt nicht einfach sagen: „Ok, ich bin bereit für einen anderen Geistführer“, so als würdet ihr bei eurem Auto einen Ölwechsel durchführen. Das wäre ein bisschen zu einfach. Andere Geistführer kommen nur, wenn euer Engel des Höheren Selbst die Geistführer bittet, die mit euch gearbeitet haben, zur Seite zu treten, damit andere, passendere Energien mit euch arbeiten können, wenn sich eure eigene Schwingung beschleunigt. Euer Höheres Selbst gestaltet das. Es ist solch eine menschliche lineare Wahrnehmung zu denken, dass ihr auf eurem Pfad der Erleuchtung weiter vorankommt, wenn ihr um andere Geistführer bittet. Der wichtigste Führer ist und bleibt euer Höheres Selbst. Beantwortet das deine Frage?

Ja, das war eine ganz wunderbare Erklärung. Und wir möchten euch sagen, dass wir euch auch weder eintauschen noch aufgeben oder um einen anderen Geistführer bitten möchten, der besser zu uns passt. Das würden wir nie tun. Wir sind so glücklich mit euch. Wir wünschen uns nur, dass ihr uns niemals verlasst.

Danke. Wir sind uns bewusst, dass wir voller Liebe und Respekt in eurer beider Herzen sind. Wir fühlen es energetisch. Wir haben nicht die Absicht, uns von euch zu trennen.

Danke.

Wir repräsentieren eure Familie, eure Brüder und Schwestern von den Plejaden. Durch unsere bestimmte Sichtweise, die mit eurem spirituellen Wachstum und unserem gemeinsamen Projekt, dabei zu helfen, die Schwingung der Menschheit anzuheben, in Einklang ist, sind wir in der Lage, mit euch zu kommunizieren. Unsere Kommunikation hat also einen Zweck. Wir können euch bei allem unterstützen, was letztendlich der Reise der Menschheit hin zur universellen Wahrheit und zur neuen Realität dient.

Wir wissen, dass ihr unsere Gedanken und Wahrnehmungen beeinflusst, wenn wir das Gefühl haben, geleitet zu werden; wir sind manchmal nicht in der Lage zu erkennen, ob unsere Gedanken von uns kommen oder ob sie eine gemeinsame Bemühung von uns und euch sind.

Das ist die Magie des Wassers, die es uns sechs erlaubt, eins mit euch zu sein und die Herzen und Gedanken miteinander zu teilen. Das ist die Magie, Botschaften durch das Wasser zu übermitteln. Ihr seid von so viel Liebe umgeben, von all jenen, die möchten, dass ihr mit dem erfolgreich seid, was wir lehren: Plejadier, Arcturianer, Sirianer, jene von Orion, Lemurianer, eine ganze Heerschar von Engelwesen, die kommen und gehen und natürlich euer eigener ganz spezieller Engel des Höheren Selbst.

Alle möchten bei der Geburt der neuen Menschheit helfen. Es ist so, als würden viele Wesen den Menschen zujubeln, ihnen helfen, ihnen wünschen, erfolgreich zu sein, sie beobachten, sie beschützen, sie in bestimmte Richtungen bringen und natürlich respektieren, dass ihr immer die Wahl habt. Ihr seid von vielen Wesen umgeben, die sehen möchten, wie ihr erfolgreich lernt, euch durch eure Absicht auf die Kraft des Wassers zu fokussieren, um das zu tun, was die meisten Menschen Magie nennen würden und was wir als göttliche Möglichkeiten verstehen. Wenn ihr euch eurer eigenen Kraft, der Kraft eures Wassers bewusst werdet, sie einsetzt und durchsetzt, dann entwickelt ihr die Fähigkeit, zu verhindern, dass euch irgendeine schädliche Energie berührt.

Wir helfen euch, beschützt und sicher zu bleiben, doch auch ihr müsst euren Teil zu eurer eigenen Sicherheit beitragen. Wenn sich andere Energien nähern, können sich die Menschen durch folgende Aussage, die von einem Ort des Wissens kommt, schützen und ermächtigen: „Wenn du nicht aus der Liebe kommst, dann bist du hier nicht willkommen." Nichts, das nicht Teil der Liebe ist, kann in der Gegenwart von Liebe existieren.

Die Menschen müssen sich darum bemühen, ihr Gefühl von Angst oder Unbehagen durch neue oder ungewohnte Energien zu mindern.

Das Einzige, woran sich die Menschen erinnern müssen ist, dass sie machtvolle Wesen sind, die das Licht der Liebe in sich tragen; wenn ihr eure Absicht fokussiert und sagt: „Wir lassen unser Licht nach außen strahlen, geh weg, wenn du nicht aus Liebe kommst", dann können Wesen, die nicht in Liebe kommen, nicht bleiben. Negative Energien nähren sich von der Angst. Wenn Menschen Angst haben, dann nähern sie sich. Wenn ihr furchtlos seid und eure Macht aussendet, dann gibt es nichts für sie zu holen und sie gehen. Es ist ein einfacher Kampf zwischen der Angst und der Liebe. Negative Energien können die Schwingung der Liebe nicht ertragen, sie werden gehen. Es ist eure Entscheidung, immer nur Liebe auszusenden.

Wir können also einfach Liebe aussenden, während wir sagen, dass wir uns in Licht und Liebe einhüllen.

Ja, oder ihr könntet einfach versuchen zu sagen: „Oh ihr Armen. Ihr habt keine Liebe. Ihr braucht Liebe. Ich werde euch lieben." Sie werden ganz schnell verschwinden! Ihr habt ein Zeichen gesehen, auf dem steht: „Liebe heilt." Dieses Zeichen sagt euch, was ihr tun sollt, wenn ihr das Gefühl habt, dass sich euch negative Energien nähern, seien sie menschlicher oder nicht-menschlicher Natur. Negative Energie kann sowohl von gestörten Menschen als auch von interdimensionalen Wesen kommen. In jedem Fall heilt die Liebe. Wir beobachten es, wenn die Menschen ihre eigene Macht einfordern und helfen dabei. Es freut uns, wenn die Menschen beginnen zu verstehen, was möglich ist und was ihr tun könnt, indem ihr eure Absicht mit der Absicht anderer Menschen verbindet, um Umstände zu umgehen oder zu überwinden, die in der gemeinsamen Realität präsent sind.

Die Kraft eures Wassers, sich mit anderen zu verbinden, die fokussierte Absicht verstehen, verändert die Realität. Es ist jetzt sehr wichtig für jene von euch, die dies tun, einander zu finden und sich zusammenzuschließen, um das Licht zu fokussieren, das ihr in euch tragt, um neue Realitäten zu erschaffen und euch aus den alten Paradigmen heraus zu bewegen, die in eurem gemeinsamen kollektiven Bewusstsein angelegt sind. Der Wunsch, andere wie euch zu finden, entsteht aus der auf euch zukommenden Notwendigkeit heraus. Ihr *müsst* andere Menschen finden, die bevorstehenden Aufgaben sind groß. Einige oder viele Menschen werden die Schwierigkeiten, die gemeinsame Realität und die Glaubenssysteme, die in dieser Realität enthalten sind, zu überwinden, leichter bewältigen können als ein Mensch allein oder zwei Menschen, egal wie stark, positiv oder von Freude erfüllt der eine oder beide auch sein mögen. Wir meinen damit nicht, dass nicht schon einer etwas bewirken kann; wir meinen, dass eine größere Wirkung durch einige oder viele Menschen erzielt werden kann. Habt ihr heute bemerkt, dass wir euer Radio später eingeschaltet haben?

Ja.

Wir entfernen uns von dem erforderlichen Radiosignal, wenn ihr euch unserer Gegenwart stärker bewusst seid. Wir wollen eure sich entwickelnden Fähigkeiten ein wenig testen, unser Kommen ohne das angekündigte traditionelle Geburtstagsgeschenk des Radiosignals zu bemerken. Das habt ihr heute gut gemacht, ihr entwickelt eure telepathischen Fähigkeiten, eure intuitive telepathische Wasser-Kommunikation. Dies wird euch helfen, in Zukunft mit anderen gleichgesinnten Wesen zu kommunizieren. Bitte teilt uns mit, wie ihr wisst, dass wir hier sind.

Wir fühlen eure Gegenwart durch ein starkes Gähnen. Wenn wir stark gähnen, ohne müde zu sein oder mehr Sauerstoff zu brauchen, dann wissen wir, dass uns eine andere Präsenz nah ist. Das Signal für uns, dass ihr hier seid, ist die Energieveränderung, die uns zum Gähnen bringt.

Wir verstehen es so, dass sich eine Lebenskraft mit unserer Lebenskraft verbindet. Wir möchten, dass ihr beide versteht, wann wir präsent sind. Ihr begebt euch in den Fluss, die Aufmerksamkeit, die Bewusstheit und die Kommunikation ohne Struktur. Wir möchten, dass ihr diese Fähigkeiten mit anderen Menschen teilt. Ihr könnt anderen dabei helfen, auch auf die Präsenz der interdimensionalen Freunde zu horchen. Bewusstheit beinhaltet auch, von den Körperzellen aus auf Veränderungen in der energetischen Bewegung zu lauschen. Wir wissen, das hört sich nebulös an, doch es geht einfach darum, auf eine andere Weise aufmerksam zu sein. Anstatt eure Aufmerksamkeit auf die Erwartung eines Radiosignals zu richten, fokussiert eure Aufmerksamkeit auf die Präsenz unserer Energie.

Wir, Laarkmaa, teilen eine gemeinsame Aufgabe mit euch beiden, in der es darum geht, spontan miteinander zu kommunizieren und das ist eher neu im Vergleich zu anderen Kontakten zwischen Menschen und Plejadiern. Jedes Mal, wenn die Menschen eine bewusste Verbindung mit der Präsenz der Energie eingehen, schwingen sie intensiver und ermöglichen mehr Kommunikation. Jedes Mal, wenn Menschen eine liebevolle Präsenz fühlen, können sie dies durch Gedanken oder Worte ausdrücken: „Sagt mir, was ich wissen muss." Diese Absicht öffnet die Kommunikation von unserer Seite aus.

Ihr seid euch beide einer verstärkten Aktivität bewusst und erlebt sie durch jene, die eure Entwicklung fördern möchten. Es gibt andere Plejadier neben Laarkmaa. Es gibt arcturianische und andere Lichtenergien um euch herum. Man könnte sagen, ihr seid von der Liebe vieler Wesen umgeben, die euch darin unterstützen, bessere Entscheidungen zu treffen, die euch ermutigen und euch mit Liebe erfüllen.

Kennt ihr Monitor, Kryon, Abraham, Michael und andere gechannelte Wesenheiten?

Ja, wir kennen sie und sie kennen uns. Wir sind alle Kollegen. Viele Plejadier sind Teil der Spirituellen Hierarchie und daran beteiligt, den

Menschen durch dieses System Führung zukommen zu lassen. Es gibt viele Wesen, die der Menschheit bei ihrer Entwicklung helfen möchten. Manchmal kommt auch die Energie von Maria herein und bringt Botschaften für die Menschheit, um aufzuwachen. Die Energie von Maria ist eine der stärksten und liebevollsten Energien, die in dieser Zeit präsent sind. Nutzt sie, um euch dabei zu helfen, das zu finden, was ihr verloren habt: Eure Verbindung zur Macht eurer eigenen Göttlichkeit.

Mit wie vielen Menschen arbeitet ihr zusammen?

Wir arbeiten mit dem Großteil der Menschheit zusammen, jedoch nicht so direkt wie wir das mit euch beiden tun. Manche Menschen erhalten einen flüchtigen Einblick durch Träume; die meisten sind sich unseres Tuns gänzlich unbewusst. Wir arbeiten mit dem kollektiven Bewusstsein der Menschheit und versuchen, Licht in dieses Bewusstsein hineinzubringen, um es zu leiten. Wir, Laarkmaa, arbeiten derzeit nur mit euch beiden *direkt* zusammen. Ihr seid unsere Team-Mitglieder und wir teilen das gemeinsame Ziel, die neue Menschheit in Liebe zu gebären.

Hinzu kommt, dass du und Pia Teil einer Gruppe mit der Absicht seid, eine interdimensionale Kommunikation herzustellen. Es ist ein kleiner Prozentsatz an Menschen und leider lassen viele Menschen, die mit interdimensionalen Wesen arbeiten, zu, dass die reine Kommunikation der Wahrheit durch ihre Glaubenssysteme gestört wird. Die Versuche sind zu Beginn vielversprechend, doch oft bleibt nicht die nötige Integrität erhalten, damit die Kommunikation rein und klar sein kann.

Die Menschen beginnen, die Bedeutung ihrer Rolle und dessen zu fühlen, was sie zu verstehen *glauben* und schon verschlechtert sich die Kommunikation. Eure Ausrichtung auf die Wahrheit verhindert das. Das Maß an Wahrheit, das durch die interdimensionale Kommunikation zu den Menschen gelangt, hängt davon ab, wie sehr sich jeder Einzelne von den Anhaftungen an seine eigenen Überzeugungen gelöst hat.

Durch das Maß der von euch geleisteten Schattenarbeit und eure persönlichen Absichten und Überzeugungen loszulassen, haben wir Grund zu der Annahme, dass das Ego unsere Kommunikation mit euch nicht stören wird und ihr euch nicht dafür entscheiden werdet, eure eigenen Vorstellungen und Glaubenssysteme mit hineinzubringen.

Die Energien des Magnetfeldwandels der Erde und der Zustrom an Licht aus dem Universum in dieser speziellen Zeit, ermöglichen ein höheres Maß an Kommunikation für jene Menschen, die ihre Arbeit getan und ihre Absicht bekundet haben, göttlich zu wachsen. Es ist die Verantwortung aller Menschen, die solche Gespräche hören oder lesen, mit ihrem ersten Sinn zu hören oder zu lesen, um zu erkennen, ob das, was kommuniziert wird, wahr ist. Da die Sensibilität und die Bewusstheit der Menschen zunimmt, verstärken sich eure Wahrnehmungen und die Gelegenheiten, sich mit mit vielen interdimensionalen Wesen zu verbinden, nehmen zu.

Ist ein Mensch in der Lage, aus eigener Kraft eine größere Erkenntnis zu erlangen?

Nein.

Kein Mensch schafft dies ohne Hilfe von außen?

Die Menschen können eine größere Erkenntnis durch *innere* Hilfe erreichen, indem sie auf die Führung ihres Höheren Selbst lauschen. Helfer, so wie wir, können sie auch schubsen, doch eine größere Erkenntnis entsteht nicht durch sie selbst, ohne Verbindung zur Führung. Hier ist ein entscheidender Punkt: Die Menschen müssen ganz bewusst um diese Hilfe von außen bitten. Wenn die Menschen beginnen, die abgespaltenen Teile von sich selbst, die in ihrem Unterbewusstsein sind, zu integrieren und sich mehr mit ihrer eigenen Göttlichkeit verbinden, werden sie die Dinge besser verstehen können. Sie werden durch Resonanz mit energetischen Schwingungen beginnen zu verstehen, anstatt allein nur durch das Denken nach Erkenntnis zu suchen.

Wir danken euch für eure Hilfe.

Sehr, sehr gerne geschehen. Die Menschen können immer ihr Höheres Selbst darum bitten, dass ihnen mehr offenbart wird, um besser zu verstehen; sei es im Wachzustand oder im Schlaf, und wir und andere, die hier sind, um euch zu helfen, werden uns eurem Höheren Selbst anschließen, um euch zu leiten.

Ich bin erstaunt darüber, wie schnell Hilfe kommt, wenn man darum bittet.

Sie stand schon immer zur Verfügung. Die meisten Menschen ziehen es vor, die Dinge selbst herausfinden zu wollen oder sie vergessen es und fragen einfach nicht.

Ich glaube, manche Menschen sind der irrigen Annahme, dass sie durch zu viele Fragen diejenigen belästigen, die ihnen helfen könnten.

Ja, das ist ein Missverständnis. Jene, die euch helfen möchten, drehen Däumchen und warten darauf, darum gebeten zu werden. Die Menschen müssen das rechte Maß zwischen Verantwortungslosigkeit und übersteigerter Verantwortung finden. Viele Menschen suchen die Antworten selbst, weil sie eine Verantwortung fühlen, dies selbst zu tun. Doch der Großteil der Bevölkerung weigert sich, für irgendetwas Verantwortung zu übernehmen. Je mehr Menschen ein Gleichgewicht zwischen ordnungsgemäßer Verantwortung und der Bitte um Hilfe suchen, umso schneller stellt sich euer Wachstum ein.

Die Menschen müssen ihren Teil dazu beitragen, doch ohne Hilfe haben sie große Schwierigkeiten, irrige Überzeugungen und falsche Vorstellungen abzulegen, um sich dem Vertrauen, der Liebe und der Wahrheit zu öffnen. Bittet um Hilfe, klar sehen zu können, um dem zu vertrauen, was euch gezeigt wird und um in der Lage zu sein, zu verstehen, damit ihr aus der Liebe und nicht aus der Angst heraus handeln könnt. Jedes Mal, wenn ihr um Hilfe bittet, erhaltet ihr eine Antwort, die euer Verständnis erweitert.

Viele von uns haben um Hilfe gebeten und darum gefleht. Manchmal haben wir das Gefühl gehabt, dass man uns weder hört noch uns geholfen hat. Ich nehme an, wir waren noch nicht fähig, richtig zuzuhören oder dem Rat zu folgen, den wir erhielten.

Das stimmt weitestgehend. Ihr müsst auch erkennen, dass jetzt aufgrund der Evolution des Planeten und der Evolution der Menschen mehr Hilfe zur Verfügung steht. Und noch mehr Hilfe wird jenen zuteil, die darum bitten. Ihr habt viele Anführer, viele Beschützer, viele, die an eurem Wohlbefinden interessiert sind und daran, euch zu unterstützen, die Sinne zu entwickeln, die es euch erlauben, sie wahrzunehmen und ihre Hilfe zu erkennen. Es stimmt, dass Hilfe oft nicht so kommt, wie die Menschen sie erwarten oder auf die sie hoffen und viele Menschen hören nicht auf das, was man ihnen sagt. Richtig ist auch, dass viel mehr Wesen freiwillig in dieser besonderen Zeit helfen möchten. Der Schleier hat sich drastisch verändert, seit eine Gruppe von Menschen sich dafür entschieden hat, sich mit der Absicht zu vereinen, die Welt zum Besseren hin zu verändern.

Ihr nennt diese Zeit die erste Harmonische Konvergenz (1987). Dieses Ereignis ermöglichte es jenen, die darum baten, einen besseren Zugang zu Informationen und zu Helfern zu erhalten, als dies zu irgendeiner anderen Zeit in der Evolution der Menschheit möglich gewesen wäre. Dies hat auch das kollektive Bewusstsein verändert, wodurch mehr Hilfe *all* jenen bereitwillig zur Verfügung steht, die jetzt darum bitten. Also bittet, ihr Menschen, wir warten alle darauf, euch zu unterstützen!

12

DAS DEVISCHE KÖNIGREICH

Existiert Pan? Ist er so wie ihr ein interdimensionales Wesen? Werden wir ihm jemals begegnen?

Pan ist eine interdimensionale Energie, eine sehr große Präsenz, die diesem Planeten sehr nahe steht. Pan ist ein leitendes Wesen des devischen Königreiches und eine Lebensenergie für jene, die im Pflanzen- und Königreich wohnhaft sind. Ja, es ist sehr wahrscheinlich, dass ihr Pan begegnen werdet, obwohl die Struktur, die ihr erwartet, vielleicht nicht dem entspricht, was ihr wahrnehmt. In parallelen / vergangenen Realitäten zeigte sich die Energie von Pan in einer gewissen Form all jenen, die seine Energie wahrnehmen oder sich mit ihr beschäftigen konnten, sehr zu vergleichen mit dem, wie sich das Christusbewusstsein in einem einzelnen menschlichen Wesen manifestierte. Das Christusbewusstsein manifestiert sich jetzt in vielen Menschen. Gleichermaßen kann die Energie von Pan an vielen Orten wahrgenommen werden und nicht nur in einem Wesen, dem ihr vielleicht begegnet. Dies schließt nicht die Möglichkeit aus, dass ihr jemandem aus dem Königreich von Pan in Form eines einzelnen Wesens begegnet. In der Tat nimmt Pia ziemlich oft Feen aus dem Königreich Pans wahr.

Je mehr die Menschen die Ähnlichkeiten mit dem Wasser und dem Fels in sich selbst verstehen, umso mehr öffnen sie Wege, um mit Pan zu kommunizieren, so wie ihr beide Wege öffnet für die Kommunikation mit Pflanzen, Tieren, mit uns und mit jedem anderen Wesen. Wir fühlen eine tiefe Sehnsucht bei dir, Cullen, nach diesem Treffen. Du sehnst dich danach, denn du erinnerst dich daran, wie du in einer anderen Zeit auf die Energie von Pan getroffen bist. Du trägst diese Energie in dir. Du vermisst diese Interaktion und sehnst dich nach dieser Kommunikation. Du erwachst wieder, da sich der Schleier verändert und anhebt. Fokussiere dich darauf, dich in der Gegenwart zu verbinden, wahrzunehmen, was jetzt präsent ist und die Energien zu fühlen, die jetzt hier sind. Das bringt die für dich nötige Balance, damit du weißt, wie du mit beiden Königreichen kommunizieren kannst.

War der Garten in meiner Kindheit durch den Einfluss von Pan so prächtig?

Auf jeden Fall. Pan setzte seine Energie ein, damit du dich erinnerst, damit du nicht vergisst, zwischen den Königreichen zu vermitteln und damit du dich an deine Zusage, diesem Reich zu dienen, erinnerst. Pan entschied sich dafür, als du jung warst und noch nicht durch das kollektive Bewusstsein mittels schulischer Erziehung und Sozialisation geprägt. Du erreichst nun ein Gleichgewicht mit der Natur, das deine Fähigkeiten fördert, wieder mit anderen Königreichen zu verschmelzen. Du strebst Ganzheit und Einheit mit dem an, woran du dich aus anderen Zeiten erinnerst.

Danke. Als ich den Aufzeichnungen über Rock und dem Dialog von Pan im *Findhorn Garten* zuhörte, stellte Rock die gleiche Frage wie ich: „Warum bin ich in der Lage gewesen, dich zu sehen?“ Die Antwort von Pan lautete: “Du kannst uns nicht sehen; du kannst nicht mit uns von deiner Seite aus kommunizieren. Doch wir erlauben es dir, uns zu sehen, wenn dein Sinn für Schwingungen feiner wird, damit unsere Energien einfacher eingreifen können. Dies findet jedoch nur von devischer und nicht von menschlicher Seite aus statt.“

Zu der Zeit, in der die Aufzeichnungen vom Findhorn Garten aufgenommen wurden, nahm sich das devische Königreich sehr in Acht vor den Menschen, die der Erde solch einen Schaden zugefügt haben. Der Schleier zwischen dem menschlichen und dem devischen Königreich war zu jener Zeit für die Menschen weitgehend geschlossen. Die Situation ist jetzt nicht mehr ganz so wie damals, als Rock Pan traf. Viele Menschen haben eine erhöhte Schwingung erreicht und sind nun in der Lage, ihre Energie viel leichter mit der Energie jener Wesen aus dem Königreich von Pan zu vermischen. Pan hat das devische Königreich jenen geöffnet, die mit diesem gemeinsamen Projekt helfen möchten, die Schwingung von allem zu erhöhen. Die Feen und das kleine Volk leiden unter den Auswirkungen der niedrigen menschlichen Schwingung, so wie das gesamte devische Königreich. Wenn die Menschen ihre Schwingung bewusst anheben, ist dies von gemeinsamem Nutzen für die Menschen, die Feen, die Devas, die Erde und das Universum. Die Feen, die Pia in letzter Zeit immer häufiger sieht, freuen sich, wenn die Menschen ihre Schwingung immer mehr anheben. Wenn die Schwingung der Menschen angehoben wird, neigen sie dazu, weniger Schaden anzurichten, denn sie erkennen, dass sie mit dem devischen Königreich verbunden sind und verstehen es besser. Die Anhebung der menschlichen Schwingung erleichtert auch ein Verschmelzen mit den höheren Schwingungen von Pans Königreich und verhindert Schaden an den Devas, der durch die Verbindung mit niedriger schwingenden Menschen entsteht.

Danke für diese Erklärung. Bitte sagt uns, woher diese Musik kam, die Pia tief im Wald hörte, als wir an einem kleinen Bach auf einem großen Felsen saßen.

Wir kommunizierten mit den devischen Wesen in diesem Wald und wir woben Kommunikationsfäden zwischen euch, den Devas und uns durch eure Liebe zum devischen Königreich. Wir verspüren so viel Freude, wenn die Menschen immer mehr verstehen und wahrhaftig die Tiefe einer Realität in sich aufnehmen, die viel größer ist als ihr erkannt habt.

Wir haben eine Frage an euch. Was könnt ihr uns aus menschlicher Sicht über Schnee erzählen? Schnee hat devische Qualitäten. Wir verstehen den physischen Vorgang, wie er in euer Universum gelangt. Da wir uns immer für den emotionalen Ausdruck der Menschen interessieren, stellen wir fest, dass Schnee oft Ruhe zu bringen scheint. Was könnt ihr uns aus eurer Perspektive über die Interaktion zwischen den devischen Wesen des Schnees und den menschlichen Emotionen sagen, die vom Schnee beeinflusst werden?

Schnee beruhigt in der Tat die Atmosphäre. Ich weiß nicht, ob es die kristalline Struktur des gefrorenen Wassers ist, doch er lässt unsere Umgebung ruhig, leise und oft beruhigend erscheinen. Zumindest für jene von uns, die bereit sind, sich den Wirkungen des Schnees hinzugeben, scheint er die Zeit zu verlangsamen. Er macht unsere Umgebung neutral und dadurch scheint die Zeit dehnbar zu werden.

Das ist sehr aufschlussreich. Danke. Wir stellen tatsächlich die Ruhe fest, die sich mit dem Schnee einstellt. Wir nehmen wahr, dass Ruhe im menschlichen Gehirn und Körper eine Verlangsamung bewirken kann; es macht also Sinn, dass die Menschen eine Verlangsamung der Zeit wahrnehmen.

Manche Menschen lassen sich aufgrund ihrer Nervosität vom Schnee antreiben; sie scheinen sich lieber davon herausfordern zu lassen, als in einem synchronen Fluss mit der Natur zu sein. Viele Menschen möchten die Natur auf eine aggressive Weise bezwingen. Ich denke also, man kann auf zweierlei oder mehrere Weisen wahrnehmen, was die Menschen fühlen, wenn es schneit. Pia und ich werden langsamer, ruhiger und versinken in unserem wahren Selbst, wenn es bei uns schneit. Doch viele Menschen lassen sich in ihrer Beziehung zum Schnee mit einer größeren Aggressivität antreiben.

Um ihrer Angst zu entfliehen, eingeschlossen zu sein, um ihrer Angst zu entfliehen, eingesperrt zu werden nur mit sich selbst und der Ruhe. Vielleicht braucht eure Welt einen riesigen zweiwöchigen Schneesturm, durch den alle Menschen zur Ruhe gebracht und gebremst werden. Es wäre gut, wenn die Menschen ihr Tempo ausreichend drosseln könnten, um in Harmonie mit der Natur zu gelangen, sich wieder mit ihrer eigenen Göttlichkeit zu verbinden und ihre Ängste hinter sich zu lassen.

Wir glauben, die Schneedevas bringen mit Absicht Ruhe mit sich, denn die Regendevas tun das nicht. Der Regen hat sein eigenes Lied, seine eigenen Töne, doch der Schnee hat das nicht. Wir glauben, die Ruhe ist ein devisches Geschenk.

Das ist eine wunderbare Erkenntnis. Die Menschen sagen oft, der Winter sei die Zeit, in sich zu gehen, die Zeit, ruhig zu werden und über die Fragen nachzudenken, wer sie sind. Durch den Schnee haben wir Gelegenheit, unsere Aktivitäten einzustellen, aufzuhören, Entscheidungen zu treffen und ruhig und still zu sein und unseren Gedanken und Ideen die Möglichkeit zum Keimen zu geben bis der Schnee schmilzt.

Habt ihr bemerkt, dass der Schnee unregelmäßiger und weniger oft kommt oder häufiger und heftiger, wenn die Menschen sich weigern, der Einladung zur Langsamkeit zu folgen?

Ja. Wenn wir jetzt zuschauen, wie der Schnee fällt, bekommen wir tatsächlich das Gefühl einer Wellenbewegung, eine Langsamkeit in Form von Ruhe. Die ruhige Bewegung scheint uns ein Gefühl ruhiger Beschaulichkeit zu geben. Es scheint so, als wäre das Material vorhanden und doch ist es nicht da, in der Art wie es fällt, in der Art, wie es sich im Wind bewegt. Es ist fast eine Wellenbewegung.

Meine Güte, Cullen. Du beginnst ganz gewiss, die Wahrheit der Welt zu erkennen. Wie aufregend für uns! Es gibt eine Verflechtung zwischen den Komponenten des menschlichen physischen Körpers und den devischen Qualitäten der Erde. Die Erde reagiert auf die Schwingung der Menschen. Menschen, die so in Eile sind durch ihr Internet und ihre Handys und ihre Sucht nach Kaffee, Nikotin, Drogen oder den Dingen, die sie antreiben, schaden ihrem Nervensystem. Viele Menschen entscheiden sich heute für Dinge, die das Tempo fördern. Geschwindigkeit, Tempo, doch das Nervensystem der Menschen ist nicht dafür geschaffen, mit hoher Geschwindigkeit umzugehen. Dieses fortwährend hohe Tempo verursacht Burnout. Die Menschen verstehen ihre Verbindung zur Erde nicht; sie sind der neurologische Teil der Erde. Wenn die Menschen in Harmonie mit den Rhythmen der Erde sind, gedeiht die Erde und ist in der Lage, ihrem angemessenen Pfad der Göttlichkeit zu folgen. Da die meisten Menschen in Eile sind, reagiert die Erde so, als wäre sie neurologisch betrachtet in Unordnung. Deshalb empfindet und seht ihr so viel Elend auf der Erde, denn die Erde übernimmt die neurologischen Impulse direkt von den Menschen, die überall auf ihr herumlaufen. Dieser Zusammenhang ist nur wenig bekannt.

Wir glauben, die menschliche Technologie hat in den letzten 300 Jahren sehr große Fortschritte gemacht, doch unsere Psyche ist nicht in der Lage gewesen, mit diesem Wachstum Schritt zu halten.

Genau. Der Grund hierfür ist, dass die menschliche Psyche von der Natur getrennt worden ist.

Und Teil dessen, was heute auf dem Planeten Erde falsch läuft ist, dass jene, die das Geld und die Erfindungen kontrollieren, von der Gier und der Macht regiert werden. Mit unserer neueren, kleineren, digitalen Technologie können wir die Fehler wiederholen, die in Atlantis gemacht worden sind. Wie viele Kabel auch immer in unsere Häuser kommen, wir werden dadurch nicht klüger oder weiser. So wie in Atlantis scheinen wir Dinge einfach

deshalb zu erfinden, weil wir es können. Es gibt keine Weisheit in dieser Philosophie. Diese Philosophie basiert auf fehlerhaften Überzeugungen und es fehlt das Element der Weisheit, das mit der Natur verbunden ist. Solange wir uns nicht wieder anpassen an die Rhythmen und die Weisheit der Natur, werden wir immer weiter unsere Vereinbarung, uns mit der Erde weiterzuentwickeln, wenn sie ihre Veränderungen hin zum Aufstieg durchführt, übergehen, anstatt sie zu erfüllen.

Deshalb sind viele von uns, und andere so wie wir, in diesen wichtigen Zeiten hier präsent und beobachten und verhindern unangemessene Entscheidungen und Handlungen auf einer höheren Ebene. Keiner von uns möchte, dass die Menschen die Fehler von Atlantis und anderen Orten immer und immer wieder wiederholen. Da ihr beide, und andere so wie ihr, dabei helfen, das menschliche Bewusstsein anzuheben, indem ihr euch mit eurer Absicht in Gruppen trefft, unterstützt ihr uns bei unserer Arbeit. Das ist sehr wichtig.

Arbeiten einzelne devische Wesen oder Geistwesen in Teamwork zusammen? Oder tut jeder von ihnen unabhängig seine Arbeit?

Das hängt von der Stufe der devischen Erleuchtung ab. Es gibt unterschiedliche Ebenen im devischen Königreich. Jeder Deva vollbringt seine eigene Arbeit. Im Königreich der Natur hat jede eurer Blumen und jeder eurer Bäume einen Deva, der ihr oder sein spezielles Wohlbefinden steuert. Doch es gibt einen weiter fortgeschrittenen Deva, der als Aufseher fungiert. Ein höheres organisatorisches Prinzip devischer Energie verbindet alle Devas der Bäume und Blumen miteinander. All das ist ein Gewebe des Lebens und so wie auch jedes menschliche Wesen ein Individuum ist, ist es auch Teil des kollektiven Bewusstseins der Menschheit. Es gibt auch ein kollektives Bewusstsein des devischen Königreiches.

Wenn hochentwickelte Menschen oder Devas ihre kreativen Absichten miteinander verweben, indem sie ihr Licht anbieten, verflechten sie silberne Verbindungsfäden und Licht leuchtet an die Orte, die es am nötigsten haben. Menschen und Devas arbeiteten einst zusammen. Es ist angemessen, dass sie beginnen wieder gemeinsam für das höchste Wohl von allem zu arbeiten und es ist ihnen möglich.

Der Großteil der Natur arbeitet im größeren Plan für die Einheit, doch da die Erde von den Gedanken und Aktivitäten der Menschen beeinflusst wird, gibt es selbst in der Natur Ebenen der Trennung. Devas also, die eine Sache beobachten, sind sich nicht bewusst, was andere Devas tun. Wenn die Schneeflocken fallen und die Devas des Schnees Ruhe bringen, findet eine Gruppenaktion statt, doch jede Schneeflocke ist individuell und hat ihr eigenes Charakteristikum und ihre eigene devische Energie. Im devischen Königreich gibt es Individualität innerhalb der Einheit, so wie im menschlichen Königreich und bei uns. Die Devas bewegen sich hin zur Einheit, so wie sich auch die Menschen in Richtung Einheit bewegen. Der steuernde Körper leitet das kollektive Bewusstsein und das individuelle Bewusstsein beteiligt sich daran, gerade so wie im Königreich der Menschen.

Ich habe das von euch Beschriebene sehr oft „Überschattung" genannt. Doch ich erkenne, dass das bessere Wort dafür „Überstrahlung" wäre.

Ja, ja. Die zugrunde liegende Erkenntnis ist, dass sich alles Leben hin zur Einheit bewegt. Alles Leben bewegt sich in diese Richtung. Wie bereits zuvor erwähnt, öffnen oder wir sollten sagen wiedereröffnen Pan und das devische Königreich in dieser Zeit Kommunikationswege zwischen den verschiedenen Königreichen des Planeten, um die Kooperation zwischen *allen* Königreichen zu fördern. Die Menschen beuten oft die Vitalität des *ganzen* Landes aus und Pans Kreaturen müssen das Feld räumen, denn es gibt nicht genügend nährende Energie für sie. Die devischen Aufseher führen sie an andere Orte. Eure sorgenden Gedanken und Handlungen können diese lebendigen Wesen ehren, respektieren und ihnen helfen. Eure liebevollen Gedanken werden dazu beitragen, eine bessere Realität für alle Königreiche zu erschaffen. Dieser Planet stand lange unter dem Bann von Angst und Trennung. Wenn sich die Menschheit und der Planet aus diesem Bann lösen, dann kann nichts verloren gehen. Ihr könnt nur durch diese Öffnung hin zur Kommunikation die Liebe und Einheit gewinnen. Das menschliche und das devische Königreich sind gleichermaßen verantwortlich dafür, die Natur im Gleichgewicht zu halten und der Erde dabei zu helfen, sich weiterzuentwickeln. Ihr könnt dies gemeinsam durch die Liebe tun.

13

2012: DAS ENDE DER DUALITÄT

Um erfolgreich und ganz einfach den Wandel der bevorstehenden Dinge zu überstehen, sollten die Menschen alles betrachten, was nicht länger funktioniert und es lieben. Trennt euch von alten Vorstellungen und seid neugierig auf das, was als Nächstes kommt, anstatt frustriert darüber zu sein, was nicht länger funktioniert und was ihr meint verloren zu haben. Entspannt euch ein bisschen und versucht, euch durch die Veränderungen hindurch treiben zu lassen. Viele Dinge stellen für die Menschen Herausforderungen dar, denn ihr habt keine Basis, kein Bezugssystem, um etwas zu verstehen.

Wir sind hier, um den Menschen verstehen zu helfen. Die Basis für das Verstehen ist das *Vertrauen*, denn von einer Basis des Vertrauens aus wird alles kommen, was ihr euch wünscht. Wenn ihr eure Überzeugungen über euch selbst und die Realität beiseite legt, wenn ihr darauf vertraut, dass alles so ist, wie es sein soll und ihr wisst, dass ihr die Macht in euch tragt, den nächsten Moment zu erschaffen, dann seid ihr in Kontakt mit eurem zukünftigen Selbst, dem göttlichen Selbst, das ihr wirklich seid. Der göttliche Teil von euch weiß alles und hat die Macht, während euer gegenwärtiges Selbst weder das eine noch das andere hat. Sich einer größeren Erkenntnis zu öffnen entsteht aus Vertrauen. Vor vielen Menschenjahren brachten wir Weisheit über die Energien des Universums in der Form zu den Mayas, die nun Maya-Kalender genannt wird.

Beim Maya-Kalender geht es fürwahr um Energie, nicht um Zeit. Erkenntnisse über den Maya-Kalender können der Menschheit helfen, mit der Energie des Universums zu fließen und sich über die Illusion der Zeit hinauszubewegen. Jeder Tag und jede Zahl im Maya-Kalender trägt eine unterschiedliche Art von Energie und die Energien arbeiten zusammen, um den Menschen dabei zu helfen, eine erfolgreichere und harmonischere Realität zu erschaffen. Durch die Existenz der Dualität hat alles ein Gegenteil; es ist die Aufgabe der Menschen, den Weg zu finden, auf dem sie sich von den Gegensätzen hin zur Einheit bewegen. Das „Ende der Zeiten" des Maya-Kalenders ist eigentlich das „Ende der Dualität". Es ist der Ort, an dem die Menschen die Trennungen hinter sich lassen können, die sie voneinander entfernt haben und sich in die Einheit der Liebe bewegen können.

Die Menschen haben durch ihre Gedanken, Worte und Taten eine gemeinsame Realität erschaffen, die auf einer Illusion basiert: Zeit. Durch ihr Festhalten an der Illusion der Zeit haben die Menschen noch mehr Trennung erschaffen, sie fokussieren sich stärker auf die Macht der Gegensätze und bewegen sich in Richtung Trennung. Wir sind nun hier, um die Menschen dabei zu unterstützen, sich in die andere Richtung zu bewegen, hin zur Einheit, während der Öffnung, die durch das Universum bereitgestellt worden ist. Das Ende des Maya-Kalenders soll der Menschheit eine Gelegenheit bieten, sich von der Trennung der Gegensätze zu entfernen und in die Einheit hineinzubewegen.

Der 12. Dezember 2012 wurde aufgrund seiner *Energie* gewählt, nicht wegen der Zeit. Dieses Datum trägt die Energie der 11 (Quersumme). 11 trägt die Energie der Erleuchtung. Die Quersumme 11 enthält zwei Mal die 3 (der Monat Dezember ist eine 12; 1 + 2 von 12 ergeben in der Summe 3 und der 21. ergibt addiert auch die Summe 3) und eine 5 (2012 ergibt in der Summe 5). 3 ist der Katalysator und die Zahl für die Kreativität. 5 ist die Zahl der Veränderung. Das Datum wurde also von uns bestimmt, um euch zur Energie der kreativen Veränderung einzuladen, nicht einfach nur aufgrund der Zeit. Aber trotzdem sind Daten definitiv kein Zufall.

Die Menschen denken eher in genauen oder begrenzten Begriffen, anstatt in *unendlichen* Begriffen, denn sie sind daran gewöhnt, die Realität als „feststehend" zu betrachten. Das ist sie nicht. Die Realität bewegt sich in Wellen und verändert sich in jedem Augenblick durch die Gedanken und die Energie, die dazu verwendet werden, um sie zu erschaffen. Gleichermaßen sind das „Datum" und die „Zeit" des Endes des Maya-Kalenders oder das Ende der Zeit, wie ihr sie kennt, kein festgelegtes Datum. Es ist eine Welle, der ihr euch nähert, wenn ihr euch von der Trennung entfernt und beginnt, voller Liebe und Vertrauen zu leben, indem ihr eure alten Überzeugungen und Muster loslasst und euch immer weiter der Einheit annähert.

Jene, die die Energien des Maya-Kalenders studieren, erkennen vielleicht, dass die Muster sich verändert haben und sich auch weiterhin verändern. Einige eurer Gelehrten (Carl Johan Calleman) haben nun den 28. Oktober 2011 als das „Datum" für das Ende des Maya-Kalenders festgelegt. Wenn ihr die energetischen Komponenten dieser Zahl addiert, ergeben sie die Zahl 6. 6 trägt die Schwingung des Fließens. In der Quersumme 6 ist die 1 zwei Mal enthalten (wie im 10. Monat, Oktober, ist eine 1, und die 2 und die 8 der 28 ergeben auch die 1) und eine 4 (die Summe aus 2011). Eins ist die Schwingung des Neubeginns und die 4 trägt die Energie der Stabilität oder des Fundaments.

Euer neues Datum zeigt also auf, dass ihr euch auf einer stabilen Grundlage in Richtung eines Neubeginns in einer interessanten Entwicklung und einer hervorragenden Erkenntnis dessen bewegt, wie sich die Menschen an der Veränderung der Realität beteiligen. Ihr beschleunigt das Ende der Dualität durch eure Gedanken. Je schneller ihr die alten Überzeugungen und Muster loslasst, umso schneller verändert ihr eure eigene Schwingung und ermöglicht dadurch einen einfacheren und schnelleren Übergang von der Trennung hin zur Einheit.

Die „Zeit" ist nicht festgelegt und die Energie verändert sich weiterhin in Wellen, so wie ihr euch in Wellen verändert, um euch der Energie der Realität anzupassen. Die Menschen müssen verstehen, dass das Ende des Maya-Kalenders tatsächlich das Ende der Dualität bedeutet, aber nicht das Ende des Lebens. Viele Menschen haben keine *Vorstellung*, was das bedeutet. Die meisten Menschen werden ziemlich schockiert sein, wenn die Energie der Dualität zu einem Ende kommt. Sie werden das erleben, was ihr vielleicht „Schockwellen" nennt, wenn alles, was sie als real erachteten, hinweg bricht, Stück für Stück. Dies geschieht bereits allmählich.

Die Wellen sind natürlich eine genaue Repräsentation der wahren Realität, und da die illusionäre Realität der Zeit verschwindet, werden alle die Energie dieses Wandels fühlen können. Zurück bleiben Wellen. Jene, die sich dafür entscheiden, sich von „festgelegten" Überzeugungen hinsichtlich der Realität *jetzt* hinwegzubewegen, indem sie ihre Muster verändern und lernen zu vertrauen, anstatt zu glauben, werden einen einfacheren Übergang erleben. Sie werden tatsächlich selbst zu Wellen und verändern sich in jedem Augenblick, in dem sich die Energie verändert. Jene, die sich dafür entscheiden, festgelegt zu bleiben, werden durch den Schock zerbrechen. Sie werden verwirrt sein, wenn alles, was sie jemals als fest „angenommen" hatten, sich vor ihren Augen verändert und zu Wellen wird, zu Energiewellen.

Es ist natürlich die Entscheidung eines jeden Menschen, wie und wann er die Erkenntnis dieser Veränderungen integriert und welchen Einfluss sie auf ihn haben wird. Entlang des Weges gibt es Signale, Symbole, die den Menschen helfen, die Energie der Realität zu verstehen. Das Symbol des Kreuzes, das viele sehr lange missverstanden haben, ist ein Symbol, das ein tieferes Verständnis des bevorstehenden Endes der Dualität fördert. Das Kreuz zeigt zwei gegensätzliche Energien, die aus zwei unterschiedlichen Richtungen kommen. Das Zentrum, dort, wo diese Energien aufeinander treffen, repräsentiert die Erleuchtung. Genau dort im Zentrum, wo sich die

Gegensätze treffen, nimmt der göttliche Funke seinen Anfang, denn Göttlichkeit und Einheit sind dasselbe. (Es ist das Aufeinanderprallen von Gegensätzen, das den göttlichen Funken auslöst. Wir werden noch näher darauf eingehen, wenn wir über das göttliche Paar sprechen). Das Symbol des Kreuzes zeigt, wie sich Gegensätze im Zentrum treffen und die Erleuchtung entzünden. Das Ende der Dualität, wie vom Maya-Kalender vorhergesagt, wird durch das Aufeinandertreffen polarer Gegensätze im Zentrum des Kreuzes repräsentiert. Vielleicht können die Menschen die Bewegung weg von der Dualität und hin zur Einheit durch eine Erkenntnis erlangen, die Pia hatte - indem sie Gegensätze sieht, die sich überkreuzen, die zusammentreffen und die die Göttlichkeit des Einsseins, der Ganzheit oder Heiligkeit entzünden. Sehr gut, Pia. Viele Menschen missverstehen die Symbolik des Kreuzes. Sie sehen es als ein Symbol des Todes und der Wiederauferstehung, doch sie verstehen nicht, dass Tod (oder Aufstieg) und Wiederauferstehung dasselbe sind.

Durch die Zusammenführung, das Aufeinandertreffen von Gegensätzen, geschieht Wiederauferstehung. In diesem Zentrum bringt euch der göttliche Funke wieder zurück zum Einssein und zur Heiligkeit dessen, wer ihr wirklich seid. Genau in diesem Zentrum erinnert ihr euch an alles.

Bei unserer Arbeit mit euch beiden reichen wir uns sozusagen als wahre Teammitglieder die Hände, in Partnerschaft, Kameradschaft und Liebe. Wir wünschen uns, dass die Menschen sich die Hände in Liebe reichen, wenn sie sich hinwegbewegen von der Dualität, hin zum Einssein. Es gibt viele Möglichkeiten, durch die ihr Gegensätze hin zur Einheit bringen könnt, wenn ihr euch herausbewegt aus den festsitzenden, starren Positionen und hinein in Wellen des Seins der neuen Realität. Ihr könnt daran arbeiten, euren physischen und ätherischen Körper im Einssein zu verbinden (wir werden später noch näher darauf eingehen).

Ihr könnt einander auf Augenhöhe begegnen, in der Weise wie wir euch verstehen. Paare können eher als Einheit zusammenarbeiten, denn als individuelle Wesen. Gemeinschaften können mit anderen Gemeinschaften zusammenarbeiten. Ziel der Zusammenarbeit kann sein, Liebe auszusenden indem ihr nicht urteilt, die Bereitschaft habt, den Schatten durch Loslassen alter Überzeugungen und Muster zu entfernen, durch den Wunsch, etwas durch positive Gedanken, Worte und Handlungen zu bewirken und durch den Fokus, sich selbst so zu sehen, wie wir dies die Maya gelehrt haben: „Ich bin ein anderes Du“ und dies zum Ausdruck zu bringen. Diese Gedanken unterstützen allesamt die Bewegung weg von euren gegensätzlichen Polaritäten des Leides und der Trennung, hin zur Freude der Einheit. Ihr habt die Gelegenheit, euch von der illusionären Realität, die ihr gemeinsam erschaffen habt, zu lösen. Ihr habt die Gelegenheit, euch in Richtung Einssein zu bewegen. Nutzt diese Gelegenheiten, die euch jetzt zur Verfügung gestellt werden, in diesem gegenwärtigen Augenblick. Sie sind da!

Könnt ihr mehr über die Auswirkung der Harmonischen Konvergenz von 1987 auf die Menschheit sagen?

Ah! Ja. Die Harmonische Konvergenz steht in direkter Verbindung zu den Energien des Maya-Kalenders. Sie repräsentiert das Gruppenbewusstsein der Menschheit, das um Hilfe bittet. Gruppen von Menschen vereinten ihr Wasser und fokussierten ihre Absicht auf die Erschaffung einer besseren Welt für die Menschheit und für die Erde. Durch ihre gemeinsamen Gedanken und ihre gemeinsame emotionale Bitte nahmen sie teil an der Mitschöpfung der Gelegenheit, die nun existiert. Durch eure Bitten habt ihr ein größeres Fenster geöffnet, damit mehr Licht und Energie hereinkommen kann, um euch die von euch benötigte Hilfe zur Verfügung zu stellen. Genau das ist der Grund dafür, dass so viele von uns in dieser Zeit hier sind, um Hilfe, Führung und Unterstützung anzubieten.

Nehmt diese Erkenntnis und helft anderen Menschen zu erkennen, warum die Absichten, die ihr in das Gruppenbewusstsein hineingebt, so wertvoll sind. Je mehr sich von euch in einer Gemeinschaft mit einer Gruppen-Absicht zusammenschließen, umso größer ist die Wirkung. So wie die

Harmonische Konvergenz ein großes Fenster geöffnet hat, damit mehr Unterstützung und mehr Licht hereinströmen kann, so könnt ihr euch nun mit anderen zusammenschließen, um diese Gelegenheit zu nutzen, denn eine andere Form von erhöhter Schwingung ist im Begriff zu entstehen - es ist die bevorstehende zweite Harmonische Konvergenz, über die wir später noch sprechen werden.

Das einströmende Licht hilft euch, die Herausforderungen der Dualität zu überwinden. Dualität ist der schwierigste Umstand, in dem man sich befinden kann. Erinnert euch, Zeit ist ein Konstrukt der Dualität und wenn die Menschen immer mehr in die Lage kommen, sich aus dieser Struktur zu lösen, sind die Erfahrungen der Dualität umso schmerzlicher. Ihr sucht nach dem Gleichgewicht, das durch ein Leben ohne Zeit entsteht. Ihr werdet mehr im Gleichgewicht sein, wenn ihr stärker in Richtung Einheit fließt. Lasst eure Überzeugungen los, die auf dualistischen Vorstellungen basieren. Werdet euch vermehrt bewusst, was ihr durch die Anhaftung an Muster, Überzeugungen und an das, was ihr in die Realität hinein *denkt*, erschafft.

Die Menschen haben im Gefühl der Beschleunigung Schwierigkeiten zu lernen und sich im Fluss zu bewegen, während sie ganz plötzlich auf ein Hindernis stoßen. Wenn uns dies geschieht, fühlen wir uns, als würden wir scheitern oder nicht so vorankommen wie wir dachten. Dies kommt oft unserem Voranschreiten hin zur Einheit in die Quere.

Fortschritt ist nicht linear. Teil der Herausforderung ist es, dass eure menschliche Kultur glaubt, dass alle positive Bewegung linear voranschreitet. Wenn die Dinge besser geworden sind und ihr dann auf eine Herausforderung trefft, dann kommt euch daher eure gemeinsame Überzeugung über den Fortschritt in die Quere. Es ist eure *Überzeugung* bezüglich des Fortschritts, die das Problem darstellt.

Ihr braucht keinen linearen Fortschritt in der wahren Realität; ihr braucht Erkenntnis. Fortschritt verläuft in Spiralen oder Wellen. Die Analogie mit dem Kinderspiel „Himmel und Hölle" ergibt mehr Sinn. Ihr bewegt euch auf eine nicht-lineare Weise, indem ihr von einer Erkenntnis zur nächsten hüpft. Fortschritt entsteht nicht auf einer geraden Linie. Erkenntnis kommt in Wellen, Spiralen und Kreisen. Die Menschen brauchen eine tiefe Erkenntnis und die Fähigkeit, ihre Schatten zu erforschen, die so viele falsche Wahrnehmungen und fehlerhafte Überzeugungen beinhalten. Und deshalb präsentieren euch eure Engel des Höheren Selbst und das Universum Herausforderungen in vielerlei Form und ihr durchlauft sie immer wieder aus verschiedenen Perspektiven, um in jeder Herausforderung die notwendige tiefe Erkenntnis zu finden, um sie vollkommen lösen zu können.

Die Maya nutzten die Energie jedes Tages, um diese natürlichen Zyklen zu durchlaufen. Oft kommen verschiedene Aspekte eurer Lektionen und das Geschenk eurer Herausforderungen aus gegensätzlichen Richtungen und bewegen sich hin zum Zentrum, damit ihr die Einheit besser erkennt. Wenn sich die Menschen herausgefordert fühlen, können sie sich daran erinnern, dass ein nach vorn gerichteter Fortschritt ein *lineares* Konzept ist und dass der wahre Fortschritt ein tieferes Eintauchen in die Realität ist, in der sich die Gegensätze auflösen. Betrachtet jede Herausforderung als das „Himmel-und-Hölle-Spiel", bei dem ihr von Erkenntnis zu Erkenntnis hüpft. Ihr scheitert nicht; ihr durchlauft die Dualität auf periodische Weise, und dies ist unvermeidlich während ihr auf dem Planeten Erde lebt, bis ihr die neue Realität erschafft.

Innerhalb des Systems des Maya-Kalenders, der die Menschheit beeinflusst, gibt es Zeitportale, in denen die Energie intensiver ist. Während dieser Portale sind beide Polaritäten viel intensiver: Unbehagen oder Einsicht, abhängig davon, was erkannt werden muss. Es sind Gelegenheiten, durch welche die Menschen entweder Dinge erkennen in Form von: „Aha, ja, das fühlt sich richtig an" oder „Oh nein, das fühlt sich schrecklich an." Es sind Richtlinien für euch, um euch von der Trennung hin zur Einheit zu bewegen. Während intensiver energetischer Öffnungen mag es sich anfühlen, als würde „das Dach einstürzen“, wenn eine größere Intensität an Licht hereinströmt. Diese Portale werden als Kerntage im Maya-Kalender gekennzeichnet. Es sind Gelegenheiten, um tief im Kern dessen zu graben, wer ihr seid, damit ihr euch an eure Göttlichkeit *erinnert* und dysfunktionale Muster verändert. Die meisten Menschen erleben Kerntage, ohne sich besonders bewusst zu sein was geschieht. Wir erklären diese Vorstellung noch einmal durch die Energieperspektive des Maya-Kalenders, damit die Menschen diese Möglichkeiten nutzen können, um ihre Arbeit zu tun, um sich weiterzuentwickeln.

Nun haben wir einige Fragen an euch. Wenn ihr erkennt, dass dies Gelegenheiten sind, um dysfunktionale Muster und irregeleitete Überzeugungen zu durchbrechen, welche Farbe meint ihr wird am meisten verwendet? Welche Farbe scheint durch dieses Fenster?

Weiß?

Natürlich. Wir werden später noch mehr über Farben sprechen, doch hier werden wir jetzt erst einmal über die Farbe Weiß sprechen. Weiß ist die Farbe, die von den Menschen als sehr hart wahrgenommen wird, denn Weiß ist die Farbe der Wahrheit. Wahrheit enthüllt immer, was fehlerhaft an den Überzeugungen ist und deshalb ist diese Energie den Menschen unangenehm. Und da die Menschen erfüllt sind von fehlerhaften Überzeugungen, kann die Wahrheit eine sehr Angst auslösende Energie sein. Nun, warum meint ihr, ist es eine solche Herausforderung für die Menschen, diese Tage voller Gelegenheiten zu durchleben? Wie versteht ihr das?

Weil sie in Angst leben.

Sehr gut. Sie leben nicht nur in Angst, die kleinsten Dinge werden zu einer Herausforderung, sie fallen in alte Muster zurück, die sich vertraut anfühlen. Sie glauben, die Vertrautheit gibt ihnen Sicherheit, doch das tut sie nicht. Es gibt keine Sicherheit in der Vertrautheit.

Und Angst ist vertraut.

Ja, Angst ist vertraut und aus der Angst herauszuwachsen ist ein Gedanke, der die Angst weiter unterstützt, also bleiben die Menschen aus Gewohnheit in ihren vertrauten Mustern hängen, bis sie den Mut finden, sich zu verändern. In den letzten Jahren habt ihr beide entschieden, voller Aggressivität allem entgegenzutreten, jeder Emotion, die ihr fühltet und jedem Gedanken, den ihr dachtet. Ihr seid durch sie hindurchgegangen, wie schmerzhaft sie auch immer waren und habt sie durchgestanden. Viele andere Menschen auf dem spirituellen Pfad tun dies auch.

Die meisten Menschen haben davor jedoch zu viel Angst; sie haben nicht den Mut oder die Fertigkeit, die wir nun lehren. Sie fallen zurück in ihre Abhängigkeiten oder überspielen ihre Ängste, indem sie sich selbst ablenken oder vor der Situation flüchten. Wir ermutigen die Menschen, sich während dieser Gelegenheit zu fragen: „Welche dysfunktionale Überzeugung oder welches Glaubenssystem verursacht mir diesen Schmerz?“ Schmerz ist nicht nötig. Die Menschen müssen fragen: „*Warum* fühle ich diesen *Schmerz*? *Welches* Glaubenssystem muss sterben? *Was* muss ich aufgeben, das mir nicht länger dient? *Was* muss verschwinden? *Welcher* unterbewusste Teil von mir hat Angst?“

Diese Fragen bringen euch dorthin, wo ihr sein möchtet und die Dualität ohne solch intensive Schmerzen erlebt. Nutzt den Schmerz als Hinweis darauf, die notwendigen Veränderungen durchzuführen, anstatt dem Schmerz zu erlauben, eure Realität zu definieren. Verbindet die Bereitschaft zu wachsen und zu verstehen mit dem Mut zur Veränderung; ihr *müsst* diese Gelegenheiten nutzen, um euch weiterzuentwickeln.

Wenn ihr also die Gelegenheiten wahrnehmt, die während der Kerntage des Maya-Kalenders zur Verfügung stehen, dann bitten wir die gesamte Menschheit, einfach aufeinander zuzugehen und nach anderen Möglichkeiten zur Erschaffung einer neuen Realität zu suchen. Fragt: "Welches Geschenk verbirgt sich hinter dieser Herausforderung? Was sollen wir entdecken?" Wir möchten darauf hinweisen, dass emotionale Unbeständigkeit ein menschliches Thema ist. Und mit der Weiterentwicklung der Menschheit vermindert sie sich, denn ihr bewegt euch immer weiter in Richtung der Schwingung der Liebe, die Frieden, Ruhe und Harmonie mit sich bringt; doch auf dem Pfad der Entwicklung erfahren die Menschen intensive Extreme. Emotionen sollen euch hin zur Veränderung führen und je intensiver die emotionale Reaktion ist, umso intensiver ist die Veränderung, nach der verlangt wird.

Die bevorstehende Aufgabe für die Menschheit besteht darin, den emotionalen Teil zu bewältigen, ihn weder zu leugnen noch darin zu verweilen, sondern ihn dafür zu nutzen, die notwendigen Veränderungen einzuleiten. Viele Menschen leben ihr Leben blind auf eine festgefahrene Weise mit darunter liegender Anspannung, Ärger und Frustration. Diese Emotionen müssen an die Oberfläche kommen, um geklärt zu werden und um die angemessenen Veränderungen durchzuführen. Dieser Prozess ermöglicht die Klärung und Reinigung unterdrückter Teile, die euch in alten Mustern von Leben zu Leben gefangen gehalten haben und es auch sicherlich in diesem gegenwärtigen Leben tun.

Auf ihrem Weg durch die Zyklen der Herausforderungen können sich die Menschen diesen Prozess als eine spiralförmige Bewegung hin zum Einssein vorstellen. An manchen Tagen stellt ihr ein Gefühl des Fließens fest und an anderen Tagen fühlt ihr euch vielleicht nicht sehr im Gleichklang. Da ihr in der Dualität lebt, sind Zyklen Teil des Lebens. So wie ihr beide, du und Pia, Tage habt, an denen alles ganz sanft zwischen euch läuft, und ihr dann durch Missverständnisse zwischen euch oder dadurch, dass ihr die Gedanken oder die Energie des jeweils anderen falsch versteht, eine unangenehme Überraschung erlebt und dann zurückkehrt zu längeren Zeiträumen mit tiefer Harmonie. Auf dem Weg zu mehr Einheit und weg von der Trennung finden Zyklen des Missverstehens immer seltener statt und die emotionale Reinigung kann weniger intensiv vonstatten gehen.

Ich nehme an, wir hoffen darauf, dass die Dualität zurückgeht und denken, dass unser Fortschritt umso größer sein wird, je mehr wir uns aus den Konflikten innerhalb der Dualität herausnehmen.

Ja, doch da ist dieses Wort, das die Menschen aus der Bahn wirft: „Fortschritt". Erkenntnis ist nicht linear, sie ist zyklisch. Sie ist spiralförmig, sie wirbelt, sie ist eine Wellenbewegung, denn sie ist Teil der Einheit und des Einsseins. Die lineare Form des Fortschritts entstammt der Trennung und der Angst, dort, wo Konkurrenzkampf existiert. Die Menschen verwenden viele Gedanken und Worte, die Konkurrenz erschaffen, wie beispielsweise „Der frühe Vogel fängt den Wurm" und „vorankommen". Die Verwendung solcher Gedanken erschafft einen Konkurrenzkampf und keine Kooperation.

Kooperation basiert stärker auf der Wahrheit, denn durch Kooperation gibt es immer genug für jeden. Das kollektive Bewusstsein der Menschheit in diesem und in vielen Tausenden anderer Leben hat eine Realität aufgebaut, die aufgrund fehlerhafter, auf Angst basierender Überzeugungen auf dualistisch-gesonnener Konkurrenz basiert. Der gemeinsame Glaube der Menschheit ist, dass es niemals genug für alle gibt. Die Wahrheit ist, dass es immer genug für alle gibt. Die Menschen, die in der Lage sind, ihre Erkenntnis in Richtung verstärkter Kooperation zu lenken, zeigen einen wahren Fortschritt, im Gegensatz zu dem linearen Vorankommen Schritt um Schritt, bei dem die Menschen gegeneinander konkurrieren um voranzukommen. Durch Kooperation und Akzeptanz der Unterschiede nehmt ihr mehr von dem was ihr wisst in euch auf, wer ihr seid und offensichtlich, wie ihr andere betrachtet und behandelt und integriert es.

Hier ist etwas Entscheidendes, was die Menschen verstehen müssen, wenn die Dualität ihrem Ende zugeht. Es gibt nur zwei Kräfte im Universum: Liebe und Angst. Alles andere entstammt diesen beiden Kräften. Alles in der Dualität basiert auf Trennung; Trennung dieser beiden Kräfte - Liebe und Angst. Wenn ihr die beiden miteinander vereint und der Liebe erlaubt, die Angst aufzunehmen und zu transformieren, dann bewegt ihr euch in Richtung Einheit. Die Menschen müssen lernen, jede emotionale Reaktion und jeden Gedanken zu hinterfragen: *"Kommt dies aus der Liebe oder aus der Angst?"* Wenn ein Urteil darin enthalten ist, dann könnt ihr euch sicher sein, dass es aus der Angst kommt und weiterhin Trennung verursachen wird. Indem ihr euch fortwährend diese Frage stellt, zieht ihr einen Strich durch alle menschlichen Tendenzen und alten Muster der Rechtfertigung, der Anklage, der Rechthaberei, der Selbstbezogenheit, all der trennenden Energien, die aus der Angst entstehen. Durch diese Übung können auf Angst basierende Gedanken, Emotionen, Worte und Taten vollkommen von der Liebe aufgenommen werden.

Wenn die Menschen alles durch die Frage nach der Angst betrachten würden, dann könnten sie sehr viel über die Liebe lernen. Fragen zu stellen wie: „Habe ich Angst? Hat diese Person Angst vor mir? Tue ich das, was ich tun muss in Liebe? Ist das, wofür ich mich entscheide zum höchsten Wohle von allem?" fördert das Loslassen alter Überzeugungen, die die Menschen in schmerzhaften Mustern gefangen gehalten haben. Dies sind sehr hohe spirituelle Prinzipien, universelle spirituelle Prinzipien, nicht nur für die Erde, sondern auch für den Rest des Universums. Das Leben auf diese Weise anzugehen bedeutet, die Einheit durch göttliches Denken und Handeln anzugehen.

Wenn die Menschen sich darin üben, beteiligen sie sich am Ende der Dualität, wenn sich die Zeit dem Ende nähert, und das kann schneller geschehen, als ihr euch das vorstellt.

14

LICHT UND FARBEN

Können wir über Farben sprechen?

Gewiss.

Farben sind spezielle Energieschwingungsmuster, die vom Licht kommen. Jede Farbe trägt die Schwingung einer speziellen Energie, welche die wahre Realität unterstützt und aufrechterhält. Die Elemente der Realität sind Liebe, Heilung, Vertrauen, Gnade, Wahrheit, Transformation und Erleuchtung und bestimmte Farben sind im Einklang mit diesen Aspekte der Realität und repräsentieren sie.

Da Farben Lichtmuster sind, repräsentiert die Schwingung einer Farbe eine besondere Konzentration oder Streuung von Licht, die in eure Welt kommt. Farben tragen spezifische Botschaften, welche die Menschen für ihr Wachstum nutzen können. Die Energie und die Schwingung der Farben ist im gesamten Universum gleich; doch die Menschen sind jetzt in der Lage, die Farben etwas anders wahrzunehmen. Die meisten Menschen sind sich nur der Schönheit der Farben bewusst. Wenn sich die Menschen der energetischen Schwingungsnatur der Farben bewusster werden, können sie Informationen sammeln, die euch zu einer größeren Erkenntnis führen, welche die wahre Realität verdeutlicht. Ihr könnt lernen, was jede Farbe symbolisiert und eure Schwingung auf die Schwingung einer speziellen

Farbe ausrichten, um euch der Wirkung dieser Farbe bewusster zu werden. Wir werden für euch die sieben speziellen Farben zusammenfassen und definieren, welche die Realität unterstützen und eine achte Schwingung, Silber, die sie alle miteinander verbindet. Wir beginnen mit der Farbe Rosa. Während wir die Farben in einer bestimmten Reihenfolge vorstellen und hoffen, das Muster in euch eingeben zu können, könnt ihr jede dieser Farben jederzeit anrufen und sie so nutzen wie ihr es möchtet. Rosa ist die Farbe der Liebe. Rosa geht zu eurem Herzen und kommt von eurem Herzen, denn die Liebe ist der Ausgangspunkt von allem. Was sonst kann im Leben existieren, das nicht mit der Liebe beginnt? Sie existiert in Allem Was Ist. Alle Menschen können in hohem Maße davon profitieren, die rosa Schwingung der Liebe einzusetzen, denn die Menschheit ist erfüllt von fehlgeleitetem Denken und Emotionen um Wahrnehmungen herum, die Schmerz verursachen. Nach dem rosafarbenen Licht der Liebe präsentieren wir das smaragdgrüne Licht der Heilung. Wir verwenden die Farbe Grün, um das Leben zu repräsentieren; wenn ihr euch umschaut, dann seht ihr, dass eine der grundlegenden Farben des Lebens auf diesem Planeten Grün ist, so wie dies in jedem Frühling deutlich wird. Um also physisches, emotionales, mentales oder spirituelles Leid oder jegliche schmerzliche Situation zu heilen, verwendet das grüne heilende Licht. Grünes Licht, die Farbe des Smaragds, ist sehr nützlich für die Menschen und hilft ihnen, sich im Leben geerdet zu fühlen.

Als Nächstes kommen wir zur Farbe Blau, die das Licht des Vertrauens und der Klarheit in sich trägt, denn sobald das Herz voller Liebe geöffnet ist und eine gewisse Ebene der Heilung stattgefunden hat, ist Vertrauen nötig, um eure Bewusstheit und euer Wachstum fortzuführen. Vertrauen zu können bedeutet, sich von der Angst zu lösen. Wenn ihr im Vertrauen lebt, dann müsst ihr niemals etwas anzweifeln. Vertrauen ist unabdingbar auf dem Pfad der Entwicklung weg vom Leid und hin zur Einheit. Angst verursacht Leid; Vertrauen löscht die Angst aus und somit auch das Leid. Wenn ihr beginnt, darauf zu vertrauen, dass alles einen Sinn hat und dass Leid ein Hinweis auf die Dinge ist, die sich verändern müssen, dann können leidvolle Situationen geheilt werden, wenn ihr die notwendigen Veränderungen vornehmt. Ihr bewegt euch also von der Herzensöffnung mit der rosafarbenen Schwingung der Liebe, durch die Heilung mit dem grünen Licht, hinein in die blaue Schwingung des Vertrauens. Die Menschen erlangen eine immer größere Harmonie, indem sie in das Vertrauen gehen, um die Angst und einen großen Teil dessen, was unbequem ist, zu eliminieren.

Wir werden unsere Darstellung über den Verlauf der Farben noch einmal wiederholen. Rosa Licht hilft, das Herz zu öffnen; grünes Licht bringt Heilung; blaues Licht verhilft euch dazu, euch in Richtung Vertrauen zu bewegen. Als Nächstes stellen wir das goldene Licht der Gnade vor. Das goldene Licht der Gnade existiert in Form von Partikeln. Ihr könnt euch das goldene Licht der Gnade als winzig kleine Partikel vorstellen, die auf euch herabregnen. Das goldene Licht der Gnade hat eine Schwingung, die in euch ein Gefühl von „aah" hervorruft. Das goldene Licht ist die Farbschwingung, die Muster durchbricht. Stellt euch die Gnade vor, die zu euch herabkommt. Sie ist willkommen und spürbar. Da sie zum Durchbrechen von Mustern verwendet wird, enthält diese besondere Schwingung etwas Wesentliches. Sie dient dazu, euer Karma und all die Muster aufzulösen, die von einem Leben zum nächsten in eurem gegenwärtigen und euren parallelen Leben weitergetragen wurden; sie bricht von einer zur nächsten Überzeugung Muster entzwei, denn die Menschen haben eine falsche Überzeugung auf die andere aufgebaut. Durch die Bitte um das goldene Licht der Gnade strömt die Fähigkeit des Lichtes ein, von der Quelle zu eurem göttlichen Selbst zu fließen und das wegzuspülen, was nicht *wahr* ist und euch dafür zu öffnen, das zu empfangen, was wahr *ist*. Deshalb präsentieren wir euch die Gnade vor der Farbe der Wahrheit.

Nachdem ihr nun das rosafarbene Licht der Liebe, das grüne heilende Licht, die blaue Schwingung des Vertrauens und das goldene Licht der Gnade erfahren habt, könnt ihr die Farbe Weiß viel einfacher wahrnehmen, die Farbe der Wahrheit. Das weiße Licht wird oft Christuslicht genannt, denn die Christusenergie richtet sich auf die Wahrheit aus. Wir haben euch bereits gesagt, dass Weiß die Farbe ist, die die Menschen am wenigsten akzeptieren können. Sie wird oft als unsanftes Licht erlebt, denn Weiß repräsentiert die Wahrheit, statt der Illusion. Sie zerschmettert falsche Überzeugungen, doch wenn sie von einem Gefühl der Liebe aus erfahren wird, ist Weiß alles andere als unsanft. Es ist die Energie der Freiheit selbst. Wahrheit in ihrer gesamten Schwingung zerschmettert Illusionen und Überzeugungen, die den Menschen lieb und teuer sind.

Euer Unterbewusstsein hat diese Schwingung erlebt und sie durch euren Engel des Höheren Selbst kennen gelernt, der euch mit dem weißen Licht und der Schwingung der Wahrheit umgibt; es ist eure Entscheidung, wie ihr sie annehmen möchtet. Wahrheit ist mit der Schönheit verbunden zu verstehen, dass alles so ist, wie es sein soll, und in der eigenen Form, in all unseren eigenen Formen, ist jeder Einzelne von uns wundervoll. Die Energie der Wahrheit zerschmettert unangebrachte Illusionen über das Selbst, über andere, über die Welt und über das Universum. Wir bitten die Menschen, die Schwingung anzunehmen; sie ohne Urteil und ohne Mutmaßungen oder Überzeugungen zu erleben. Nehmt einfach das Gefühl an und erkennt, dass jeder von euch sich vermehrt öffnen kann, um die Wahrheit zu verstehen, frei von den irreführenden Gedanken und veränderlichen Hüllen der Bedeutungen, mit denen ihr so oft die Wahrheit bedeckt.

Wenn den Menschen ihre Überzeugungen in die Quere kommen, kann es ziemlich unbequem sein, das Licht der Wahrheit zu erleben. Wahrheit verursacht ein emotionales Unbehagen, da sie Illusionen und Überzeugungen zerschmettert. Sich aus einer Perspektive des Vertrauens durch die Emotionen hindurchzuarbeiten, ermöglichte es euch, die Wahrheit ohne Schmerzen zu erkennen. Mit Liebe, Vertrauen und Gnade ist die Wahrheit für die Menschen einfacher zu erkennen und zu akzeptieren. Die Dinge erscheinen in einem anderen Licht, bitte entschuldigt unser Wortspiel, und ihr könnt dieses Licht dazu verwenden, um euren Gefühlszustand anzuheben und eure unangemessenen Gedanken wieder neu auszurichten. Ihr könnt dann das weiße Christuslicht voller Freude viel leichter erkennen und erfahren. Das weiße Licht der Wahrheit zeigt die Einheit. Es zeigt, dass alles eins ist. Wenn ihr dies versteht, könnt ihr auch beginnen, die schimmernden Silberfäden zu erkennen, die alles Leben hier auf diesem Planeten, und alles im gesamten Universum, mit anderen, wie uns, verbinden. Diese Silberfäden verankern sich durch die Liebe. Könnt ihr uns so weit folgen?

Ja.

Die nächste Farbschwingung, die wir vorstellen möchten ist Violett. Violett ist die Farbe der Transformation. Sie kann sehr stark wahrgenommen werden, wie ihr das goldene Licht der Gnade wahrnehmt, funkelnd wie Sternenstaub. Violett ist nicht einfach nur eine Farbschwingung; es enthält Schärfe, ätherisches Material, das tatsächlich zu euch heruntergezogen werden oder auf euch herunterregnen kann, um euch bei der Transformation zu helfen. Man kann das violette Licht am besten als das Licht verstehen, das den Menschen hilft, alles im Universum zu transzendieren oder zu transformieren. Das violette Licht der Transformation kann für die Transformation spezieller, nicht funktionierender Situationen eingesetzt werden oder gewisse emotionale Zustände transzendieren, die euch gefangen halten und euch davon abhalten, euch mit eurer eigenen Göttlichkeit zu verbinden.

Ihr könnt das violette Licht der Transformation zu euch rufen und euch damit umhüllen, wenn ihr etwas transzendieren, die Form verändern oder euch selbst anheben möchtet. Greift nach diesem wundervollen Licht, indem ihr euch auf das visuelle Bild einer Wolke aus Sternenstaub über eurem Kopf oder der Öffnung eines Kanals zwischen der Menschheit und dem Universum einstimmt, das es euch ermöglicht, in die Milchstraße zu schauen und eine helle Reihe von Lichtern zu sehen, die alle aus violetter Farbe sind. Sie ist eine der höheren Schwingungen, denn sie ist transformierend. Das violette Licht der Transformation und das goldene

Licht der Gnade arbeiten oft als Einheit, als Team, um Veränderung zu bewirken. Aufgrund ihrer Ähnlichkeit und ihrer Gestaltung wirken sie sehr gut zusammen. Das goldene Licht der Gnade merzt alte Muster und Überzeugungen aus und das violette Licht der Transformation hilft, störende Überzeugungen zu transzendieren und zu transformieren, sobald die alten Muster aufgebrochen und losgelassen wurden. Diese Farbkombination ist von großem Nutzen für die Menschen. Die Lemurier nutzten sie und tun dies auch weiterhin.

Nun präsentieren wir euch die Farbe Gelb, die Farbe der Erleuchtung. Gelb ist anders als Gold. Gelb ist die Farbe der Sonne und die Farbe des Verstehens. Wir präsentieren im Anschluss das gelbe Licht der Erleuchtung, denn die Erleuchtung folgt natürlicherweise auf die Wahrheit. Sobald sich irrige Überzeugungen aufgelöst haben und das Licht der Wahrheit vollkommen auf euch, in euch und durch euch scheint, könnt ihr alte Begrenzungen transzendieren und euch in einen erleuchteten Zustand des Friedens und der Ruhe hineinbewegen. Einige spirituelle Meister nennen dies Erleuchtung. Wir sagen einfach, ihr bewegt euch hinein in das Licht. Gelbe Energie hilft euch zu verstehen, was das weiße Licht euch gezeigt hat: dass alles eins ist. Nun könnt ihr die Einheit wahrlich verstehen und die Silberfäden der Verbindung erkennen.

Ihr könnt diesen Zustand nicht erreichen, ohne euer Herz der Liebe zu öffnen, ohne eure Wunden zu heilen und eure Emotionen zu beherrschen, ohne vollkommen und mit Klarheit in das Vertrauen zu gehen, ohne die Wahrheit willkommen zu heißen und ohne das zu transformieren, was transformiert werden muss. All diese Dinge führen euch zur Erleuchtung und zu den Silberfäden der Unendlichkeit, in der die Zeit nicht existiert. Wenn ihr dies seht, was meint ihr zu finden? Könnt ihr es raten?

Bitte sagt es uns.

Womit haben wir angefangen?

Mit Rosa.

Dem rosafarbenen Licht der Liebe. Wo meint ihr hinzukommen, wenn ihr die Wahrheit, die Erleuchtung und die unendliche Verbindung erfahren habt?

Zur Liebe.

Genau, ihr vollendet einen Kreislauf. Die Liebe ist also alles. Liebe ist alles. Versteht ihr? Wir wiederholen die Farben, welche die Realität definieren: Rosa, Grün, Blau, Gold, Weiß, Violett und Gelb und sie repräsentieren Liebe, Heilung, Vertrauen, Gnade, Wahrheit, Transformation und Erleuchtung. Doch alle Farben kommen von der Liebe und kehren zu ihr zurück. Alle Farbschwingungen sind miteinander in Einheit verwoben.

Ihr könnt mit einem Regenbogen arbeiten und wir zeigen euch manchmal einen Regenbogen an eurem Himmel, um euch an all die zur Verfügung stehenden Energien zu erinnern. Wenn ihr dem Pfad der Farbschwingungen folgt, den wir erläutert haben und darauf achtet, wie euch jeder Schritt von der Angst entfernt, werdet ihr die Schwingung der Liebe tiefer erfahren. Ihr könnt dort immer länger verweilen, wenn ihr übt, eure Emotionen durch die Verwendung von Farben zu beherrschen.

Das rosafarbene Licht der Liebe hilft euch, all die anderen Farbschwingungen anzunehmen und mit ihnen in Einklang zu kommen. Das smaragdgrüne Licht, das oft verwendet wird, um wieder ins Gleichgewicht zu kommen und zur Heilung, hilft, Ungleichgewichte in eurem physischen Körper zu korrigieren. Es kann auch eure Emotionen und euren ätherischen Körper besänftigen. Blaues Licht, die Schwingung von Vertrauen und Klarheit, trägt Energiewellen, um Ängste zu durchbrechen, die euch vom Vertrauen ferngehalten haben. Seine Schwingung hat eine umfassende tiefe und beruhigende Wirkung. Die goldene Schwingung löst euer Karma und alte Muster auf. Das weiße Licht zeigt euch die Wahrheit und das violette Licht hilft euch bei eurer Transformation. Die gelbe Schwingung bringt euch ein erleuchtetes Verständnis und zeigt euch die Silberfäden, die alles miteinander verbinden.

Da die Menschen durch Linearität lernen, könnt ihr den von uns präsentierten Verlauf der Farbschwingungen noch besser verstehen, wenn ihr ihre numerischen Sequenzen betrachtet. Alle Zahlen, alle Noten in der Musik und alle Farben tragen eine Schwingung. Während wir möchten, dass die Menschen verstehen, dass sie die Farben in der von ihnen gewünschten Reihenfolge verwenden können, gibt es etwas, das man bezüglich ihrer Zahlenwerte, so wie wir sie hier präsentiert haben, verstehen muss. Die erste Schwingung, die wir präsentiert haben (die Zahl 1) ist das rosafarbene Licht der Liebe. Eins ist die Schwingung der Einheit. Die zweite Schwingung, die wir euch gaben (die Zahl 2) wird hier durch das grüne heilende Licht repräsentiert.

Zwei ist die Zahl der Dualität und der Trennung. Heilung ist notwendig, denn die Menschen leben in der Dualität und müssen oft Missverständnisse heilen, die aus ihren polaren gegensätzlichen Überzeugungen entstanden sind und daher haben wir das grüne Licht der Heilung hier mit der Zahl zwei assoziiert, obwohl es auch andere numerische Schwingungen trägt. Die dritte Schwingung, die wir hier präsentiert haben, ist die Farbe Blau, die Farbe von Vertrauen und Klarheit. Drei ist die Zahl für Kreativität, ein Katalysator für Verstehen und Klarheit. Verstehen hilft euch, ein Gefühl von Ruhe und Vertrauen zu empfinden.

Wir präsentierten Gold als die vierte Schwingung. Vier ist die Zahl der Stabilität und Gold reißt solide Muster nieder, die nicht funktionieren und hilft euch auch, euch stabil zu fühlen, da sie euch bei den Veränderungen unterstützt, die ihr durchlaufen müsst. Die fünfte Schwingung, die wir euch präsentiert haben, ist die Farbe Weiß, die Farbe der Wahrheit. An diesem Punkt in der Darstellung haben wir fünf Farben verwendet, um die Veränderungen in eurer Wahrnehmung zu unterstützen, damit ihr zur Wahrheit gelangt. Das weiße Licht der Wahrheit könnte in der Tat durch die Zahl fünf repräsentiert werden, die Zahl der Veränderung oder durch die Zahl eins, denn Wahrheit ist Einheit. Wir haben es als die fünf präsentiert, die Zahl des Wandels, denn jedes Mal, wenn ihr euch in Richtung der

Wahrheit bewegt, muss ein Wandel stattfinden. Die sechste Schwingung, die wir euch gegeben haben, ist das violette Licht der Transformation. Sechs ist die Zahl des Flusses. Was kommt als Nächstes?

Es bedarf der Transformation unserer selbst, um zur Erleuchtung zu gelangen; die Arbeit, die wir durch die ersten fünf Farben geleistet haben, öffnet uns für die sechste Schwingung der Transformation des Verständnisses und wir können dann zu einem erleuchteten Zustand gelangen.

Ja. Und Gelb, die Farbe der Erleuchtung, wird hier durch die Zahl 7 repräsentiert. Sieben ist die Schwingung für die Verschmelzung zwischen den Schleiern, der Ort, an dem ihr euch zwischen den Welten bewegt, um Erleuchtung zu finden. Die Schwingung der Erleuchtung ist eigentlich die 11, doch sie benötigt die Schwingung der 7, um dazu Zugang zu erhalten.

Die achte Schwingung, die wir euch gegeben haben, ist Silber. Acht ist die Zahl der Unendlichkeit, der Fülle und der Verbindung. Ihr könnt sie durch das Symbol der Unendlichkeitsschleife visualisieren, denn in der Unendlichkeit ist alles miteinander verbunden. Durch die unendliche Verbindung seid ihr immer in der Fülle. Silberfäden verbinden euch mit Allem Was Ist und wenn ihr eure innere Vision verstärkt, könnt ihr beginnen sie zu sehen. Für Lehrzwecke haben wir euch spezielle Paare jeder Farbe mit speziellen Zahlen gegeben. Doch die Farbenergien sind multidimensionaler als ihr erkennt und sie können auch mit anderen numerischen Schwingungen in Verbindung gebracht werden.

Was könnt ihr uns über die Farbe und die Schwingungen von Metall sagen?

Gold und Silber haben jeweils eine andere Schwingung. Es gibt einen Grund dafür, warum die Menschen der Erde insbesondere das Metall Gold verehrten; gehen wir zurück zu den Ägyptern, den Maya und noch weiter zurück. Sie verwendeten es nicht, um reich zu sein, sondern wegen des

Wertes seiner Schwingung. Gold hat in der Tat eine erhöhte Schwingung von Heiligkeit und Sicherheit. Wenn ihr das goldene Licht der Gnade anruft, dann bittet ihr um eine Dusche aus ganz kleinen Lichtpartikeln der Farbe eures physischen Goldes, damit sie euch helfen, euer eigenes Licht auszustrahlen und zu reflektieren. Silber trägt die Schwingung der Verbindung und die Menschen haben Silber in vielen Formen verwendet, um Verbindungen zu fördern.

Vergleicht ihr die Schwingung von Gold mit der Schwingung von Silber, dann denkt an Wellen und Partikel. Gold strömt als winzige Partikel dieser Lichtfarbe auf euch herab. Die Schwingung von Silber ist eher wie Wellen. Winzig, winzig kleine silberne Wellen gehen als Fäden von euch aus und verbinden sich im Außen mit anderen Energien, anderen Quellen. Man könnte sagen, ihr werdet durch winzige Silberfäden zusammengehalten. Diese Silberfäden verbinden euch mit dem Ätherischen; sie sind Teil des Aufbaus eurer ätherischen Form.

Wir werden über euren ätherisch-physischen Aufbau später sprechen. Eure ätherische Form könnt ihr euch mit silbernen Linien konturiert vorstellen, die sich mit der physischen Form verbinden. Silber ist ziemlich weich und formbar. Man kann es einfach biegen, so wie Gold, doch Silber hat winzige Linien, die die Form halten können. Wenn die Menschen lernen, mit ihrem inneren Wasser zu arbeiten und ihre Form einladen, sich auf die Intelligenz ihres Wassers auszurichten, dann werdet ihr lernen, wie ihr die silbernen Linien der ätherischen Blaupause, die eure physische Form bestimmen, löschen und neu zeichnen könnt. Silber und Gold haben eine sehr starke Tendenz zu den neuen menschlichen Wesen, den zukünftigen Wesen, zu denen ihr euch entwickelt. Genießt den vollkommenen Fluss der beiden; euer Höheres Selbst tanzt und singt, um in der Lage zu sein, euch vollkommen mit dem goldenen Licht der Gnade und den silbernen Fäden der höchsten Verbindung zu überschütten. Farben und Metalle tragen beide Schwingungsinformationen. Es ist von großem spirituellem Nutzen für die Menschen, wenn sie von der Schwingungsenergie der Metalle Gold und Silber hören und sie verstehen, denn die Menschen fokussieren sich mit ihrem Bewusstsein am ehesten entweder auf die Schönheit des schimmernden Metalls oder auf ihren finanziellen Aspekt. Eure östlich indische Wissenschaft des Ayurveda versteht die Eigenschaften von Silber und Gold auf nützliche Weise. Silber liefert kühlende Energie, Gold liefert wärmende Energie. Jedes dieser Elemente kann also auch für medizinische Zwecke eingenommen werden. Doch die Schwingungsenergie trägt noch mehr Informationen als nur diese. Wenn die Menschen lernen, wie man den wahren Wert von Gold und Silber auf angemessene Weise nutzt, anstatt sich an die finanzielle Bedeutung der Metalle zu hängen, dann wird in Sachen Frieden viel erreicht werden.

Gibt es noch etwas anderes Wichtiges, was die Menschen über Farben verstehen sollten?

Farben helfen euch, durch den Dunst und Nebel der Dualität zu sehen. Farben helfen euch nicht nur, die Realität zu definieren und zu verstehen, sie helfen euch Menschen auch, die Schwingungen zu erkennen, die ihr verwendet, wenn ihr die neue Realität für die Zukunft der Menschheit mit erschafft. Wenn ihr den Einsatz der Farben versteht, dann könnt ihr gemeinsam viel mehr im Einklang mit dem Universum manifestieren, indem ihr bestimmte Energien anruft, euch bei dem zu unterstützen, was ihr erschaffen möchtet. Wenn ihr beispielsweise um eine klare Kommunikation bittet, dann könnt ihr die Farbe Blau anrufen, die wir verwenden, wenn wir mit Menschen kommunizieren, denn Blau unterstützt das Vertrauen. Blau fördert auch die Klarheit. Wenn ihr ein besseres Verständnis von etwas sucht, dann könnt ihr die Farbe Gelb anrufen.

Wenn ihr eine Situation, in der ihr euch nicht wohl fühlt, transformieren oder sie lösen möchtet, dann könnt ihr die violette Farbe bitten, euch bei der Erschaffung einer neuen Realität zu helfen. Farben wirbeln um euch herum und ihr seid in der Lage, euch an ihre Energien zu wenden, um die Erschaffung der nötigen Veränderungen zu fördern. Es ist wichtig, die

Schwingung der Farben zu verstehen, damit ihr die Entscheidungen versteht, die ihr durch den Einsatz dieser Farben trefft - das, was ihr ins Universum hinaussendet und was ihr vom Universum zu euch hereinruft. Beantwortet dies die Frage ausreichend?

Ja, ich glaube, das war ziemlich umfassend. Werden wir bei unserer Weiterentwicklung als Menschen lernen, mit Farben und Licht zu kommunizieren?

Ja. Durch das Verstehen von Farben und ihren Schwingungen kann das menschliche Bewusstsein immer besser nicht-dimensionale Erkenntnisse wahrnehmen. Die menschliche Wahrnehmung der Farben öffnet euch mehr für die Schönheit und die Wahrheit. Wenn ihr in den Himmel schaut und Erscheinungen in den Wolken seht, farbige Muster, dann seht ihr sie eher so, wie wir möchten, dass ihr die Farben seht und ihr könnt sie durch euren Fokus und eure Absicht in euer Bewusstsein rufen. Euer Verständnis und eure Beziehung zur Wahrheit der Realität wächst jeden Tag. Ihr beide habt nun die Ausdehnung der Farben seit einiger Zeit erlebt, seit etlichen Jahren, wenn ihr in den Himmel schaut.

Bemüht euch zur Förderung eures Verständnisses wenn ihr Farben seht darum, die sich verändernden Schwingungsebenen fühlen zu können. Die Menschen sind wundervoll, jeder Einzelne von euch, ob ihr dies glaubt oder nicht. Wir sind alle wundervoll, jeder von uns. Wenn ihr Menschen euch betrachtet, ohne euch zu beurteilen und zu bewerten, und nach dem Licht sucht, das ihr in euch tragt, dann könnt ihr eure Schönheit erkennen. Die Farben helfen euch dabei, eure Schwingungen anzuheben, um eure eigene Schönheit zu verstehen. Jeder von euch muss sich auf die Suche nach dem Licht machen und sich daran erinnern, denn genau dort sind die Schönheit und die Wahrheit zu finden, im Licht. Und das Licht ist Liebe. Erinnert euch an diese Dinge, denn ihr müsst nicht leiden. Der Mensch, der die Christusenergie in menschlicher Form verkörperte, war ein wundervolles Beispiel dafür, wie man die Schwingungen der Farben einsetzt. Er nutzte sie gut. Das rosa Licht der Liebe strömte von seinem Wesen aus. Das grüne heilende Licht floss durch seine Hände, um die Heilung anderer Menschen zu unterstützen. Das blaue Licht des Vertrauens brachte ihn dazu, sich dem höheren Verständnis zuzuwenden. Das weiße Licht der Wahrheit führte ihn dazu, existierende Überzeugungen und Dogmen seiner Zeit über Bord zu werfen. Er nutzte das weiße Licht, um über die universelle Wahrheit zu sprechen und das zu verwerfen, was in dieser Zeit gemeinhin als wahr angenommen wurde.

Er nutzte das violette Licht, um die Menschen darin zu unterstützen, sich selbst aus ihren niedrigen Schwingungen herauszuheben, um einen höheren Seinszustand zu erreichen. Gelbes Licht um ihn herum zeigte die Erleuchtung seiner Erkenntnis. Alle Menschen sind in der Lage, dies so zu tun wie der Mensch Jesus es euch zu lehren versuchte. Er ist nicht der einzige Mensch, der in der Lage war, mit Hilfe der Farben Zugang zur Göttlichkeit zu erlangen.

Wir möchten, dass die Menschen verstehen, dass alle Farben im Licht gegenwärtig sind, und alle Farben um euch herum sind fortwährend in eurer Umgebung gegenwärtig; ihr könnt sie für euer eigenes Wachstum und eure Heilung jederzeit anrufen. Wir wünschen uns, dass sich die Menschen der Farben bewusster werden und ihre Vorstellungskraft dafür einsetzen, um selbst die Farben anzurufen. Wenn ihr euch vorstellt, sie zu sehen, dann gelangt ihre Präsenz schwingungsmäßig in eure Realität und ihr könnt ihre Energien erforschen. Wenn die Menschen dies tun, hilft es ihnen, herausfordernde physische oder emotionale Zustände zu durchleben und zu transzendieren. Ihr könnt um Gnade bitten, während ihr euch goldenes Licht vorstellt; ruft das rosafarbene Licht der Liebe an, um euer Herz zu öffnen; bittet das blaue Licht des Vertrauens um größere Klarheit und ladet das violette Licht der Transformation ein, euch dabei zu helfen, eure Herausforderungen zu transzendieren. Wenn ihr bereit seid, eure Überzeugungen aufzugeben, dann bittet das weiße Licht der Wahrheit darum, sich über euch zu ergießen.

Achtet darauf, wie ihr euch fühlt, wenn ihr euch Farben anschaut. Umhüllt euch physisch und vor eurem geistigen Auge mit Farben. Bringt mehr Farbe in euer Leben, so wie ihr Blumen in euer Haus bringt. Ihr wisst, eure Lieblingsblumen können euch die Schwingungen der Farben und viele andere Geschenke bringen. Die meisten Menschen glauben, sie wählen die Farben, weil sie deren visuelle Wirkung mögen.

Richtig wäre es, Farben auszuwählen, weil ihr mit deren Schwingung in Resonanz seid. Ihr seht vielleicht, wie viele Menschen an einem bestimmten Tag die gleiche Farbe tragen. Sie wachten nicht einfach morgens auf und suchten sich blaue Kleidung aus. Bei solchen Vorkommnissen steht das kollektive Bewusstsein mit einer gewissen Schwingung in Resonanz und diejenigen, die darauf achten, reagieren in der Form, dass sie sich entscheiden, die Farbe zu tragen, die diese Schwingung repräsentiert. Es gibt eine tatsächliche Resonanz mit der Schwingung der Farbe, die zu ihrem emotionalen / physischen Zustand passt. Die Menschen wählen die Farbe oft unbewusst. Es gibt mehr Frauen als Männer in der menschlichen Spezies, die sich in dem Bewusstsein der Farbschwingung üben, indem sie bewusst Farben für ihre Kleidung auswählen; manche sind sogar völlig überrascht, wenn sie die gleiche Farbschwingung auch noch am nächsten Tag tragen möchten und denken, sie könnten das nicht tun, weil sie sie am Tag zuvor getragen haben. Das ist ein Fehler.

Wenn sie das Gefühl haben, eine Farbe tragen zu wollen, dann sollten sie sie so lange tragen, wie sie es fühlen und sich nicht davon ablenken lassen, was sie meinen, was andere über sie denken könnten, wenn sie sie immer in der gleichen Farbe sehen. Die Farben, welche Menschen tragen, strahlen Energiesignaturen in die Welt hinaus. Deine Entscheidung häufig ein blaues Hemd zu tragen, Cullen, wirkt schon lange wie ein Leuchtfeuer, das andere dazu bringt, dir zu vertrauen. Du strahlst aus, dass du vertrauenswürdig bist, nicht nur durch deine persönliche Schwingung, sondern auch dadurch, dass du dich für die Farbe Blau entscheidest. Pia trägt oft Rosa und dies strahlt die Schwingung der Liebe aus und viele Menschen, die in ihrer Gegenwart sind, fühlen Liebe ohne Bewertungen oder Bedingungen. Alle Menschen können Farben wählen, um ihren eigenen Schwingungszustand zu fördern und gleichzeitig Energien zu sich heranzurufen. So sind Farben sowohl Signatur als auch Einladung.

Die Schwingungen, die ihr in die Welt sendet, beeinflussen alle Wesen. Ihr habt die Fähigkeit, die Schwingungen zu verwenden, die ihr aus dem Universum zu euch heranzieht, um eure Realität mit zu erschaffen. Wenn ihr lernt, diese Energien in ihrem Fluss zu lenken, dann könnt ihr Farben für die Kommunikation einsetzen und letztendlich für den Transport, insbesondere, wenn ihr sie mit Klängen kombiniert. Das, was wir die Menschen über Farben lehren, hilft euch, Bewegung und Omnipräsenz zu verstehen. Farben enthalten Energie; sie ermöglichen Bewegung und Lenkung. Wenn ihr Menschen versteht, wie ihr diese Energien lenken und das System navigieren könnt, dann nähert ihr euch dem Moment, in dem die ätherische mit der physischen Form verschmilzt und ihr nähert euch eurem Ziel des Schwirrens (Cullen bezieht sich hierbei auf die Fähigkeit, sich zeitlos von einem Ort zum nächsten zu bewegen, ganz spontan oder omnipräsent.)

Hier kommt eine weitere Dimension des Reisens hinzu. Die Liebe und das Licht der Farben müssen gemeinsam die Magie erschaffen, um das Schwirren zu ermöglichen, egal ob man ein Schiff bewegt oder ein einzelnes Wesen ohne Schiff.

Ja. Liebe und Licht gemeinsam eingesetzt lenkt die Bewegung, ihr braucht also noch nicht einmal das Schwirren (die augenblickliche Bewegung); ihr seid bereits dort (Omnipräsenz). Ihr beide wisst das natürlich schon, denn ihr sagt schon lange: „In Liebe und Licht“. Erkennt, dass Licht und Liebe dasselbe sind; Farben sind unterschiedliche Aspekte der Liebe und des Lichtes. Alle Farben gehen von der Liebe und vom Licht aus; Farben sind variierende Aspekte der Liebe und des Lichtes. Da die Farben alle aus dem Licht kommen, lädt deren Verwendung noch mehr Licht in eure

Schwingung ein. Eure Wissenschaft lehrt, dass Weiß die Abwesenheit aller Farben ist. Wir glauben, dass dies ein Missverständnis ist, denn Licht enthält die Schönheit aller Farben, einschließlich Weiß. Denkt an die Flamme einer Kerze und wie ihr Gelb, Blau und Variationen von Weiß innerhalb der Flamme sehen könnt. Licht trägt alle Farben in sich.

Ihr könnt das Licht im Außen genießen, wenn ihr eure Augen öffnet oder innerlich, wenn ihr sie geschlossen halten möchtet. Es ist alles dasselbe. Wenn ihr euch die Flamme einer Kerze anschaut, dann erkennt ihr die variierenden Schichten aus Licht und Farben in der Flamme. In der Mitte ist Blau (Vertrauen), dann gibt es Weiß (Wahrheit) und dann noch Gelb (Erleuchtung). Blau-Vertrauen, Weiß-Wahrheit, Gelb-Erleuchtung. Es gibt einen guten Grund dafür, warum sich viele Menschen bei der Meditation auf eine Kerzenflamme fokussieren, die diese Farben enthält.

Zweifel ist das Gegenteil von Vertrauen und erwächst aus der Angst. Zweifel entstammt der Zersplitterung innerhalb des menschlichen Systems. Zweifel ist eine Wolke, die das Licht verdunkelt. Licht löscht den Zweifel aus. Licht löscht auch die Angst aus. Es löscht negative Emotionen aus, löst sie auf, absorbiert sie und lässt nur das Licht übrig. Der richtige Einsatz von Farben als variierende Aspekte des Lichtes bringt die Menschen wieder mit ihrer eigenen Göttlichkeit in Einklang. Das Licht, das ihr bei Tagesanbruch erlebt ist ein Symbol dafür, Zweifel und Ängste zu durchbrechen, die Dunkelheit zu durchdringen, die Dunkelheit aufzulösen und euch in die Einheit mit dem Vertrauen zu bringen. Dies ist ein Grund, warum viele Menschen den Sonnenaufgang und die Ankunft des Lichtes genießen. Das Universum sendet die vielen Farben des Lichtes, um euch einzuladen, euch an euer eigenes göttliches Licht zu erinnern.

Eure eigene Göttlichkeit existiert bereits; niemand legt sie in euch. Sie befindet sich universell dort, da ihr der Quelle entspringt. Wenn ihr Menschen euch ganz tief mit eurem Höheren Selbst und eurem inneren Licht verbindet und den Kanal öffnet, um das Licht in euren physischen Körper hinein und wieder hinaus in das Universum zu bewegen und vom

Universum und der Quelle zurück zu eurem physischen Körper, dann werdet ihr zu Lichtleitern. Manche nennen dies Lichtträger. Menschliche Wesen sind Lichtträger, nicht weil sie in sich selbst Licht tragen, wie dies üblicherweise verstanden wird, sondern weil sie breitere Wege von dem, was in ihnen existiert, hin zur Quelle öffnen und es dem Licht ermöglichen, sich gleichzeitig hin und her zu bewegen. Wenn wir nun mit unseren Ausführungen über Farben zum Ende kommen, schlagen wir euch vor, eure Vorstellungskraft zu verwenden und mehr Zeit damit zu verbringen, über die Erkenntnisse nachzudenken, die wir euch über Farben mitgeteilt haben und diese zu visualisieren. Lernt, Farben in eurem täglichen Leben zu genießen und zu verwenden. Je mehr ihr deren Kraft erkennt, umso mehr könnt ihr eure eigene Realität erschaffen!

15

ZYKLEN, MUSTER UND ENTSCHEIDUNGEN

Wenn die Menschen mit ihrem physischen Körper aufsteigen, müssen dysfunktionale Muster aufgelöst sein. Das Rad des Karmas läuft weiter, denn die Menschen werden von ihrem emotionalen Zustand und ihren Ängsten abgelenkt; sie vergessen, warum sie hier sind und suchen Sicherheit und Bequemlichkeit, anstatt das zu korrigieren, was in ihnen selbst im Ungleichgewicht ist. Sie versinken auch zu sehr in den angenehmen Empfindungen ihres physischen Körpers. Die Menschen verlieren den Mut, sie verlieren ihr Herz, sie erhöhen die Angstschwingung, wenn sie ihre Überzeugungen mit jenen des kollektiven Bewusstseins verbinden, das sich zum großen Teil in Angst, Negativität und Hoffnungslosigkeit befindet. Reaktive Muster werden aufgebaut und die Menschen fokussieren sich dann darauf, wie sie ihre Emotionen durch angenehme Empfindungen oder Ablenkungen besänftigen können oder wie sie mit Gedanken wie: „Das ist mein Glaube und daran halte ich fest" ihre Überzeugungen aufrechterhalten können. An dysfunktionalen Überzeugungen und Verhaltensmustern festzuhalten, ist exakt die Definition vom Rad des Karma. Da ihr Menschen in der Dualität lebt, erfahrt ihr Zyklen, zyklische Muster in allem. Doch diese Zyklen müssen nicht schwierig sein. Die meisten von euch nehmen an, die Dinge seien toll auf dem Höhepunkt des Zyklus und schrecklich am Tiefpunkt des Zyklus. Diese Annahme, dieser Glaube ist falsch.

Wenn ihr Zyklen erlebt, ist es besser zu verstehen, dass ihr an manchen Tagen vollkommen im Fluss seid und euch an anderen Tagen selbst wieder ins Gleichgewicht bringen, euch ausruhen und neu formieren müsst, weil ihr aus dem Fluss gekommen seid. Die Menschen sind in Zyklen und Mustern gefangen, die auf Angst basieren; in solchen Zyklen von Bequemlichkeit und Leugnung zu verweilen, bekräftigt nur noch eure Ängste. Ruht euch aus, wenn ihr das Gefühl habt, nicht synchron zu sein oder aus dem Gleichgewicht. Es ist wichtig, sich dann die Zeit zu nehmen, wenn es nötig ist, nicht später. Wenn die Menschen voller Absicht beginnen, ihre Schatten und die Emotionen, denen sie eine Bedeutung beigemessen haben, zu klären, dann beginnen die Muster, die euch von einem Leben zum nächsten in dysfunktionalen Überzeugungen gefangen gehalten haben, zu zerbrechen, denn ihr macht euch von ihnen los.

Emotionale Wutausbrüche können recht positiv sein, um Überzeugungen aufzulösen und zu vertreiben; Überzeugungen, die im Unterbewusstsein aus euren vergangenen / parallelen Leben aufrechterhalten worden sind, jedoch nicht länger von Nutzen sind. Wenn Emotionen entstehen, könnt ihr euch vorstellen, wie euer Unterbewusstsein wie ein riesiger Staubsauger agiert und die negativen Dinge herauszieht, die in Relation zu euren fehlerhaften Überzeugungen überprüft werden müssen. Diese Herangehensweise durchbricht die Muster, welche die Menschen festhalten.

Ihr sagt uns also, dass unbequeme emotionale Zustände genau das Werkzeug sind, das wir brauchen, um uns selbst zu klären, damit wir uns an unsere Göttlichkeit und Verbindung zur Quelle wieder erinnern.

Ja, doch emotionale Zustände waren niemals dazu gedacht, euer Verhalten zu bestimmen. Sie sind einfach nur Wegweiser, die euch auf höhere und bewusstere Gedanken hinweisen, damit ihr in eurem Leben bessere Entscheidungen trefft. Es ist hilfreich, in eurem Denken weniger Annahmen zu treffen, denn es sind eure Annahmen, die euch oft Leid verursachen. Annahmen und Glaubenssysteme sind der Grund, warum ihr in alten Mustern hängen bleibt. Annahmen und Überzeugungen führen den Kreislauf des kollektiven Bewusstseins fort, durch den eine Realität erschaffen wird, die für euch und die ganze Menschheit nicht besonders geeignet ist.

Ist eine Vermutung eine höfliche Formulierung für ein Urteil?

Es hängt damit zusammen, ist aber nicht dasselbe. Vermutungen sind tieferliegende Glaubenssysteme, die zum Urteil führen. Ein Urteil ist härter und mit mehr Emotionen erfüllt als Vermutungen. Während Urteile nicht mit Vermutungen gleichzusetzen sind, stammen sie doch von Vermutungen. Betrachtet eure Emotionen und ihr werdet verstehen, ob ihr Urteile fällt oder ob ihr die Welt einfach als das erkennt, was sie ist. Wenn dabei große Emotionen eine Rolle spielen, dann könnt ihr ganz sicher sein, dass Glaubenssysteme, Vermutungen und Urteile vorhanden sind. Liebe ist frei von Vermutungen. Angst ist erfüllt davon. Trennung ist wertend. Einheit ist ohne Wertung. Einssein, Einheit, Friede, Harmonie, Leichtigkeit und Liebe sind unterschiedliche Formulierungen, um dasselbe zu sagen. Du, Cullen, hast einen Lieblingssatz geprägt:

„Wenn du in einem Zustand des Mitgefühls bist, kannst du nicht bereit zu einer Reaktion sein. Wenn du bereit zu einer Reaktion bist, kannst du nicht in einem Zustand des Mitgefühls sein.“

Diese Wahrheit, die du entdeckt hast, hat sehr viel damit zu tun, was wir meinen, wenn wir sagen: „Vermutungen, Urteile und Trennung sind nicht der gleiche Zustand wie Liebe, Einssein und Einheit“. Ihr könnt nicht in beiden Zuständen gleichzeitig sein. Wir stellen aus unserer Perspektive fest, dass die Menschen sich dafür entscheiden, immer wieder in Zyklen zu leiden, in denen sie Vermutungen treffen, urteilen, mit Emotionen reagieren und ihre Glaubenssysteme füttern. Die Menschen weigern sich, ihre Gedanken zu beobachten, wenn sie Emotionen erleben. Nachdem sie die Emotion erlebt haben, weigern sie sich fortwährend, die Entscheidung zu treffen, sich von ihren emotionalen Zuständen zu lösen und sich für Gedanken des Mitgefühls und der Liebe zu entscheiden. Sie verlängern die

Emotionen und füttern sie durch ihre Gedanken und Überzeugungen, anstatt sie einfach abzutrennen und zu sagen: „Das ist unverhältnismäßig. Ich werde darauf zurückkommen und es überprüfen, wenn ich meine Emotionen beruhigt habe.“ Die Menschen treffen normalerweise sehr armselige Entscheidungen, wenn sie in diesem Muster sind und daher erhalten sie einen destruktiven Zyklus der Trennung aufrecht. Wir beobachten den Mangel an Mitgefühl, wenn sich viele Menschen in ihren Beziehungen von der Liebe entfernen und sich aufgrund destruktiver emotionaler Zyklen, Urteile und Überzeugungen hin zur Trennung bewegen. Sie wenden sich von der Liebe ab und entscheiden sich dafür zu urteilen und emotional zu reagieren, anstatt sich mit mitfühlenden Gedanken zu beschäftigen.

Die meisten Tiere wissen, dass sie ihren eigenen Garten nicht verschmutzen sollen, doch die Menschen verunreinigen fortwährend ihr Umfeld, indem sie ihren eigenen emotionalen Müll in ihren Garten werfen und dadurch immer mehr Trennung verursachen. Es ist nicht nötig, so sehr zu leiden. Es scheint so, als würden die meisten Menschen immer wieder die vertrauten reaktiven emotionalen Zustände wählen, anstatt voller Mitgefühl zu denken und sich zu *weigern* zu reagieren. Ihr könnt diesen Zyklus durchbrechen, indem ihr euch ganz einfach von euren Emotionen abtrennt und erkennt, dass Emotionen *nur* da sind, um euch zu zeigen, dass sich etwas nicht mehr im Gleichgewicht befindet und ihr euch verändern müsst. Erinnert euch, wir haben euch darauf hingewiesen, eure Emotionen nur als Hinweis zu nutzen und nicht als einen Zustand, in dem ihr euch suhlt. Emotionen sind eigentlich Gelegenheiten, euch für bessere Gedanken zu entscheiden, um eure Realität verändern zu können. Sie mit Gedanken zu füttern, die auf zwar fehlerhaften, doch vertrauen Glaubensmustern basieren, verschlimmert den Zyklus nur noch.

Es ist weiser, Emotionen als ein Messgerät für ein Ungleichgewicht zu nutzen, als ein Signal, dass eine Überzeugung oder ein Muster durchbrochen werden muss, anstatt als Entschuldigung dafür, auf schädigende Weise zu reagieren.

Wir Menschen leben in einem Kreislauf von Mustern, die Dramen erschaffen, ohne zu verstehen, dass wir durch eine einfache Entscheidung das destruktive Muster durchbrechen können. Wir müssen Veränderungen durchführen, indem wir unsere Fähigkeit zur Entscheidung einsetzen, um das Leben in diesem Kreislauf aus Dramen zu beenden.

Ja, wir wissen das. Wenn ihr also „eure Emotionen anstoßt", anstatt euren Zeh, dann leidet ihr in eurem gesamten Wesen. Euer Körper leidet; eure mentalen Gedanken werden zügellos und wild und fangen euch und verstärken den gleichen alten Kreislauf. Es könnte eine gute Idee sein, zu lernen vorsichtiger zu sein, wenn ihr emotional werdet. Wenn Situationen dabei sind, aus dem Ruder zu laufen und unverhältnismäßig zu werden und ihr euch emotional fühlt, solltet ihr nach einer einfachen Richtlinie suchen, um euch daran zu erinnern, dass sich euch ein Glaubenssystem präsentiert, das es zu klären gilt und ein Muster darum bittet, durchbrochen zu werden. Könntet ihr mit euch selbst und anderen mitfühlender sein, wenn ihr eine andere Wahl trefft? Seid ihr weise genug, um die Kraft dessen zu erkennen, was ihr durch eure eigenen Gedanken erschafft und wie ihr sie mit euren Gedanken und Worten noch schürt?

Wenn ihr euren Emotionen erlaubt, eure Gedanken zu kontrollieren, dann macht ihr euch genau an der Realität fest, die euch ein solches emotionales Unbehagen beschert. Es ist eure Entscheidung, das Muster zu durchbrechen. Es ist eure Entscheidung, eure Gedanken so zu trainieren, dass sie aus Mitgefühl entstehen, anstatt auf alles zu reagieren, was euch über den Weg läuft. Es liegt an euch, und die Kraft eurer Entscheidungen wird die ganze Menschheit beeinflussen, denn ihr erschafft die neue Realität mit. Wir raten euch, eine gute Wahl zu treffen. Ihr könnt euch nicht in Richtung Liebe, Einssein und Einheit bewegen und den Zyklus der Trennung aufrechterhalten, indem ihr euch an vertraute Vermutungen, Urteile, Überzeugungen und alte Verhaltensmuster hängt.

Das ist eine sehr gute Erklärung dafür, was Menschen tun; sobald dies geschehen ist, verpassen wir Menschen den Moment, an dem es an der Zeit ist, damit aufzuhören. Stattdessen hängen wir uns an Leid, Sorgen, Negativität und unsere schlechteren Entscheidungen. Auch wenn ihr von eurem Wesen her nicht wertend seid, gibt es etwas, das euch beim Umgang mit menschlichen Fehlern und menschlicher Ignoranz ermüdet?

Nein, unsere Liebe ist zu groß dafür. Wir werden eurer niemals müde. Wir werden niemals müde, euch zu unterstützen, euch zu helfen, euch zu lieben und mit euch zu kommunizieren. Und vergesst nicht, wir selbst haben auch den Prozess unseres eigenen evolutionären Wachstums durchlaufen. Wie sollten wir also jemals dessen müde werden? Das wäre unmöglich. Wir empfinden nur großes Mitgefühl für das menschliche Leid, Freude über eure Fähigkeiten und euer Wachstum und ein Gefühl der Kameradschaft, wenn wir zusammenarbeiten. Wir sind eins, Cullen. Wir führen euch hin zur Einheit. Durch die Dunkelheit und die Ängste machen Menschen den Fehler, sich immer mehr zur Trennung hin zu bewegen. Wenn ihr Menschen euch von der Trennung hin zur Einheit bewegt, dann findet ihr euch wieder und ihr erkennt, dass wir immer präsent sind. Einheit. Wir sind hier, weil wir uns dafür entschieden haben, jenen zu dienen, die zuhören und sich weiterentwickeln möchten.

Könnt ihr die Rolle von Fehlern ansprechen, die wir machen, wenn wir lernen, Muster und Zyklen zu durchbrechen?

Fehler sind Handlungen, Gedanken und Worte, die aus Angst entstehen. Handlungen, Gedanken und Worte, die aus Liebe entstehen, sind niemals Fehler. Sie führen euch vielleicht nicht dorthin, wo ihr es erwartet; doch da sie durch die Liebe entstanden sind, werden sie im universellen kosmischen Verständnis als Forschungen betrachtet und nicht als Fehler. Fehler entstehen nur aus Angst. Einer der häufigsten Fehler, den die Menschen durch Entscheidungen machen, die auf Angst basieren, ist, die Liebe zurückzuweisen, entweder weil sie nicht glauben, dass sie es wert sind geliebt zu werden oder weil sie nicht glauben, dass die Liebe real ist. Diese Fehler verursachen weitere Trennung und entfernen euch von der Beziehung. Die Selbstverurteilung, die aus Angst entsteht, ist ein Fehler, der damit zusammenhängt.

Gedanken, die Gefühle ausdrücken, dass ihr falsch seid, fehlerhaft, unfähig, verurteilt oder unerfüllt, entfernen euch von eurer Göttlichkeit. Die Menschen verurteilen sich für Fehler, wenn sie keine Fehler machen; sie lernen, durchbrechen Muster und bewegen sich vorwärts. So wie einer eurer Freunde euch einmal sagte: „Die Menschen lernen mehr aus ihren Fehlern als aus ihren Erfolgen.“ Wir stimmen dem zu und haben das Gefühl, dass ihr viel aus Fehlern lernt, wenn ihr euch die Lektionen ernsthaft zu Herzen nehmt. Eines, was ihr aus jedem Fehler lernen könnt, ist, wie Angst euch dazu brachte, diese Entscheidung zu treffen. Erkennt, wie eure eigenen positiven Emotionen euch dazu bringen, Entscheidungen aus der Liebe heraus zu treffen, anstatt aus der Angst, damit ihr immer weniger Fehler macht und mehr Entscheidungen aus der Liebe trefft.

Ein weiterer häufiger menschlicher Fehler ist, in das Gefühl der Machtlosigkeit zu fallen, in dem ihr euch machtlos fühlt, eure Umstände zu verändern. Ihr verfügt über große Macht, eine andere Realität zu erschaffen, wenn ihr erkennt, dass Liebe das Einzige ist, was es gibt. Menschliche Ängste und Emotionen vermitteln den Menschen das Gefühl, nicht sie selbst sein zu können und dennoch geliebt zu werden und somit machen Menschen Fehler, die auf Angst basieren, indem sie sich in ihrem eigenen Leben machtlos fühlen. Wenn ihr lernt, eure Macht zu steuern und sie mit eurem Herzen zu verbinden, dann werdet ihr feststellen, dass ihr euch in euch selbst viel wohler fühlt und wenn ihr euch wohler fühlt, werdet ihr auch andere Menschen angenehmer empfinden. Die Macht der Liebe ist verbunden mit dem Vertrauen und das Vertrauen ist damit verbunden, auf euren ersten Sinn zu achten, der eure Gedanken in eine positive Richtung lenkt. Wir sagen es euch noch einmal, wenn ihr euren Emotionen und eurer Angst erlaubt, eure Gedanken zu lenken, dann verliert ihr eure Macht. Eure Macht kommt aus der Liebe und aus dem

Vertrauen, aus dem heraus wisst ihr, dass ihr auf göttliche Weise mit der Quelle verbunden und Teil von ihr seid. Die meisten Menschen verstehen ihre wahre Macht nicht; sie bringen nur wenige der Erfahrungen, in denen sie sich machtvoll fühlen, mit der Liebe in Verbindung. Sie erleben Macht eher wie Sonnenflecken, in Wellen. Bum. Explosion. Flatterhaft. Machtvolle Aussagen. Machtvoller Klang der Stimme. Worte, die nur mit Macht gesprochen werden und nicht mit Liebe werden durch fehlerhafte Gedanken und Überzeugungen angetrieben. Lernt, eure Macht zu regulieren, indem ihr sie mit eurem Herzen verbindet. Die einzig wahre Macht lebt im Herzen; es ist die Macht der Liebe. Ihr Menschen schafft es nicht, zu erkennen, dass eure Entscheidungen Macht haben. Ihr habt immer die Wahl, wie ihr denkt und mit euren Emotionen umgeht. Wenn ihr diese Entscheidungen aus Mustern der Angst und Trennung heraus trefft, dann werdet ihr die Macht in eurem Leben weiterhin auf negative Weise erleben. Wenn ihr eure Entscheidungen aus dem Mitgefühl und der Liebe heraus trefft, dann werdet ihr erleben, wie die Macht der Liebe eine Realität erzeugt, die euch in dem unterstützt, wer ihr wirklich seid. Wir haben euch wiederholt gesagt, dass ihr euch eure eigene Realität durch eure Gedanken erschafft und damit, wie ihr diese Gedanken mit euren Emotionen antreibt.

Die Menschen haben die Macht, ihr Denken aus der gewohnten Spur zu bringen, bessere Entscheidungen zu treffen und einander zu erreichen. Mit solch einer Macht der Entscheidung und der Macht der Liebe, die euch unterstützt, erstaunt es uns, dass ihr weiterhin den *schwierigen* Pfad wählt. Ihr wählt weiterhin vertraute Muster und Überzeugungen und denkt, dass sie euch vor euren Ängsten bewahren. Ihr hängt euch weiterhin an eure Vermutungen, eure Überzeugungen und Urteile, selbst wenn es offensichtlich ist, dass es euch unglücklich macht, wenn ihr euch an diese Vorstellungen hängt. Vertrautheit hat eine magnetische Anziehungskraft auf die Menschen, selbst wenn sie schädlich ist. Selbst wenn ihr immer wieder erkennt, dass euch die gleichen Muster keine Erleichterung bringen, entscheidet ihr euch weiterhin dafür, in euren vertrauten Mustern zu reagieren. Wir sind hier, um euch dabei zu helfen, diese Muster zu durchbrechen. Es muss keine Vermutungen und Urteile geben. Wenn ihr lernt, eure Emotionen als Signale zu erkennen, anstatt ihnen zu erlauben, eure Gedanken mit Energie zu versorgen, dann werdet ihr beginnen, die Muster die euch festhalten zu erkennen.

Lasst eure Vermutungen und Urteile los. Seid klar, direkt und liebevoll. Dadurch übt ihr eure Macht, eine bessere Realität zu erschaffen; das ist eine gute Entscheidung. Cullen, du hast kürzlich den Beginn dessen erlebt, was ihr Menschen als „schlechte Laune" bezeichnet und wir haben beobachtet, wie du dich selbst davon abgelenkt hast, indem du eine andere Wahl getroffen hast. Würdest du uns bitte mitteilen, wie du es geschafft hast, damit wir dies in unsere Lehren für andere Menschen mit aufnehmen können?

Ich erkannte, dass sich etwas veränderte; etwas war anders, als ich aufwachte. Als ich diese Veränderung fühlte, habe ich sie betrachtet und sagte mir ganz einfach: „Irgendetwas bewegt sich hier; hier ist etwas, das ich nicht verstehe, doch ich fühle und weiß, dass es nichts Glückliches ist, nichts Freudvolles und ganz gewiss nichts Förderliches für mich". Ich schaute es einfach an und sagte: „Hm, ich werde mich nirgendwohin begeben, wo ich nicht sein möchte. Ich werde ganz einfach die Kontrolle über meine Gefühle übernehmen und mich wieder gut fühlen." Es war ein Prozess anzuerkennen, dass da etwas war, dem ich mich zuwenden und wofür ich mich bewusst entscheiden sollte, es durchzustehen, ohne die Emotionen mit negativen Gedanken zu füttern. Es hört sich einfach an, doch es war viel schwieriger.

Ja, wir verstehen die menschliche Schwierigkeit. Doch deine einfache Erklärung kann anderen Menschen als Hilfe dienen, denn die meisten Menschen, so scheint es, haben gelegentlich schlechte Laune. Wir interessieren uns für die Verbindung zwischen dem Erkennen des emotionalen Zustandes und den Gedankenmustern, die entstehen, sobald ein emotionaler Zustand erkannt wird.

Ich war in der Lage, diesen Zustand so intensiv wie ich konnte zu erkennen und zu fühlen, bevor ich ihm emotionale und physische Nahrung gab. Ich begann mit dem, womit ihr uns geholfen habt, nämlich auf realistische Weise die Möglichkeit zu erkennen, durch unsere Gedanken unsere Realität durch die Veränderung unseres emotionalen Zustandes zu verändern.

Das ist hervorragend. Du hast die Prinzipien und die Werkzeuge angewandt, die wir euch gegeben haben und du hast sie gut bei dir selbst eingesetzt. Es ist eine Forschungsreise für uns, die Kreisläufe menschlicher Dynamik zu verstehen. Was würdet ihr anderen Menschen raten, um sich von den negativen Gedankenmustern und emotionalen Mustern zu befreien?

Wenn ein Mensch genau erkennt, wann eine Veränderung eintritt, dann ist es an der Zeit, eine andere Entscheidung zu treffen. Wenn wir uns nicht unverzüglich entscheiden, ist es zu spät. Wenn wir uns nicht sofort entscheiden, bewegen wir uns hinein in eine vertraute, unerwünschte emotionale Reaktion und negative Gedanken, bevor wir erkennen, dass wir uns in diese Richtung bewegt haben.

Wir denken, es ist äußerst hilfreich, dies von einem menschlichen Standpunkt aus mitzuteilen und nicht von unserem plejadischen Standpunkt aus. Jeder Mensch muss sich darin üben, ein neues Muster zu erlernen, wie man sich ganz schnell dafür entscheidet, etwas anders zu machen. Eine Möglichkeit für eine neue Entscheidung besteht darin zu sagen: „Das ist ein altes Muster. Ich muss eine andere Entscheidung treffen, was ich darüber denke."

Schritte, um den Menschen beim Lernen zu helfen, könnten sein:

1. Zu erkennen, dass sich etwas Physiologisches verändert.
2. Zu erkennen, dass sich der emotionale Zustand verändert.

3. Eure Gedanken ganz bewusst und absichtsvoll zu wählen, um alte Muster und Gewohnheiten zu durchbrechen.

Wir müssen anderen Menschen dabei helfen, zu verstehen, dass sie sofort handeln müssen, sobald sie ein negatives Gefühl haben. Der einzige Weg, ein altes, schützendes Muster zu durchbrechen, ist eine sofortige Entscheidung zu treffen, anders zu reagieren. Es ist ein Weg, etwas bereits im Keim zu ersticken, die Eskalation eines physischen oder emotionalen Problems zu verhindern. Wir müssen die Menschen lehren, dass, sobald sie auch nur den leisesten Hauch davon erkennen, dass sie kurz davor sind, abzustürzen und in sich zusammenfallen, sich in eine nach unten gerichtete physiologische oder emotionale Falle zu bewegen, sie versuchen müssen, dies sofort zu korrigieren.

Ihr meint also, dass wir als Teammitglieder den menschlichen Wesen beibringen müssen, ihre Entscheidungen zu treffen. Aufgrund ihrer Ängste und alten Muster haben sie das Gefühl, keine Wahl zu haben. Gemeinsam müssen wir sie lehren, wie sie ihre Absicht fokussieren sollten, damit sie verstehen, dass sie eine Wahl haben und sofort entsprechend handeln müssen.

Es scheint, als wäre dies der einzige Mechanismus, der hilft, denn wir sind solche Gewohnheitstiere und hängen an dem fest, was wir wissen. Sobald wir beginnen, diesen rutschigen Abhang hinunterzugleiten, ist es sehr schwer, die Muster unserer Handlungen und Reaktionen zu durchbrechen. Diese Wahl so schnell wie möglich zu treffen und zu wissen, dass es eine Wahl gibt, ist wichtig, denn die Menschen glauben oft, ob sie depressiv sind oder nicht, dass sie hilflos wären und keine Wahl hätten. Beim Lehren denke ich, ist es am besten zu sagen: „Ja, es gibt eine Wahl und je schneller ihr die Wahl trefft, umso eher verhindert ihr diese Abwärtsspirale." Es hört sich wirklich einfach an, doch nichts scheint schwieriger zu sein als das. Es bedeutet, Entscheidungen mit Absicht zu treffen.

Damit die Menschen gesund und ganz sein können, müssen Zyklen und Muster durchbrochen werden. Ihr müsst über euer Verständnis dessen, was real ist, hinausgehen und neugierig darauf sein, was geschieht, wenn ihr die Dinge anders macht. Durchbrecht alle Muster und Zyklen, die euch gefangen halten. Reißt euch los. So einfach ist es. Durch das Durchbrechen der alten Muster und das Erforschen der Dinge auf andere Weise, ermöglicht ihr neue Energie und neue Erkenntnisse. Seid neugierig auf das, was geschehen könnte, wenn ihr alte Gewohnheiten durchbrecht oder die Art und Weise verändert, wie ihr Dinge tut.

Es gibt ein altes Sprichwort, das besagt, dass die Definition von mentaler Krankheit darin besteht, immer und immer wieder dasselbe zu tun und ein anderes Ergebnis zu erwarten. Wir könnten es so formulieren, wenn wir uns mit dem gewohnten Verhalten beschäftigen, ob dies auf Angst basiert oder auf sozialem Gebiet, wenn wir dasselbe immer und immer wieder tun und ein anderes Ergebnis erwarten, dann wird dies ganz einfach nicht geschehen. Es hängt von uns ab, eine andere Wahl zu treffen und es anders zu machen.

Es ist die Wahl eines jeden Menschen, wie er sein Leben erschafft und die erschaffene Realität hängt von dem ab, was jeder von euch durch seine Gedanken und Glaubenssysteme beabsichtigt. Das ist eine Gelegenheit für jeden Menschen. Und während jeder von euch die Auswirkungen dessen erlebt, was durch das kollektive Bewusstsein beabsichtigt wird, könnt ihr niemand anderen verändern. Ihr könnt die Muster und Glaubenssysteme eines anderen Menschen nicht verändern. Jeder Mensch hat die Wahl, dies selbst zu tun und wenn jeder Mensch positive, liebevolle Entscheidungen trifft, dann beeinflusst jede einzelne Entscheidung das ganze kollektive Bewusstsein dahingehend, wie diese Entscheidungen neue Seinsweisen manifestieren. Wählt also ganz bewusst. Wählt die Liebe.

16
HEILUNG

Ihr habt uns gelehrt, wie wichtig unser Körper ist, um hier auf der Erde verankert zu bleiben und um unseren Geist und unsere Seele vor Ort zu halten, um das tun zu können, wozu wir hier sind. Wir wissen, wir müssen das ehren. Wir müssen unseren Körper spüren lassen, wie wichtig er ist und dass wir mit ihm zusammenarbeiten. Was könnt ihr uns über Heilung sagen?

Es ist sehr schön zu hören, dass ihr wisst, dass ihr euren Körper ehren müsst. Die Menschen können die Heilung und Entwicklung ihres Körpers unterstützen, indem sie auf die Bedürfnisse ihres Körpers hören. Legt fest, wo und wann der beste Ort und die beste Zeit ist, um euch auszuruhen und wann und welche Nahrung die beste für euch ist, indem ihr euch mit eurem Körperbewusstsein verbindet, anstatt Entscheidungen aus der Gewohnheit oder aus den Gedanken heraus zu treffen, was ihr meint, tun zu müssen. Lernt, auf euren Körper zu hören und gebt ihm, was er braucht. Vermehrt heilsame Gedanken, damit sie die Lücke schließen zwischen dem, was sich als Ungleichgewicht zum Ausdruck bringt und dem, was auf eurem Weg in Richtung eures zukünftigen gesunden Selbst möglich ist.

Diese Art des Zuhörens und absichtsvolle Gedanken werden sich als äußerst hilfreich für euch erweisen, denn die Menschen neigen dazu, sich um ihre Gesundheit Sorgen zu machen und um die Gesundheit der Menschen, die ihnen nahe stehen. Es ist hilfreicher, eure Sorgen umzuleiten, indem ihr heilende Energien einladet, die notwendigen

Veränderungen durchführt und der Fähigkeit eures Körpers vertraut, sich selbst zu heilen, anstatt eure Gedanken auf das zu konzentrieren, was falsch laufen könnte. Wir möchten den Menschen diese Techniken der Selbstheilung lehren, damit sie sich selbst heilen können. Es wird einfacher und leichter werden, euch zu heilen, wenn ihr jedes Mal, wenn ihr in ein Ungleichgewicht kommt, das übt, was wir euch lehren. Eine Haltung der Liebe und des Vertrauens zu bewahren und eure Gedanken mit Absicht zu fokussieren, ist äußerst dienlich, um ein Ungleichgewicht zu korrigieren und euch in Richtung Gesundheit zu bewegen.

Die Menschen können dies bei sich selbst üben und auch miteinander. Alle Menschen haben die Fähigkeit, sich selbst zu heilen und die Heilung anderer Menschen zu unterstützen. Heilung ist eine Partnerschaft. Die Person, die heilende Unterstützung erhält, muss ihren Teil dazu beitragen, indem sie mit ihren eigenen Emotionen und Überzeugungen arbeitet, um nicht die unterstützende Energie zu blockieren, die ihr von ihrem Partner bei der Heilung zur Verfügung gestellt wird. Übt euch in Partnerschaft.

Wie lernen wir das?

Durch Üben und Zuhören. Beginnt damit, auf euren Körper zu hören und lernt dann, dem Körper anderer Menschen zuzuhören. Interagiert täglich ganz bewusst mit eurem Körper, öffnet eure Kommunikationsfähigkeiten und entschuldigt euch dafür, dass ihr ihm nicht schon früher zugehört habt.

Ist es Teil dessen, im Fluss zu sein, wenn man sich einer entstehenden Krankheit hingibt?

Krankheit ist ein menschlicher Begriff. Ungleichgewicht ist zutreffender. Ihr müsst aufhören, euch selbst für krank zu halten. Denkt stattdessen an ein Ungleichgewicht und vertraut darauf, dass euer Körper weiß, wie er es korrigieren kann, denn der Körper *weiß*, wie man *jedes* Ungleichgewicht wieder korrigiert und wird dies tun, wenn er die Unterstützung und

Aufmerksamkeit erhält, die er benötigt. Um eure Frage zu beantworten: Lernt, besser auf euren Körper zu hören, durchbrecht schädliche Muster und führt *umgehend* die Korrekturen durch, so wie euer Körper euch anleitet; dies ist Teil dessen, was ihr aushalten müsst. Es ist jetzt äußerst wichtig, euch um euren Körper zu kümmern. Die Menschen missbrauchen ihren Körper häufig, treiben sich selbst an, um über ihre Grenzen hinaus zu arbeiten oder stopfen ihn voll mit Lebensmitteln und Getränken, von denen sie glauben, sie würden den Körper beruhigen, wenn dieser meldet: „Ich schaff das nicht."

Euer Körper muss sich zu sehr quälen, indem er dazu gezwungen wird, Dinge zu verarbeiten, von denen ihr glaubt, dass sie euch emotionalen Trost bringen oder indem er angetrieben wird, wie ein Sklave zu arbeiten, anstatt auf seine Bedürfnisse nach Erholung, frischer Luft, Sport, Ernährung und natürlich sauberem und reinem Wasser zu hören. Es ist wichtig, nur Nahrungsmittel zu euch zu nehmen, die dienlich sind. Und es ist gut, leichtere und einfacher zu verdauende Nahrungsmittel, die mehr Nährwert für euch haben, so wie Früchte und Gemüse, zu essen. Lasst euren Glauben los, gewisse Nahrungsmittel würden euch emotional trösten und hört auf das, was euer Körper *wirklich* möchte und braucht, anstatt auf das, wozu euch eure Gewohnheiten verleiten.

Die Menschen müssen mit dem umgehen, was sie als Realität ihrer vergangenen Gedankenformen, der physischen Vernachlässigung und dem Missbrauch des Körpers in die Manifestation gerufen haben. Die Menschen erlauben ihrem Geist oft zu entscheiden, was notwendig ist und wie weit ihr Körper vorangetrieben werden kann, so als wäre der Körper der Sklave des Geistes. Da die Menschen Gedankenformen wie „Ich bin zu dick" oder „Ich mag meinen Körper nicht" angesammelt haben, vermehren sich diese selbstsüchtigen, respektlosen, schädlichen und süchtig machenden Gedankenformen, denn euer Körper hört auf all eure Gedanken und manifestiert, was ihr denkt. Ihr müsst jetzt ganz besonders vorsichtig mit euren Gedanken über euren Körper sein, denn das, was ihr denkt, manifestiert sich viel schneller als jemals zuvor. Wenn ihr *denkt*, dass ihr aufgrund emotionaler oder physischer Herausforderungen nicht hier sein möchtet, dann wird der Körper euch durch die eine oder andere Krankheit zwingen.

Die Funktionsfähigkeit eures Körpers wird durch die Botschaften beeinflusst, die ihr durch eure Gedanken versendet. Ihr müsst euch danach sehnen, hier vollkommen in gesunder Form zu sein und eurem Körper dafür danken, dass er euch eine Möglichkeit bietet, euch durch euer Leben zu bewegen. Das ist eure Aufgabe, in Partnerschaft mit eurem wundervollen Körper zu arbeiten, damit ihr die höhere Schwingung der Gesundheit erschaffen könnt, die eurem Körper hilft, sich immer mehr eurer ätherischen Form und dem Aufstieg anzunähern. Widersprüchliche negative Botschaften verursachen physisches Unbehagen, Ungleichgewicht und Disharmonie, was wiederum unvermeidbar zu der einvernehmlichen Realität von Krankheit führt und oft letztendlich zum Tod. Das Maß an Ignoranz in den Menschen im Hinblick auf die Kommunikation mit dem Körper schränkt einige eurer Heilmöglichkeiten ein. Wir sagen euch, je mehr ihr mit Freundlichkeit und Liebe mit dem Wasser eurer eigenen Zellen kommuniziert, umso mehr hilft euch euer Körper dabei, Weisheit und Wissen zu erlangen, um euch selbst von allem Ungleichgewicht zu heilen.

Wenn ihr eurem Körper in Partnerschaft gute Gedanken sendet, erleichtert dies die Heilung und Aufrechterhaltung der Gesundheit sowie auch die mögliche Regeneration, die die Ungleichgewichte umkehrt. Auch wenn die „Zeit" das eingeholt hat, was ihr aus vorherigen Gedanken manifestiert, solltet ihr wissen, dass ihr ganz einfach das Ungleichgewicht und angesammelte Muster entfernen könnt, sobald ihr die Kraft, die ihr in euch tragt, vollkommen versteht und beginnt, sie in jedem Augenblick einzusetzen. Erinnert euch, Zeit existiert nicht. Ihr könnt also Muster aus der Vergangenheit entfernen, indem ihr zurückreist und sie korrigiert. Heilung *kann* von einem Augenblick zum nächsten geschehen. Es ist *möglich*, doch noch nicht viele Menschen haben die Stufe erreicht, zu verstehen, wie sie dies tun können.

Der Mann, den ihr Jesus nennt und der Mann, der Sai Baba genannt wird, verstanden, wie man Gesundheit manifestiert, indem sie alte Muster durch die Zeit bewegten und eine andere Realität in der Gegenwart manifestierten. Um dies zu können, müsst ihr beständig eure Gedanken überwachen, damit ihr auf eure eigene Macht zugreifen könnt, um durch die Kraft der Liebe zu heilen und ihr müsst euren Körper beständig mit dem versorgen, was er in jedem Augenblick benötigt. Konstante hingebungsvolle Wertschätzung, Respekt, Liebe und Harmonie mit eurem Körper werden es euch ermöglichen, viel schneller dorthin zu gelangen, wo sofortige Heilung möglich ist. Verknüpft das, was wir euch über Absicht, Vertrauen, „Zeit" und Liebe gelehrt haben.

Hört auf, an Muster zu glauben, die in der Vergangenheit festgelegt worden sind. Diese Muster und alten Paradigmen halten die Menschen durch ein veraltetes Verständnis zurück. Die gegenwärtige medizinische Wissenschaft entfernt euch Menschen weiterhin von dem Wissen, dass ihr euch durch die Weisheit eures Körpers selbst heilen könnt und euer Körper dafür zuständig ist. Die Menschen glauben oft, dass ein anderer ihnen helfen kann, sich besser zu fühlen, anstatt von sich aus die Initiative zu ergreifen, um ein Problem zu korrigieren. Die Menschen müssen lernen darauf zu vertrauen, dass sie in sich die Kraft haben, sich selbst besser fühlen zu lassen. Die medizinischen Hochschulen lehren den angehenden Ärzten, sie seien dafür zuständig. Sie sind es nicht und sie waren es auch niemals wirklich.

Gute Ärzte unterstützen den Heilungsprozess mit den ihnen zur Verfügung stehenden Mitteln und dann treten sie zurück und beobachten, wie der Körper das Wunder der Heilung vollzieht. Ihr müsst verstehen, dass ihr eure „schlechte Ausbildung" korrigieren und die Verantwortung dafür übernehmen müsst, euch selbst zu heilen. Es liegt an euch, die Muster zu durchbrechen. Das ist nicht so schwierig. Es erfordert einfach konstante, beständige Aufmerksamkeit und Absicht. Wenn ihr nicht so schnell ins Gleichgewicht kommt, wie ihr dies wünscht, könnt ihr *zeitweilig* von jemandem außerhalb unterstützt werden, der versteht, wie man euer System unterstützen kann. Übt euch im Vertrauen zu euch selbst, doch seid nicht stur, wenn ihr Unterstützung braucht.

Lernt, euch eurer Sache sicher zu sein und kompetent, dass ihr in euch die Kraft habt, eure eigene Gesundheit mit zu erschaffen. Sprecht zu eurem Körper; ruft die Macht der Liebe und die Macht der Gnade an, um die notwendigen Veränderungen zu bewirken. Wenn ihr zu Bett geht, dann beruhigt und achtet euren Körper. Sagt eurem Körper, dass ihr nicht die Absicht hattet, ihm zu schaden und dass es euch leid tut, was er erleben musste, weil ihr unbewusst wart. Kommuniziert durch Berührung, durch Gedanken und Worte, dass ihr nicht wünscht, dass euer Körper stirbt. Entschuldigt euch für die Missverständnisse, bei denen ihr durch fehlerhafte Gedanken oder Überzeugungen schädigende Richtungen eingeschlagen habt. Schenkt ihm eure Liebe, Freundschaft und Fürsorge und versprecht ihm, in Gesundheit und Harmonie mit ihm zu leben. Versprecht ihm eine zukünftige Beziehung mit einer besseren Kommunikation. Sobald ihr dies getan habt, beauftragt euren Körper seinen Teil dazu beizutragen, das Ungleichgewicht in eurem System wieder zu regulieren. Sprecht die Intelligenz jeder einzelnen Zelle an und bittet alle Zellen darum, sich für einen vereinten Wandel zu verbinden.

Sie wissen, wie dies zu tun ist, doch durch ihre Angst und Verlassenheit, weil sie ignoriert, abgewiesen und missbraucht worden sind, haben sie vergessen, wie man miteinander kommuniziert. Mit eurer standhaften und liebevollen Anweisung aus der Kraft eures eigenen Wassers, könnt ihr wieder viel schneller Harmonie erlangen und dadurch eine sehr dauerhafte und konsequentere Beziehung.

Vermeidet es, Angst um eure Gesundheit (oder um irgendetwas anderes) zu haben, denn wenn ihr ängstlich seid, verringert sich eure Schwingung und eure negativen Gedankenformen laden Möglichkeiten für ein ernsthafteres Ungleichgewicht ein. Ohne Angst ist euer Immunsystem stärker. Eine höhere Schwingung resultiert aus einer guten emotionalen

Einstellung, bei der die Angst nicht anwesend ist. Eine höhere Schwingung stimuliert euer Immunsystem und wirkt als natürliche Prophylaxe, wenn ihr mit anderen Menschen in Kontakt kommt, die in einem Ungleichgewicht sind. Eine höhere Schwingung hilft euch auch, wieder einfacher ins Gleichgewicht zu kommen. Wenn ihr der Angst nicht erlaubt, in eure Gedanken zu kommen und auf die Heilfähigkeiten eures Körpers vertraut, in dem Wissen, dass Gesundheit immer möglich ist, dann könnt ihr alle gesundheitlichen Herausforderungen, denen ihr begegnet, überwinden.

Wenn ihr bei euch ein leichtes Ungleichgewicht fühlt, könnt ihr darüber nachdenken, dass euer Körper Reinigung benötigt oder das Tempo drosseln, anstatt an Krankheit zu denken. Ungleichgewicht darf sein und erhält Beachtung, um sich schneller mit dieser Art von Liebe und Vertrauen aufzulösen. Die Menschen müssen auch das loslassen, was sie über die Fähigkeiten ihres Körpers glauben. Euer Körper kann sich auf eine Weise bewegen, die ihr für unmöglich haltet. Viele eurer Körper haben sich über einen sehr langen Zeitraum ziemlich eingeschränkt gefühlt; sie *wissen*, was möglich ist, selbst wenn sie das vielleicht vergessen haben. Dies ist ein Grund dafür, warum es für die Menschen gut ist, sich im Wasser aufzuhalten. Wenn ihr Möglichkeiten findet, wie ihr das Wasser eures eigenen Körpers bewegen könnt, so als würdet ihr im Ozean treiben, dann werden die heilenden Fähigkeiten eures Körpers gefördert. Bewegung befreit euren physischen Körper, damit er sich mehr mit dem Ätherischen befassen kann. Das werden wir später ausführlicher erklären.

Wie steht es mit einem speziellen Ungleichgewicht, das sich zu etwas Pathologischem entwickelt, wie beispielsweise Herzerkrankungen, Krebs, Diabetes oder das chronische Müdigkeitssyndrom?

Sprechen wir zuerst einmal über den Stress. Die Kulturen überall auf diesem Planeten haben schließlich verstanden, dass jegliches Ungleichgewicht, das Erkrankung genannt wird, vom Stress herrührt. Dies ist eine wichtige Erkenntnis und während die Menschen glauben, es gäbe biologische Faktoren oder genetische Veranlagungen für gewisse Erkrankungen, so verstehen sie auch, dass Stress die Möglichkeiten dafür öffnet, dass diese biologischen Marker oder genetischen Veranlagungen wirksam werden. Ihr braucht ein tieferes Verständnis von Krankheit. Darauf zu hören, was andere oder euer ängstliches Selbst euch erzählt, trägt auch zu dem Ungleichgewicht bei, das das kollektive Bewusstsein Krankheit nennt.

Darauf zu hören, was gedacht oder gesprochen wird und das zu glauben, bewirkt eine Verschlechterung im menschlichen Körper; dies ist eine unentdeckte medizinische Erkenntnis. Was ihr als Schlaganfall und Herzanfall kennt, kommt davon, dass der Fluss blockiert ist, nicht von der Verhärtung der Arterien, wie man euch dies lehrt (auch wenn dies eine physiologische Manifestation *ist*), die einer Starre und einer Verhärtung von *Glaubenssystemen* entspringen, wenn die Menschen nicht *mehr* das in sich aufnehmen können, was gesagt wird und was nicht mit dem schwingt, wer sie sind. Herzschmerzen werden oft als eine direkte Folge dessen erlebt, was Menschen, die ihr liebt, über euch sagen und was nicht mit der Wahrheit in Resonanz steht, wer ihr als göttliches Wesen seid. Magenschmerzen kommen oft daher, wenn man „unfähig ist, das zu verdauen", was man gehört hat und was nicht wahr ist. Jedes menschliche Wesen bewegt sich in die Möglichkeit oder in die Wahrscheinlichkeit eines Ungleichgewichts hinein, bis es die Fähigkeit erlangt, das abzulehnen, was an Beurteilungen von außen über es gefällt wurde.

Die Menschen, bei denen Krebs oder ein Tumor diagnostiziert worden ist, haben verstopfte Bereiche entwickelt, an denen die Energie nicht fließt; es besteht keine Resonanz mehr zwischen der Göttlichkeit der Person und dem, was über sie behauptet wird, weil sie darauf hört, wie andere Menschen sie definieren. Blockaden im Energiesystem sind oft Blockaden, die verhindern sollen, unfreundliche oder verurteilende Worte zu hören. Diese Blockaden bedingen den beginnenden Zusammenbruch des fortwährenden Flusses hin zur Quelle. Energetische Blockaden werden dann zu physischen Blockaden. Was normalerweise energetisch fließt, wird gestoppt durch das Aufnehmen und Manifestieren der Energie dessen, was durch schädliche Emotionen, schädliche Gedankenformen, Urteile, Ängste und lieblose Worte gesagt wird. All diese Dinge erstarren im System und formen Tumore, sie bilden eine Zunahme von Blockaden, Verstopfungen oder Abweichungen von dem normalen menschlichen Fluss hin zur Göttlichkeit. Ergibt das für euch einen Sinn?

Ja, das tut es.

Diabetes, Störungen bei der Fortpflanzung, Ungleichgewichte in den Lungen und anderen Organen haben alle ursprünglich die gleiche Ursache. All diese stressbesetzten Ungleichgewichte werden ausgelöst, indem man auf etwas hört und Energien von etwas manifestiert, die nicht mit der Wahrheit in Resonanz stehen, wer man ist. Wenn ein menschliches Wesen nicht länger die energetische Prägung und den Einfluss dessen aufnehmen kann, was in sein System hinein gesprochen wird, beginnt das Ungleichgewicht.

Dies kann genauso einfach auch von inneren Gedanken und Handlungen kommen; es muss nicht von außerhalb des Selbst kommen. Der Einzelne unterbricht den Fluss seiner eigenen Göttlichkeit zur Quelle durch Ängste, die von unfreundlichen Worten und Urteilen darüber kommen, wer er ist oder indem er diese Urteile für sich selbst wiederholt. Er beginnt daran zu zweifeln, wer er ist, anstatt die Wahrheit zu erkennen, dass er göttlich ist. Krankheit ist eine Abtrennung von der Quelle und eine Abtrennung von der Göttlichkeit. Chronische Müdigkeit ist etwas anders. Sie beginnt auf die gleiche Weise durch den Stress, der entsteht, wenn man dem Standpunkt anderer Menschen über das eigene Selbst zuhört. Sie hat jedoch auch etwas mit einem Trauma aus vergangenen / parallelen Leben zu tun. Menschen, die anfällig sind für das chronische Müdigkeitssyndrom in diesem Leben, sind im Allgemeinen durch ein Trauma chronisch müde geworden, das sie in ihrem Körperbewusstsein in anderen Leben erfahren haben. Sie sind gefangen in Mustern emotionaler Lähmung, unfähig die Veränderungen vorzunehmen, die sie sich in ihrem Leben wünschen. Es ist die emotionale Lähmung, die dieses spezielles Ungleichgewicht fortbestehen lässt.

Was könnt ihr uns über emotionale Traumata sagen?

Emotionale Traumata sind eine Form der Abtrennung. Sie sind eine Trennung und Ablösung von der Einheit. Wir haben euch erklärt, dass Urteile Trennung verursachen. Ein emotionales Trauma entsteht, wenn ein Mensch sich von liebevollen Gedanken abwendet und beginnt, andere zu verurteilen und darauf beharrt, dass der andere „falsch" ist. Emotionales Trauma geschieht, wenn Realitäten nicht übereinstimmen. Durch solch ein Trauma ziehen sich die Menschen innerlich zusammen, um an dem festzuhalten, was sie als wahr kennen. Emotionales Trauma bringt den Menschen dazu, zu vergessen wer er ist und was ihn von der Einheit getrennt hat. Ausdehnung geschieht als eine Form der Heilung, wenn der Mensch in die Verbindung mit allen Aspekten seiner selbst zurückkehrt.

Er erinnert sich, dass er nicht so ist, wie er von anderen Menschen definiert worden ist. Durch die Rückverbindung mit der Wahrheit seiner eigenen Göttlichkeit, versteht er allmählich, dass er nicht das ist, was ihm zugestoßen ist oder was jemand über ihn gesagt hat. Heilung findet statt, wenn er sein Verständnis dessen ausdehnt, wer er ist, indem er sich an seine eigene Göttlichkeit erinnert. Extreme Kontraktion aus einem Trauma kann eine gleiche und eine gegensätzliche Reaktion von extremer Ausdehnung bei der Heilung haben, wodurch größere Kanäle für die Kommunikation mit anderen Wesen geöffnet werden, einschließlich des devischen Königreiches, dem Königreich der Engel und interplanetaren Wesen, die alle göttlich sind und darauf warten, jenen zu dienen, die willens sind zuzuhören.

Wenn Ärger und angestaute Emotionen mit der Absicht freigesetzt werden, den eigenen Schatten zu klären, können Wege für eine bessere Kommunikation in dem Menschen selbst oder mit anderen Menschen eröffnet werden, wenn die Person sich von der Kontraktion entfernt und sich in Richtung Ausdehnung des Göttlichen bewegt. Alle Menschen erleben unterschiedliche Ebenen emotionaler Traumata als Teil ihrer Trennung von ihrer eigenen Göttlichkeit und voneinander. Die Intensität der Kontraktion in einem Trauma und die Bereitschaft des einzelnen Menschen, sich über die Auswirkungen des Traumas hinauszubewegen, bedingt, wie und wann Möglichkeiten für eine heilende Ausdehnung geschehen können. Wenn sich Traumata anhäufen, immer eines nach dem anderen, dann lösen sie sich für gewöhnlich auch eines nach dem anderen wieder auf.

Wenn es einen extremen und intensiven beginnenden Ausbruch eines Traumas gibt, dann wird die Kontraktion der Trennung für gewöhnlich auch sehr extrem sein und die Möglichkeit für eine erneute Öffnung hin zur Göttlichkeit kann durch eine plötzliche extreme Ausdehnung geschehen. Diese Extreme könnten erklären, warum so viele Menschen, die ein intensives Trauma erlebt haben, auch physische Reaktionen in der Form erleben, sich in den Finger zu schneiden oder den Fußzeh anzustoßen; der Körper heilt nur langsam. Wenn ein Mensch ein physisches Trauma erlebt, das ein Organ beeinträchtigt oder sein Leben bedroht, dann muss es eine sofortige und entgegengesetzte Reaktion geben, um das Leben zu retten. Gleichermaßen kann die Heilung eines Traumas entweder langsam vor sich gehen, wenn sich die Menschen langsam aus ihrer Trennung heraus ausdehnen oder Heilung kann durch eine plötzliche Ausdehnung des Wissens kommen. Wie auch immer, Ausdehnung führt in Richtung Verbindung mit dem Göttlichen, mit der Einheit und weg von Kontraktion und Trennung.

Wir haben über eine schlechte Ausbildung gesprochen, wir haben über die Kraft von Worten und Emotionen gesprochen, wir haben über das Zuhören gesprochen. Wir möchten diese Dinge in einen Zusammenhang der

Heilung für euch bringen. Einer von Pias Lieblingssprüchen lautet: „Menschen hören einander ins Sein.“ Die Menschen hören auf das, was man ihnen sagt. Die Kleinen kommen mit dem Wissen und der Weisheit darüber auf die Welt, wer sie sind und werden umgeformt, indem sie auf jene hören, die ihnen sagen, sie seien etwas anderes; ihre Betreuer geben ihnen Informationen, die nicht immer genau oder angemessen sind und formen sie dadurch zu dem Menschen um, zu dem sie werden. Es ist das Zuhören, das die Menschen dazu bringt, Überzeugungen zu verfestigen und Strukturen um das herum aufzubauen, wer sie sind. Da die Menschen versuchen, in die Gesellschaft zu passen, tragen diese Strukturen zum Aufbau der gemeinsamen Realität bei.

Wenn Worte und Gedanken an extreme Emotionen gekoppelt werden, dann haben sie mehr Wirkung. Wenn die Kleinen also hören, wie ein Elternteil mit lauter Stimme „Nein!“ sagt, dann verstehen sie, dass das, was sie getan haben, nicht in Ordnung war. Wenn ein Elternteil oder ein Betreuer sagt: „Wie kannst du nur...“ oder „Du bist so....“, dann formen diese Worte das Verständnis des kleinen Kindes darüber, wer es ist. Wenn Urteile an strenge Töne gekoppelt sind, verfestigt sich die Struktur und unterbricht den Fluss der Seinsweise dieses Menschen in der Welt, gemäß seiner eigenen göttlichen Führung. Urteile erschaffen Verhaltensmuster um den Menschen herum, deren Strukturen Schutz geben und machen den Menschen zu dem, wie er meint, sein zu müssen.

Die Kleinen wachsen heran und tragen die Strukturen und Muster in sich, die sich durch ihre Erfahrungen in Beziehungen mit anderen Menschen geformt haben. Wenn sie älter werden, hören sie immer mehr auf das, was über sie gesagt wird. *Ihr hört in der Tat einander ins Sein.* Wenn ein Wesen ein anderes sagen hört: “Du bist hässlich; du bist unfähig; du bist falsch“ oder „Du bist schön; du bist klug; du bist nett“, dann entstehen entweder immer mehr schützende Strukturen oder es entsteht mehr Offenheit für Verbindungen. Der Mensch wird in der Tat in das hinein gesprochen, zu dem er wird. Dies geschieht immer und immer wieder von Generation zu Generation.

Es scheint mir, als würden wir anstatt ins Sein gehört zu werden, ins Sein gesprochen werden. Es macht mehr Sinn, es anders herum zu formulieren, nämlich dass wir ins Sein hinein gesprochen werden, denn die Kleinen hören auf das, was zu ihnen gesagt wird. Möglicherweise ist dies eine gleichwertige kreative Kraft. Wir hören uns ins Sein, so wie wir ins Sein hinein gesprochen werden oder anders herum; wir werden ins Sein hinein gesprochen, so wie wir uns ins Sein hinein hören.

Ah..., gut gesagt. Das trifft genau zu. Das ist ein gutes Verständnis. Und eines eurer religiösen Bücher sagt: „Gott sprach und die Welt wurde erschaffen. Doch im Anfang war das *Wort*." Das Verständnis fehlt, dass es nicht nur das gesprochene Wort ist, das dafür sorgt, dass sich die Strukturen bilden; Denken geht dem Sprechen voraus und die Emotion und der Tonfall, die mit den Worten verwendet werden, tragen zu dem bei, was entsteht. Wir lehren die Menschen, dass Sprechen und Zuhören kreative Kräfte sind, denn die Menschen nehmen mehr auf als nur das, was sie durch Worte hören; sie nehmen die Tonqualität auf, die emotionale Antriebskraft hinter den gesprochenen Worten und die Gedanken, aus denen die Worte entstanden sind. Die Worte, die gesprochen werden, die Töne, die mit den Worten verwendet werden, die Emotionen, die die Worte antreiben und die Gedanken, die mit den Emotionen verbunden sind, sprechen euch in das Sein hinein.

Es ist wichtig, dies von beiden Sichtweisen aus zu verstehen, denn es sind die Sprechenden, die die Veränderung bewirken. Es kommt von außen, denn die Kleinen sind ganz begierig darauf, Informationen aufzunehmen. Die Kleinen bitten nicht darum, in einem negativen Rahmen geformt zu werden. Sie bitten nicht darum, in einer starren Struktur geformt zu werden. Es ist also wichtig, zu erkennen, dass die Prägung durch das Zuhören und durch das Sprechen entsteht.

Ja, das stimmt. Jemandem ins Sein zu sprechen oder sich ins Sein zu hören, geschieht auch, wenn die Menschen eine Beziehung beginnen. In einer neuen Beziehung, ob dies ein neuer Job ist, eine neue Freundschaft oder eine neue Liebesbeziehung, bewegt sich jedes menschliche Wesen auf ein neues Terrain der Offenheit, der Hoffnung und des Vertrauens, so wie es dies tat, als es als Baby in die Welt kam. Dies trifft ganz besonders dann zu, wenn Menschen eine innige Beziehung eingehen. Die Offenheit und das Vertrauen kennzeichnen die Suche danach, als göttlich „gesehen" zu werden. Die Menschen suchen nach dem Spiegeleffekt des „Ich bin ein anderes Du. Ich sehe deine Göttlichkeit und dein Licht." Wenn die Menschen „sich verlieben", dann teilen sie oft den Blick auf die Göttlichkeit des jeweils anderen in kurzen, flüchtigen Augenblicken, bevor durch ihre Erwartungen, Ängste und Urteile unfreundliche Worte entstehen, um diese ganz besondere andere Person in Formen hinein zu sprechen, die geringer sind als das, was zuerst in ihr gesehen wurde. Der Mensch, den ihr liebt, wird zu dem, was ihr seht und was ihr sagt, wenn er euch zuhört.

Ihr Menschen müsst diese neue Vorstellung verstehen, dass ihr einander in eine Form sprecht, denn ihr erkennt noch nicht die Kraft eurer Gedanken, eurer Worte und eurer Emotionen und wie diese zusammenwirken. Ihr sprecht einander ins Sein, indem ihr eure Erwartungen aussprecht, euer Urteil, eure Träume, eure Visionen, eure Hoffnungen, eure Ängste, eure Wünsche und Sehnsüchte. Jeder Mensch tut das, wobei die Menschen, die sehr viel Angst haben, am stärksten urteilen. Und wenn das, was gehört wird von dem anderen, der zuhört, als Urteil betrachtet wird, dann erlebt er den gleichen wiederholten Schock wie zu dem Zeitpunkt, als er voller Vertrauen und Hoffnung und Unschuld in diese Welt kam.

Die Wirkung ist ein schockierender Gedanke wie: „Oh. Ich dachte, ich wäre in Ordnung. Ich dachte, ich wäre göttlich. Ich dachte, ich würde geliebt und akzeptiert und ich sehe und höre, dass dem nicht so ist." Und dann kehren wieder alte Strukturmuster an ihren vertrauten Platz zurück und bilden einen noch stärkeren Panzer um den Menschen herum. Es ist kein Wunder, dass Menschen solche Schwierigkeiten in Beziehungen haben, denn es ist für sie eine sehr große Herausforderung, in der Akzeptanz und Liebe zu bleiben. Sie trennen sich durch ihre Überzeugungen, ihre Erwartungen und in erster Linie durch ihre Urteile von der Einheit und der Verbindung, die sie möchten und bewirken somit, dass oberflächliche Beziehungen entstehen, in denen sie verbergen, wer sie wirklich sind.

Ihr müsst vorsichtig sein mit euren Worten. Sie sind machtvoll. Versteht, dass ihr euch selbst in die Form sprecht; ihr hört einander ins Sein. Wenn ihr dies wahrhaft versteht, dann wisst ihr, warum es so wichtig ist, nur freundliche und mitfühlende Worte anderen Menschen gegenüber zu verwenden und insbesondere jenen gegenüber, die verletzlich und offen sind, weil sie euch vertrauen. Die Macht, die ihr für die Manifestation besitzt, liegt nicht nur in euren Absichten und Gedanken, sondern vor allen Dingen in euren Worten, Tönen und Emotionen. Jeder von euch hat wahrhaft die Macht zu verletzen oder zu heilen und es ist an der Zeit, eure Verantwortung für das zu übernehmen, was ihr tut. Wählt weise.

Um es noch einmal zu wiederholen, wir möchten, dass ihr versteht, wie diese Muster sich ständig von Generation zu Generation immer und immer wieder wiederholen. Der Schmerz, der durch das Urteil entstanden ist, wird ständig wiederkehren. Wenn ihr nun beginnt, ein neues Verständnis zu erlangen, wie ihr geformt worden seid und wie ihr daran beteiligt wart, andere durch eure Worte zu formen, dann erlebt ihr vielleicht Wellen von Trauer. Eure Verantwortung anzunehmen, diese schädlichen Muster zu durchbrechen, ist einer der wichtigsten Teile eurer Schattenarbeit. Ob ihr emotionale oder physische Ungleichgewichte heilt, erkennt, dass es viel herausfordernder ist, ein vorhandenes Muster des Ungleichgewichts, das aufgrund seiner Beständigkeit noch verstärkt wird, zu durchbrechen, um zurück in den Fluss der Gesundheit zu kehren.

Die Menschen werden immer von dem angezogen, was ihnen vertraut ist. Am besten ist es, solche negativen Muster überhaupt nicht entstehen zu lassen. Es wird wunderbar sein, wenn die Menschen lernen, im Reich des

Vertrauens, der Liebe und der Freude zu bleiben, so wie dies die Kleinen voller Unschuld tun, anstatt durch Angst motiviert zu sein und auf sie zu reagieren. Die Herausforderung für die Gesundheit besteht darin, sich von dem negativen Einfluss der Emotionen zu entfernen und zu verstehen, dass Emotionen einfach nur Wegweiser sind, Signale, um euch zu einer anderen Gedankenform zu lenken. Veränderung ist notwendig, um Ungleichgewichte zu klären. Veränderung ist notwendig, um zu heilen und Heilung ist notwendig für das Leben, insbesondere wenn ihr euch zu dem neuen Menschen hin entwickeln möchtet.

Könnt ihr uns sagen, wie ein Arzt diese Auffassung in seine Arbeit mit aufnehmen könnte?

Achtet in eurer Heilarbeit auf die Macht des Zuhörens und des Sprechens. Lernt, durch eure Finger, eure Berührung, euer Herz, eure Ohren, eure Augen und all eure Sinne, ganz tief zuzuhören und beginnt natürlich mit eurem ersten Sinn. Hört auf all eure Sinne, selbst auf euren Geruchssinn und euren Geschmack. Wenn ihr mit anderen Menschen arbeitet, könnt ihr vielleicht empfinden, wie einem Klienten das Leben schmeckt. Ihr könnt auch lernen, tatsächlich in den Körper hineinzuschauen, wie Pia und andere medizinisch intuitive Menschen dies derzeit immer mehr tun. All eure Sinne können dafür eingesetzt werden, um eine andere Person aus ihrem Ungleichgewicht heraus und in die Heilung hinein zu sprechen.

Euer erster Sinn öffnet alle anderen Sinne und sagt euch, wie ihr das interpretieren sollt, was ihr empfangt. Wenn ihr also einem anderen Menschen ins Sein hinein sprecht, wenn ihr ihm helft, den Menschen mit zu erschaffen, der er ist, dann versteht, dass der Klang eurer Worte, die Emotion, die Absicht, die Freundlichkeit und die eigentlichen Worte, die ihr für ihn wählt, während er in einem offenen Raum ist, seine Fähigkeit beeinflusst, sich auf seine eigene Göttlichkeit auszurichten, damit er ein ganzes und gesundes menschliches Wesen werden kann.

Einige wenige Heiler üben diese Erkenntnis derzeit mit großem Erfolg aus. Sie kann und wird das Thema Heilung für die Menschheit revolutionieren.

Viele von uns haben körperliche Schmerzen, Kopfweh und Schlaflosigkeit, die kein Ungleichgewicht in unserem eigenen System zu sein scheinen. Richten wir uns auf die Veränderungen der Welt und des Universums aus und wenn ja, wie gehen wir dieses Ungleichgewicht an, um es zu heilen?

Ja. Wenn dies geschieht, müsst ihr mit Geduld und Gnade hier hindurchgehen. Das menschliche Energiesystem reagiert auf die Wellen der Veränderung, da die Erde beginnt, sich zu verändern und das kollektive Bewusstsein der Menschheit beginnt, mehr Angst zu haben vor den Veränderungen, die sie nicht versteht. Es gibt auch universelle Einflüsse, die auf euch wirken, indem zusätzliche Mengen an Licht und Energie in euer System gelangen. Ihr werdet geöffnet und „wieder angeschlossen" durch diese Geschenke des Wandels.

Alle Menschen erfahren in dieser Zeit energetische Veränderungen in ihrem Sein auf der Erde und dies hat Einfluss auf ihren physischen Körper. Insbesondere wird der energetische Magnetismus eures physischen Systems durch die Neuausrichtung der energetischen Ley-Linien der Erde beeinflusst und ihr fühlt die entweder jetzt vor sich gehenden oder bevorstehenden Vorboten des Wandels in eurem Körper. Die Veränderungen, die ihr fühlt, sind entwicklungsorientiert. Nichts daran ist falsch. Es ist einfach eine Möglichkeit, Muster auseinander zu nehmen, die nicht länger für die Menschheit zweckmäßig sind und es der Menschheit zu ermöglichen, dass mehr Licht und Erkenntnis hereinkommen kann. Diejenigen unter euch, die sensibel sind, fühlen das Ungleichgewicht schneller; es stört eure normale Seinsweise. Es ist äußerst wichtig, dass ihr euch Zeit nehmt, euch während dieser Übergangszeit auszuruhen, während ihr euer eigenes Wasser mit den höheren Schwingungen integriert, die das Universum zur Verfügung stellt.

Viele von euch, die sensibel sind, haben das Gefühl, krank zu sein oder euer vertrautes Schlafmuster wird gestört. Doch das ist nichts Schlechtes. So wie einige eurer Kollegen sagen, es ist nichts Pathologisches; es ist entwicklungsorientiert. Es ist an der Zeit, dass euer Körper aufwacht, doch wenn ihr beginnt, auf das zu achten und auf das zu hören, was er braucht, dann bringt er auch viel Angst über die vor sich gehenden Veränderungen zum Ausdruck. Euer Körper fühlt eine andere Energie hereinkommen, die er nicht versteht. Hinzu kommt noch, dass die Menschen, die wachsen möchten und darum gebeten haben zu helfen, diese nutzbringenden Veränderungen für die Menschheit zu fördern, spezielle Energien vom Universum empfangen, um die Art und Weise anzugleichen, in der sie in der Welt sind.

Die meisten Menschen sind zersplittert durch die Teile ihres Lebens, die aufgespalten worden sind. Zersplitterung verhindert, sich mit der Göttlichkeit und Heilung hinein in Ganzheit, Heiligkeit und Einheit zu verbinden. Zersplitterung ist ein Haltepunkt für die menschliche Entwicklung. All die Fragmente eurer Schatten kommen jetzt an die Oberfläche, damit ihr euch selbst vollkommen heilen könnt. Das Universum öffnet sich und bietet jenen Menschen unterschiedliche Erkenntnisse, die zuhören und bereit und willens sind zu wachsen, die des Leids müde sind und die hin zu etwas Besserem streben; das Universum sagt in dieser speziellen Zeit: „Ja, wir hören euch zu. Wir werden euch helfen."

Und es sind viele, viele Helfer um euch, um dies zu tun. Es gibt also einen Zustrom an Energie, den ihr als mitschwingende Erkenntnis oder auf physische Weise als ungewohnte, sich unangenehm anfühlende Muster intuitiv spüren könnt. Wenn ihr euch mit Akzeptanz dort hineinbewegt, auch wenn es nicht bequem sein mag, werden der Schmerz oder die Orientierungslosigkeit verschwinden.

Zuhören ist wichtig. Zuhören beinhaltet auch, eurem eigenen Schatten zuzuhören. Was muss geklärt werden? Was muss bereinigt werden? Wo habt ihr Angst? Welche Muster müssen durchbrochen werden? Wo müsst ihr die Bereiche der Angst mit Liebe erfüllen? Das bedeutet, eure Schatten zu bereinigen und dies ist notwendig, damit sich euer Ätherisches und euer Physisches miteinander verbinden können, wie wir dies später noch erklären werden, damit mehr Gesundheit entstehen kann. Wir beziehen uns auf physische Gesundheit und einen gesunden emotionalen Zustand. Der physische Körper weiß nicht, was er mit den ungewohnten Energien tun soll, die er empfängt, also reagiert der Körper durch seine Schmerzrezeptoren, denn Schmerz ist das Signal dafür, dass etwas anders ist. Auch wenn dies unbequem sein mag, tut euer Bestes, um euch anzupassen und erkennt, dass ihr Energien empfangt, die euch nicht nur öffnen und euch in das Wesen hineinzuwachsen helfen, das ihr wirklich seid, sondern sie helfen euch auch, mit der Geburt des neu entstehenden Planeten in Resonanz zu gehen.

Die Kopfschmerzen, die viele von euch wie einen Druckverband um ihre Stirn fühlen, sind verbunden mit den magnetischen Veränderungen des Planeten. Sie sind teilweise Neuausrichtungen auf das, was wir als das Fünfer-Pack des Gehirns definiert haben, im Grunde das System, das eure Emotionen reguliert, eure Schlafmuster und euer Hormonsystem; all diese Dinge werden sehr stark beeinflusst, sowohl von den Energien, die in euer Gehirn gelangen, als auch von den Energien, wie ihr euch auf die planetaren Veränderungen ausrichtet. Ihr fühlt also, wie sich die Elektromagnetik in eurem Gehirn verändert. Ihr seid Teil der Erde, also erlebt ihr Geburtsschmerzen, sowohl in euch als auch in Resonanz mit der Erde. Je sensibler ihr seid, umso mehr fühlt ihr diese neuen und verwirrenden Energien.

Erkennt, dass der Körper viele neue Veränderungen akzeptiert und sich auf zusätzliche energetische Wogen ausrichtet. Entwickelt Mitgefühl für euren Körper. Erlaubt euch, tief auf das zu hören, was euer Körper braucht.

Betrachtet das, was ihr erlebt als Entwicklungsveränderungen, die Ruhe und Integration erfordern, wenn sich euer Körper wieder ins Gleichgewicht bringt. Hört auf euer eigenes Wasser. Irgendwo innerhalb der tiefen verbindenden Punkte aller Menschen gibt es eine Bewusstheit, dass ihr die Fähigkeit habt, Energie durch eure Hände zu spüren und sie dafür einzusetzen, um euch selbst und andere zu heilen. Wenn ihr flexibler werdet, indem ihr Überzeugungen und alte Muster loslasst, werdet ihr mehr wie Wasser. Je mehr ihr wie Wellen seid und aufhört, Partikel zu sein, die in starren Glaubenssystemen und Mustern festhängen, umso mehr werden euch andere Menschen anschauen und etwas anderes sehen und dann könnt ihr durch eure Energie lehren, ob ihr euren Mund dazu öffnet oder nicht. Ihr zeigt, dass euer höchster Wunsch sich auf Liebe, Licht, Vertrauen, Freude, Kommunikation, Dienen, Verbindung und gute Gesellschaft ausrichtet. Das ist der Pfad der Heilung.

17

DAS ÄTHERISCHE UND DAS PHYSISCHE

Wir möchten noch mehr über eure menschliche Form sprechen, die sich aus einem physischen und einem ätherischen Körper zusammensetzt. Eure mentalen Gedankenformen bilden eine Brücke zwischen den beiden. Der ätherische Körper ist ein Körper mit höher schwingendem Licht, das sich allgegenwärtig im ganzen Universum bewegt. Der ätherische Körper schwingt in einer höheren Rate, denn er trägt mehr Licht. Er enthält die Blaupause der Perfektion für den physischen Körper und lenkt die Erschaffung des physischen Körpers. Da er von der Gestaltung her leichter ist als der physische Körper, wird der ätherische Körper auch manchmal Lichtkörper genannt. Er besitzt die Fähigkeit, augenblicklich zwischen den Schleiern hin und her zu reisen. Euer ätherischer Körper erlebt nicht die gleichen Einschränkungen durch den begrenzten Raum wie euer physischer Körper oder die Einschränkungen eurer künstlichen Zeit. Der ätherische Körper ist leicht und frei. Gleichzeitig kann er durch Kräfte im Außen beeinflusst werden, worüber wir jetzt gleich sprechen werden.

Wir werden euch erzählen, wie euer physischer Körper entsteht. Der physische Körper wird aus der Blaupause des ätherischen Körpers erschaffen, doch der physische Körper behält nicht die Perfektion der ätherischen Form bei, denn er wird fortwährend geformt und gelenkt durch eure Gedanken und die Handlungen, die ihr ausführt oder nicht ausführt, um euch um eure physische Form zu kümmern. Gedanken reisen zu eurem ätherischen Körper und manifestieren sich dann in eurem physischen Körper. Ihr könnt davon eine tiefere Erkenntnis erhalten, wenn ihr dies in euer Bewusstsein integriert. Wir und andere Plejadier haben aktiv die Rezeptoren vieler Menschen für höhere Erkenntnisebenen geöffnet. Eure Aufgabe in dieser Zeit ist es, euch auf eure Gedanken zu konzentrieren und euch von euren starren Überzeugungen zu entfernen. Wenn ihr dies tut, seid ihr in einer vollkommenen Partnerschaft mit uns, um euch auszudehnen. Wir helfen. Ihr helft. Es gibt andere, Freunde, die auch bei der Öffnung eures Gehirns helfen, damit ihr in der Lage seid, auf eine positivere, nutzbringendere Weise zu kommunizieren. Diese anderen haben euch besucht und ihr habt danach die Auswirkungen gefühlt, jedoch wart ihr verwirrt darüber, was es war. Es sind Freunde, die dabei helfen, eure Kreisläufe „neu zu verdrahten“ und zu öffnen, damit ihr euch erinnern könnt. Versteht erst, dass eure Gedankenformen, die weder physisch noch ätherisch sind, sondern auf der mentalen Ebene existieren, zwischen den beiden Körpern hin und her reisen und ihre Beziehung beeinflussen.

Während der ätherische Körper eine Blaupause der Perfektion für die physische Form aufrechterhält, wird er durch die Gedanken beeinflusst, die ihr denkt. Dies gilt auch für das Körperbewusstsein. Wir haben wiederholt erklärt, dass die Menschen die Macht der Gedanken, die sie denken, nicht verstehen. Wenn ihr einen Gedanken denkt, tretet ihr in Kontakt mit dem Mentalfeld und sendet Energie in das ätherische Feld. Der ätherische Körper wird durch solche Gedankenformen beeinflusst und er reflektiert das, wovon er beeinflusst wird, sofort zum physischen Körper. Dadurch bringt er den physischen Körper dazu, entsprechend des Einflusses auf den ätherischen Körper zu reagieren. Dies ist durchaus mit der Erkenntnis verbunden, dass eure Gedankenformen in euer Körperbewusstsein gelangen, um die Gesundheit eures Körpers zu beeinflussen. Sowohl das ätherische Bewusstsein als auch das Körperbewusstsein werden von den Gedanken beeinflusst, die ihr denkt. Die Gedanken, die ihr denkt, durchdringen voller Kraft das Ätherische und das Ätherische manifestiert dann die Realität eurer physischen Form gemäß jener Gedanken. Alle

Menschen müssen die Bewusstheit ihrer Gedanken meistern, denn Gedanken agieren als Brücke zwischen dem Ätherischen und dem Physischen. Wir erweitern unsere Erklärungen über das menschliche Zuhören und das gegenseitige ins Sein hinein sprechen, indem wir sagen, dass ihr euren physischen Körper tatsächlich durch die Gedanken gestaltet, die ihr zuerst zu eurem ätherischen Körper und dann zu eurem Körperbewusstsein sendet. Euer Ätherisches ist der Weg für die Gedanken, die euer Körperbewusstsein erreichen. Gedanken reisen zum Ätherischen und dort werden sie entweder durch den Einfluss unterstützt oder beschädigt und dann projiziert das gesunde, unterstützte Ätherische oder das beschädigte Ätherische seine Reflektion in das Physische. Unsere Erklärung wird hier für das menschliche Verständnis komplex, doch in Wirklichkeit ist es einfach.

Da das Ätherische außerhalb von Zeit und menschlichem Raum existiert, kann es durch schädliche Gedanken beeinflusst werden und gleichzeitig die perfekte Blaupause aufrechterhalten. Ihr könntet sagen, das Ätherische erinnert sich an die Perfektion, doch projiziert im gegenwärtigen Moment das, was es durch den Einfluss eurer Gedanken auf euren physischen Körper empfängt. Das Ätherische ist durchaus in der Lage, beides gleichzeitig zu tun. Es kann den Einfluss schädlicher Gedanken auf seine eigene ätherische Form korrigieren und zu seiner Blaupause der Perfektion zurückkehren, und dennoch gleichzeitig Anweisungen von euren Gedanken entgegennehmen und diese dann in die physische Form projizieren. Die Verbindung zwischen dem Ätherischen und dem Physischen ist der Mentalkörper, den wir zuvor als mentale Konstrukte oder Gedankenformen definiert haben.

Wir möchten, dass die Menschen in dieser Zeit etwas davon verstehen, wie sie durch die Gedanken, die sie denken, ihren ätherischen und physischen Körper besser aufeinander ausrichten und integrieren können. Füllt euren physischen Körper mit Licht und das tut ihr, indem ihr euch selbst und andere liebt, indem ihr positive Gedanken bei all eurem Tun erschafft und indem ihr negative Gedankenformen, die fortwährend vom kollektiven

Bewusstsein ausgesendet werden, durch eure Liebe und positiven Gedanken verändert. Der ätherische und physische Körper der Menschen ist nicht so gut integriert, wie dies bei uns der Fall ist, teilweise deshalb, weil wir uns nicht an Gedankenprozessen beteiligen; wir kommunizieren durch unser Herz und unseren ersten Sinn. Wir teilen unsere Erkenntnisse, sie sind nicht für einen Einzelnen und daher reflektiert unsere plejadische Form eine Integration zwischen dem Ätherischen und dem Physischen, die offensichtlich leichter ist und eine höhere Schwingung hat. Ihr könntet sagen, unsere physische Manifestation ist ätherisch. Wir sind Wellenformen. Wir kommunizieren durch Wellen aus Herzensenergie und Klängen, anstatt durch „menschliche" Gedanken. Die Menschheit befindet sich in einem Beschleunigungsprozess, bei dem der ätherische und der physische Körper stärker aufeinander ausgerichtet werden. Deshalb fühlt sich die physische Form von so vielen von euch oft träge, müde oder krank.

Ihr seid nicht krank, ihr verändert euch. Die Menschen befinden sich in einem Prozess, bei dem eure ätherischen und physischen Energien sich treffen, eine Form von Verschmelzung. Diese energetische Verschmelzung ist dem ziemlich ähnlich, was geschieht, wenn wir für die Kommunikation mit euch unsere Energie mit eurer verschmelzen, doch unsere Kommunikation bringt die Schwingung und die Energie der Freude mit sich. Die Menschen sind sich im Allgemeinen des ätherischen Körpers nicht bewusst oder dessen, wie Gedankenformen das Ätherische beeinflussen, bevor sie ins Physische reisen. Aufgrund des Beschleunigungsprozesses, in dem ihr euch jetzt befindet, ist es von größerer Notwendigkeit als jemals zuvor, dass ihr versteht, wie das Ätherische und das Physische miteinander verbunden sind, damit ihr den Prozess durch eure Gedanken unterstützen könnt.

Die Menschen müssen ihre physische Schwingung anheben, um sich ihrer ätherischen Form stärker anzunähern. Dies ist Teil des Aufstiegsprozesses, über den wir später sprechen werden. Jene Menschen, die ihrem Körper voller Bewusstsein begegnen und ihn mit Licht und Liebe füllen, richten sich stärker auf ihr ätherisches und göttliches Selbst aus. Diese Ausrichtung ist für manche Menschen fast unmöglich, denn sie können die Bedeutung dessen nicht begreifen, was getan werden muss. Nutzt eure Kreativität, um euch euren ätherischen Körper vorzustellen. Euer Wissenschaftler Einstein sagte: „Vorstellung ist sogar mächtiger als Wissen." Die Menschen hätten es mit den kommenden Veränderungen und mit dem Prozess, ihren ätherischen und ihren physischen Körper zu verbinden, einfacher, wenn sie lernen würden, ihre Vorstellungskraft für Dinge einzusetzen, die sie mit ihrem mentalen Verständnis nicht begreifen können. Wir verstehen nicht, warum menschliche Erwachsene die Vorstellungskraft in ihren Kindern unterdrücken und sie als Fantasie oder unwirklich abweisen. Das ist einer der verwirrendsten Aspekte menschlichen Verhaltens.

Warum sollten Erwachsene, die in ihrem eigenen Leben oft unglücklich oder unzufrieden sind, die Vorstellungskraft eines Kindes unterdrücken? Vorstellungskraft erschafft Schönheit, Harmonie, Gesundheit und Ganzheit und nähert die künstliche Trennung der Einheit an. Wir wissen, dass die Menschen nicht verstehen, wie Gedanken ihren ätherischen Körper beeinflussen; vielleicht verstehen diese Erwachsenen nicht, wie Gedanken auch das physische Gehirn beeinflussen. Kinder lernen, wachsen heran, verstehen und erlangen Weisheit durch Erforschen, Neugier und Frische. Sie legen ständig neue neurale Pfade im physischen Hirnsystem an, die sich mit Pfaden verbinden, die im ätherischen Hirnsystem vorhanden sind. Diese Verbindung bringt ihnen das Wissen der Wahrheit von Dingen jenseits der gegenwärtigen physischen Realität.

Wenn ihr Menschen weiterhin wachsen und euer Potenzial verstehen möchtet, dann müsst ihr eure Vorstellungskraft einsetzen. In alternativen Bereichen gibt es zunehmend Workshops und Schulungen, die durch interdimensionale Freunde inspiriert werden, die das menschliche Glaubenssystem ausdehnen, wenn man solchen Erkenntnissen ausgesetzt ist. Bei einigen der Schulungen gibt es tatsächlich Übungen, die die Energiebewegung fördern. Da Energie sich durch das menschliche System bewegt, kann das Energiefeld positiv manipuliert werden, um euch zu öffnen. Mit dem Öffnen der Energie wächst das Verständnis.

Je mehr ihr mit *Energie* und verstärkter Bewusstheit von Energie arbeitet und euch von der *Zeit* entfernt, umso mehr werdet ihr Pfade für die Weisheit eurer DNA öffnen, damit sie hervortreten kann. Spielt damit. Findet es heraus. Erforscht bei euch selbst und erforscht bei anderen. Die Menschen können an für sie interessanten Workshops teilnehmen und mit dem spielen, was sie über Energie entdecken oder einfach das üben, was sie selbst entdecken und was ihre Bewusstheit fördert. Es spielt keine Rolle, ob ihr ganz individuell eure eigene Methode entdeckt oder einer Methode folgt, die einer eurer Brüder oder eine eurer Schwestern bereits entdeckt hat. Wichtig ist, dass ihr forscht.

Erforscht Energie auf eine Weise, an die ihr noch nicht einmal gedacht habt. Räumt Glaubenssätze aus dem Weg. Räumt die Zeit aus dem Weg. Fokussiert euch auf Energie, Absicht und absichtliches Denken, denn dies sind die Schlüssel, um die in eurer DNA enthaltene Weisheit zu öffnen. Beim Erforschen neuer Ideen und Erkenntnisse über Energie denkt daran, dass ihr die Energie nicht lenken oder spezielle Abfolgen beachten müsst, die in Ausbildungen dargestellt worden sind, damit die Menschen sie verstehen. Überall in der Energie ist Intelligenz vorhanden. Wenn mit heilender Absicht gearbeitet wird, dann weiß die Energie *immer*, wohin sie gehen muss. Sie *weiß*, wo sie am meisten benötigt wird und geht automatisch dorthin.

Wenn ihr die Energie erforscht und etwas über sie lernt, dann richtet eure Aufmerksamkeit auf wundersame ätherische Empfindungen. Es kann sein, dass ihr auch angenehme physische Empfindungen habt, da ihr lernt, euren physischen Körper mit eurem ätherischen Körper abzugleichen und sie zu verschmelzen. Ihr beide erlebt bereits die Berührung und die Umarmung eurer ätherischen Energie in eurer physischen Form. Andere Menschen können lernen, die Gegenwart von erstaunlicher Energie zu empfinden, wenn sie ihre ätherische und physische Form miteinander verschmelzen.

Wenn die ätherische Form die perfekte Form ist, die dabei helfen kann, unsere physische Form zu heilen, was beeinflusst die ätherische Form oder kann sie überhaupt beeinflusst werden?

Erinnert euch, dass die ätherische Form die Blaupause der Perfektion für den menschlichen Körper ist, doch das Ätherische trägt eine eigene Energie in sich. Das Ätherische empfängt als erstes die Auswirkung mentaler Gedankenformen (vom individuellen oder kollektiven Bewusstsein) und astraler Energie (entweder vom Universum oder vom kollektiven Bewusstsein). Das Ätherische ist ziemlich gut in der Lage, sich selbst anzupassen, sich wieder ins Gleichgewicht zu bringen und zur Perfektion zurückzukehren. Doch was es empfängt, wird weitergeleitet, um ganz schnell das Physische zu erschaffen und somit kann es eine unvollkommene physische Form erschaffen, bevor es sich selbst korrigiert. Die physische Form hat nicht die Fähigkeit, so schnell und einfach wieder zur Perfektion zurückzukehren; sie verfügt nicht über das Wissen; sie ist zu dicht und weiß nicht, wie dies ohne ätherische Verbindung getan werden kann.
Das Ätherische hilft dem Physischen, sich daran zu erinnern, wie es sein soll. Doch da das Ätherische die mentalen Gedankenformen, astrale und emotionale Wellen empfängt, kann es leicht verzerrt oder verbogen werden und selbst eine Korrektur benötigen. Es bleibt immer noch die Blaupause für Perfektion, doch in dem Augenblick eines Gedankens gibt es das an das Physische weiter, was es von diesem Gedanken empfängt. Wenn ihr eurem Ätherischen helfen möchtet, seine perfekte Blaupause aufrechtzuerhalten und die Blaupause der Perfektion an das Physische weiterzugeben, dann achtet auf eure Gedanken und die Emotionen, die eure Gedanken mit Energie versorgen. Was möchtet ihr noch über die Anhebung eurer Schwingungen erfahren?

Wie erhöhen wir unsere Schwingungsfrequenz?

Um eure Schwingungsfrequenz zu erhöhen, solltet ihr zuerst ganz weit in die Untiefen der Bereiche vordringen, die ihr selbst nicht mögt und beginnen, sie zu lieben. Geht zu den Bereichen, an denen ihr Angst habt, nicht gut genug zu sein und vergebt euch die Fehler, für die ihr euch zu hart verurteilt habt. Beginnt dort, eure Schwingung zu erhöhen. Beginnt damit, euch selbst zu lieben. Ihr könnt euch nicht wirklich lieben, wenn ihr nicht bereit seid, tief in die Ecken zu schauen, euren Schatten hervorzuziehen und mit ihm zu tanzen. Haltet ihn in eurem Arm und liebt ihn, bis er sich nicht länger unheimlich oder furchterregend anfühlt. Liebt ihn, bis das Licht den Schatten erfüllt, damit ihr vereint seid und eins, bis ihr ganz seid mit all den Teilen von euch selbst, die ihr nicht mögt.

Sobald ihr dies getan habt, besteht der zweite Schritt zur Erhöhung eurer Schwingung darin, zu lernen, andere nicht zu verurteilen. Schaut euch die Menschen an, die nicht so sind wie ihr und wenn sie euch weh getan haben oder etwas Falsches gesagt haben, dann könnt ihr eure Kraft dafür einsetzen, um die Situation zu korrigieren, doch ihr müsst sie nicht verurteilen. Stattdessen könnt ihr einfach sagen: „Wow, diese Person muss wirklich erschrocken, verängstigt oder unglücklich sein, dass solch urteilende Gedanken und Worte aus ihr hervorkommen." Sendet ihr einfach Liebe. Somit hört ihr auf zu urteilen und euch selbst die Schuld zu geben; liebt euch selbst und dann beginnt ihr, alle anderen Menschen zu lieben. Wir mögen die Erkenntnis, die von Christus, den Maya und von Buddha gelehrt wurde; sie erscheint in vielen Ausdrucksweisen und Formen. Christus sagte: „Liebe deinen Nächsten wie dich selbst."

Die Maya sagten: „Ich bin ein anderes Du." All diese weisen Menschen, die eher die Einheit als die Trennung und Angst verstehen, haben dafür geworben, dass ihr einander nicht verurteilt, sondern stattdessen euer Mitgefühl anbietet. Denkt daran: ***„Ihr könnt nicht gleichzeitig in einem Zustand der Reaktion und des Mitgefühls sein.“*** Wenn also jemand gemein ist oder euch verletzt, dann bietet ihm euer Mitgefühl an, statt eures Urteils. Und auf diese Weise hebt ihr eure eigene Schwingung an. Der dritte Punkt, den wir euch zur Erhöhung eurer Schwingung anbieten möchten, ist, zu lachen. Findet so viel Freude in eurem Leben wie ihr könnt. Findet die kleinen Dinge, die euch erfreuen. Freude ist eine der höheren

Schwingungen und wenn ihr keine Freude in eurem Leben habt oder keine Dinge habt, die euch kitzeln oder euch zum Lächeln bringen, dann könnte eure Schwingung eine kleine Verstärkung benötigen. Sucht euch also jene Menschen, mit denen ihr lachen könnt und in deren Gegenwart ihr Freude empfinden könnt. Wenn dies keine andere Person ist, dann ist es vielleicht ein Welpe oder vielleicht ein Spaziergang in der Natur, bei dem ihr einem Schmetterling oder einem Kolibri auf einer Blume zuschaut. Findet etwas, das euch ein freudvolles Gefühl verleiht. Dies wird euch helfen, eure Schwingung anzuheben. Wir hoffen, diese Vorschläge sind hilfreich. Jedes Mal, wenn ihr euch in Richtung Reinheit bewegt, sei dies beim Essen, das ihr zu euch nehmt, die Luft, die ihr atmet, das Wasser, das ihr trinkt oder die Gedanken, die ihr denkt, helft ihr eurem physischen Körper auch sich weiterzuentwickeln. Ihr erhöht eure Schwingung, um auf die Schwingung eures ätherischen Körpers zu kommen, damit sie zusammen aufsteigen und dabei mithelfen können, die neue Menschheit zu erschaffen.

Viele von euch erfahren eine immer stärkere ätherische Sensibilität. Ihr werdet immer sensibler gegenüber den Energien des kollektiven menschlichen Bewusstseins und den Energien des Planeten selbst. Seid euch bewusst, das eure erhöhte Sensibilität ein Ergebnis der Schattenarbeit ist, die ihr geleistet habt, der Verbesserung eurer Hörfähigkeit und wie ihr durch eure Absicht, Dinge in die Manifestation sprecht. Ihr beabsichtigt zu wachsen und euren physischen und ätherischen Körper stärker miteinander zu verschmelzen, um euch der Schwingung der Erde bei ihrem Wandel anzupassen. Wenn ihr aufgewühlt seid, euer Schlaf unterbrochen ist oder euer Wohlbefinden durch die stattfindenden energetischen Veränderungen beeinflusst wird, fokussiert euch darauf, dorthin Licht zu senden, wo es am meisten benötigt wird; sendet ruhige Energie und Frieden. Ihr müsst das Licht nicht auf einen speziellen Ort richten; lenkt es einfach dorthin, wo es am meisten benötigt wird. Wenn ihr dies tut, werdet ihr erkennen, dass ihr auch von der Ruhe und dem Frieden profitiert und euer eigenes Licht sich erhöht. Die Menschen vollziehen Schritte und Sprünge, wenn sie ihre Schwingung erhöhen und ihre Absicht dafür einsetzen, eine positive Realität zu erschaffen.

Augenscheinlich kämpfen die Menschen etwas mit den Schwingungsveränderungen, die in unserer dreidimensionalen Realität vorhanden sind und da unsere Schwingung nicht hoch genug ist, können wir andere Dimensionen noch nicht vollständig besuchen. Wenn ich Recht habe, dann sind wir eigentlich in der normalen dimensionalen Schwingungsrate der Menschheit noch nicht in der Lage, Wesen aus anderen Reichen zu treffen oder zu begrüßen, denn wir können diese höheren Schwingungen noch nicht aufrechterhalten. Würde ein zu schnelles Erreichen einer höheren Schwingung für einen anhaltenden Zeitraum den Menschen schaden?

Das ist nur ein Teil der Erkenntnis. In dieser Zeit sind die Menschen unterschiedlich in der Lage, ihre physischen und ätherischen Körper miteinander zu verbinden. Diejenigen, die mehr an ihrem physischen Körper hängen, ohne den ätherischen Körper zu verstehen, und das ist bei den meisten Menschen der Fall, stehen vor größeren Herausforderungen hinsichtlich der Vorstellung, diese beiden miteinander zu verschmelzen, um an anderen Dimensionen teilhaben zu können. Sich schwingungsmäßig hin und her zu bewegen, stresst den physischen Körper, denn die Elemente, aus denen der physische Körper besteht, entwickeln sich langsam. Erinnert euch, der menschliche ätherische Körper formt die Blaupause für den physischen Körper und zeigt dem physischen Körper was *möglich* ist. Doch das bedeutet nicht, dass der physische Körper, auf den sich die jahrelangen fehlerhaften Anweisungen für die Manifestation ausgewirkt haben, sich unverzüglich auf die perfekte Blaupause anpassen *kann*.

Während es dem Physischen *möglich* ist, unverzüglich die ätherische Blaupause zu kopieren und perfekte Gesundheit und die Fähigkeit zum Besuch anderer Dimensionen zu manifestieren, stellt es für die meisten Menschen eine Herausforderung dar, fortwährend allen notwendigen Elementen gegenüber aufmerksam zu bleiben, um Perfektion in dem gegenwärtigen Augenblick zu manifestieren. Die meisten von euch müssen das, was wir lehren, mit ihrem linearen Verständnis betrachten, Schritt für Schritt, Übung um Übung. Wir formulieren die Wahrheit um, dass Heilung und Perfektion sofort im gegenwärtigen Moment stattfinden können, doch die Menschen werden weiter herausgefordert durch Glaubenssysteme und Missverständnisse über ihre illusionären Vorstellungen der Vergangenheit, Gegenwart und Zukunft. Wir möchten, dass die Menschen ihr Vertrauen nicht in die Möglichkeiten verlieren, wenn sie das betrachten, was wir lehren, denn sie müssen im gegenwärtigen Augenblick üben und jedem Gedanken gegenüber stets aufmerksam sein, damit das, was wir lehren, stattfindet.

Der menschliche Körper sieht Unterschiede und Veränderungen als eine Vorbereitung auf den Tod, denn genau daran erinnert sich jedes Körperbewusstsein. Die Vorstellung, *mit* dem Körper aufzusteigen ist neu und jeder menschliche Körper muss durch den wiederholten Empfang dieser neuen Energien lernen, dass der Tod nicht automatisch stattfindet, einfach nur weil andere oder ungewöhnliche Energien vorhanden sind. Ja, es ist anstrengend für den menschlichen Körper, fortwährend eine höhere Schwingung aufrechtzuerhalten. Viele Menschen empfinden Stress, wenn sich ihre Schwingungen verändern und verstehen nicht, warum sie sich müde fühlen, schwindelig oder aus dem Gleichgewicht oder im umgekehrten Fall verstärkt Freude und Liebe empfinden. Aufgrund unserer Verschmelzung mit euch beiden sind wir besser in der Lage, die Fähigkeit und die Begrenzungen des menschlichen physischen Körpers zu empfinden. Verwirrend für den menschlichen Körper ist die fortwährende Resonanz mit diesen Ebenen nach einer höherschwingenden Erfahrung. Doch das Elend ist erzieherisch, nicht schädlich.

Ihr fühlt vielleicht die Temperaturschwankungen, die mit der erhöhten Energie der ätherischen Wellen zu tun haben. Der physische Körper muss lernen, mit dem Übermaß an Energie und Licht umzugehen. Die Integrationsphase erfordert Erholung. Hört auf die Bedürfnisse eures Körpers, während ihr voller Mitgefühl erkennt, dass der Körper viele neue Veränderungen akzeptiert. Ein Übermaß an ätherischer Energie, Licht und

Verbindung zu erhalten, ist gewiss von Vorteil. Ihr werdet euch an die Veränderungen anpassen. Bei der ätherisch-physischen Verschmelzung passt sich der Körper an die zusätzlichen energetischen Wogen an, die Temperaturschwankungen verursachen. Es ist gut für die Menschen, keine mental auszehrenden oder physisch ermüdenden Aktivitäten zu unternehmen, nachdem sie eine erhöhte Schwingung erfahren haben.

Es ist auch gut, sich Zeit zu nehmen, um die Empfindungen zu integrieren, die ihr in eurem Körper erfahren habt, wenn ihr euch darauf vorbereitet, euch wieder der konventionellen Realität anzuschließen. Die Menschen müssen verstehen, dass, wenn sie ihren physischen Körper ehren und auf dessen Bedürfnisse hören, ihnen dies hilft, das Vertrauen des Körpers zu erlangen. Erinnert euch, dass die meisten menschlichen Körper missbraucht und ignoriert worden sind, von einem Leben zum nächsten, einschließlich dieses Lebens. Esst, wenn ihr Hunger habt, und esst, was euer Körper braucht. Ruht, wenn ihr müde seid. Lauft umher, wenn ihr Bewegung braucht. Schwimmt, wenn ihr dazu in der Lage seid.

Lacht bei jeder Gelegenheit. Atmet tief ein. Genießt das physische Empfinden von Berührung. All diese Dinge lassen den Körper wissen, dass er sicher ist, geliebt wird, umsorgt wird und im Wachstum und in der Entwicklung hin zu etwas anderem unterstützt wird. Mit diesem Vertrauen verschwindet die Angst. Der Tod, das haben wir bereits gesagt, ist für den Aufstieg nicht notwendig. Jeder menschliche Körper muss sich der Erkenntnis anpassen, dass der Tod nicht stattfinden muss; erkennt in der tiefen Erinnerung eures Körpers aus der fernen Vergangenheit, dass die lemurische Regeneration in der Tat möglich ist. Die Lemurier haben dies erkannt und es eine sehr lange Zeit gelehrt. Indem ihr auf euren Körper hört und euch um ihn kümmert, helft ihr ihm zu verstehen, dass die Verschmelzung des Physischen und des Ätherischen für die Regeneration möglich ist. Ruht euch aus und lasst es zu. Erlaubt euch selbst Bewusstheit eurer ganzen ausdehnenden Fähigkeiten, wenn diese Veränderungen stattfinden. Erlaubt die Weiträumigkeit, die Verwirrung, gelegentliche Kopfschmerzen, Temperaturschwankungen und Schwindel, die dafür verantwortlich sind, dass ihr euch aus dem Gleichgewicht fühlt, um euch eurer Akzeptanz bewusst zu werden. Dies wird sich letztendlich selbst ins Gleichgewicht bringen, wenn sich euer Physisches und euer Ätherisches annähern und höhere Schwingungen aufrechterhalten werden. Wenn der menschliche Körper lernt, sich höheren Schwingungen anzupassen, dann kann er auch Empfindungen erleben, die ihr als prickelnd, heiß oder schwankend wahrnehmt. Diese Empfindungen entstehen, wenn der ätherische und der physische Körper verschmelzen und dies kann verwirrend sein, denn es ist dahingehend neu, wie der menschliche Körper sich normalerweise versteht.

Lasst es einfach zu. Es sind drei einfache Dinge notwendig während einer Periode der Integration: Ruhe, Ernährung und am wichtigsten, beobachtet eure Gedanken und das, was ihr über das glaubt, was stattfindet. Wenn ihr euch darauf fokussiert, krank zu sein, dann unterstützen eure Gedanken die Möglichkeit für ein ernsteres Ungleichgewicht. Wenn ihr das, was ihr erlebt, als notwendige Ruhe und Neuintegration erlebt, während die Entwicklungsveränderungen stattfinden, fördert ihr den Neuabgleich und die Heilung. Der physische Körper reagiert langsamer auf energetische Veränderungen als der ätherische; er begibt sich in die Gedankenkette, die ihr über das erzeugt, was geschieht. Wenn die Menschen ihre ätherischen und physischen Formen immer mehr verschmelzen, strahlt mehr Licht von ihnen aus.

Diese Lichtdynamik hat heilenden Nutzen für die Regeneration. Sie kann durch die Verbindung mit dem ätherischen Körper und der ätherischen Welt dazu beitragen, den menschlichen Verfall zu tilgen und die Menschen mit Ganzheit zu erfüllen. Jedes Mal, wenn sich die Menschen näher auf ihren ätherischen Körper zu bewegen, entsteht mehr Licht und mehr natürliche, automatische Pflege des physischen Körpers; harte, starre Strukturen und Widerstände werden abgemildert und ihr bewegt euch hin zu jugendlicher Frische. Alle Zellen innerhalb des Körpers werden voller, denn sie werden genährt.

Gibt es noch etwas anderes, was wir darüber verstehen müssen, wie ätherische oder andere dimensionale Energien in dieser Dimension die Dinge durchdringen und beeinflussen?

Die menschliche Vorstellung darüber, was stabil ist, beginnt sich zu verändern und zu wandeln, da ihr mehr über Dichte und Schwingungsebenen versteht, und am wichtigsten über Wellenbewegung. Realität in der dritten Dimension ist nur eine Projektion des Ätherischen ins Außen. Ohne die ätherische Blaupause würde sie zusammenbrechen und nicht existieren. Gedankenformen und Absicht erschaffen die Realität; versteht daher, dass ätherische Formen eure Realität in der physischen Form erschaffen. Die Ebene der dreidimensionalen Realität *löst* sich auf, wenn das Ätherische sich mit dem Physischen in großen und kleinen Augenblicken verschmelzt und bewusste Menschen machen zunehmend Erfahrungen, die außerhalb ihres gewöhnlichen Verständnisses liegen.

Es gibt eine Verbindung zwischen der Verschmelzung des Ätherisch-Physischen und einem Zeitkollaps, wenn die Realität aufhört zu existieren und ihr euch in Richtung Einheit bewegt. Ihr werdet Zeitlücken erkennen, in denen etwas nicht wirklich hineinpasst, Lücken am Tag und in der Nacht und Lücken im Verstehen des Wetters und der jahreszeitlichen Wechsel. Es gibt alle möglichen Arten von Lücken, die nicht in die Konstrukte eurer früheren Glaubenssysteme passen. Die dreidimensionale Realität lässt nach und jene Menschen, die daran arbeiten, ihr ätherisches und ihr physisches Selbst zu verschmelzen, werden erkennen, wie dies immer intensiver wird. Andere Menschen werden einfach nur verwirrt sein. Etwas davon hat mit dem Ende der Zeit und dem Ende der Dualität zu tun. Etwas anderes davon hat mit der Anhebung eurer Schwingung zu tun, wenn ihr beständig uns und andere, uns ähnliche Wesen, um Unterstützung bittet und sie auch erhaltet, die euch dabei helfen, eure Schwingung anzuheben und eure ätherische mit eurer physischen Form zu verschmelzen. Wenn das Ätherische seine Realität der physischen Realität einprägt, dann verschmelzen die Dinge in Wellen, die unvorhersehbar sind, überraschend, magisch und aufschlussreich.

Fokussiert euch auf das Wunder und die Magie und schließt euch ihnen an, fließt mit der Synchronizität und dem Wunder, als würdet ihr auf dem Rücken eines Drachen von vor langer Zeit reiten, der euch zwischen die Schleier bringt und euch zeigt, was möglich und real ist.

Pia und ich haben uns angeschaut und gesagt, dass wir ganz gespannt darauf sind, dass uns Dinge zustoßen werden, Dinge, die ungewöhnlich sind, magisch und uns unbekannt. Ich glaube, das was ihr gerade gesagt habt, bedeutet, dass wir uns auf einer Ebene bewusst sind, dass diese Veränderungen beginnen und wir erkennen sie jetzt mit einer zunehmenden Bewusstheit dessen, wie wir davon beeinflusst werden und ebenso, wie andere Menschen und der ganze Planet davon beeinflusst werden.

Ja, das seid ihr. Ist das nicht wundervoll? Voller Wunder. Voller Magie. Wenn sich die Menschen die Mühe machen und Zeit damit verbringen würden, mit ihrem eigenen Wasser zu arbeiten und es dem Körper erlauben und ihn dazu ermutigen würden, sich ganz spontan zu bewegen, wenn er schmerzt oder starr wird, dann können sie sich der Erfahrung annähern, sich in das Ätherische hineinzubewegen. Seid fließend. Fließt in euren Gedanken und in eurem Körper. Die Wellenbewegung des Wassers eures Körpers unterscheidet sich nicht so sehr von der Wellenbewegung im Ätherischen. Die Wellenbewegung im Körper zu verstehen, hilft den Menschen zu wissen, wie es sich anfühlt, sich zwischen den Reichen zu bewegen; es ist der ätherische Körper, der die Erfahrung zum Physischen überträgt. Deshalb lehrt Pia ihren Klienten die Wellenbewegung. Den meisten Menschen widerstrebt diese Form der Freiheit, denn sie haben Angst davor, sich ohne Struktur dessen zu bewegen, was sie für feste Realität halten.

Je mehr ihr den Widerstand gegenüber dem loslasst, von dem ihr glaubt, wozu euer physischer Körper in der Lage ist oder nicht, umso näher und schneller findet ihr euren eigenen Schlüssel, um euch in Wellen bewegen zu können, was die Verschmelzung des Ätherischen mit dem Physischen erleichtert. Einige fortgeschrittene Menschen, die einen äußerst mentalen Fokus haben, Absicht und keine Emotionalität, sind bereits in der Lage, ganz spontan ihr Ätherisches mit dem Physischen zu verschmelzen, um sich selbst aus der Gefahrenzone zu entfernen, wenn sich die Umstände plötzlich verändern. Das ist eine Form der Gestaltveränderung. Alle Menschen können dies lernen. Wenn der Tod beispielsweise bevorstünde und ein Mensch ganz bewusst den Tod vermeiden wollte, wäre es möglich, diese Entscheidung zu erleichtern, indem er um Hilfe bittet, dass sich der ätherische und der physische Körper verschmelzen.

Solange keine *Angst* vorhanden ist, ist das möglich. Angst verhindert die Manifestation. Wir möchten in euch die Fähigkeit einfließen lassen, die Erschaffung eurer Realität durch fokussierte Absicht zu steuern. So wie ihr euren Wagen mit fokussierter Absicht steuert, so könnt ihr die Realität steuern, die ihr mit fokussierter Absicht erschaffen möchtet und ihr könnt sogar physische Gebrechen und Schwierigkeiten hinter euch lassen durch eure Absicht, dass euer Physisches mehr in Synchronizität mit der Blaupause eures Ätherischen gelangt. Wir haben schon zuvor darüber gesprochen. Wir denken, die Dinge zu wiederholen und sie aus unterschiedlichen Perspektiven durch unterschiedliche Beispiele zu präsentieren, fördert eure Fähigkeit, euch an das zu erinnern, was möglich ist und es zu wissen. Wir hätten gerne, dass ihr beiden und all die Menschen, die sich darum bemühen, sich mit ihrer eigenen Göttlichkeit zu verbinden, das violette Licht der Transformation nutzen, um Herausforderungen zu transzendieren und dabei unbequeme und schmerzliche physische und emotionale Ungleichgewichte loszulassen, die euer physischer Körper trägt.

Habt für euch selbst die Absicht, eure ätherische und physische Form in einer anderen Realität zu verschmelzen, in der es kein Leid und kein Unbehagen gibt. Transzendiert den mentalen Zustand, in dem die menschlichen Glaubenssysteme leben und fest in den Gewohnheitsmustern dessen verwurzelt sind, was ihr für real haltet. Die Glaubenssysteme halten euch gefangen in alten starren Mustern. Transzendiert eure

Glaubenssätze und bewegt euch in Richtung Verschmelzung des ätherischen und physischen Körpers. Ihr beide habt die Erfahrung gemacht, in eurer ätherischen Form zu reisen, als ihr physisch nicht zusammen wart und ihr euch direkt miteinander verbinden wolltet. Eure Einheit und gemeinsame Schwingung reagiert aufeinander, wenn ihr euch gegenseitig kontaktieren müsst. Pia war in der Lage, ihren physischen Körper zu verlassen und mit ihrem ätherischen Körper dorthin zu reisen, wo du schliefst, als ihr voneinander in einem anderen Staat oder einem anderen Land entfernt wart. Und du warst in der Lage, in deinem Lichtkörper zu ihr zu reisen. Jeder von euch beiden tat dies.

Sie ist sich der Aktivität stärker bewusst als du, Cullen, obwohl du schon seit langem Dinge außerhalb deines Körpers tust und nicht bewusst weißt, wohin du gegangen bist oder was du getan hast. Du hast dich auf das vorbereitet, was du jetzt tust. Viele andere Menschen haben sich auf die gleiche Weise vorbereitet. In dieser Form zu reisen, ist äußerst anstrengend für den physischen Körper, bis ihr lernt, euer Ätherisches und euer Physisches mehr miteinander zu verschmelzen. Deshalb möchten wir, dass ihr die Schwingung eures physischen Körpers anhebt, um euch mehr an euren ätherischen Körper anzupassen, damit ihr in der physischen und ätherischen Form in der gleichen Frequenz reisen könnt; dadurch werdet ihr mehr in der Lage sein, zwischen den Reichen zu reisen und besser miteinander und mit Wesen, so wie uns, zu kommunizieren. Je mehr Menschen schwingungsmäßig angehoben werden, umso mehr Wesen kommen, um euch zu unterstützen.

Die Menschen sind manchmal unfähig zu sprechen, wenn sich ihnen interdimensionale Wesen nähern, um ihnen im Schlaf zu helfen. Der Grund hierfür ist, dass in der ätherischen Form die physischen Stimmbänder nicht funktionieren. Ihr könnt in eurem ätherischen Körper nicht auf die gleiche Weise sprechen wie in eurer physischen Form. Im Ätherischen kommuniziert man durch Gedankenwellen mit Hilfe des Wassers. Auf diese Weise kommuniziert ihr aus der Entfernung miteinander. Es ist kein physisches Hören; es sind mentale Gedankenformen von eurem Wasser;

durch euer Wasser kommuniziert ihr in telepathischen Gedankenformen. Menschen, die sich ihrer ätherischen Form stärker bewusst sind, können symbolhafte Botschaften von der chaotischen Ordnung der Welt empfangen. Ihr nehmt astrale und physikalische Unterbrechungen wahr, da sich die Menschen in ihrer Trennung beschleunigen, die überdrehten Aktivitäten zunehmen und sich mehr in sich selbst versenken, anstatt sich mit anderen zu verbinden. Diese Aktivitäten und Gedankenformen werden auf der astralen Ebene in symbolhafter Form repräsentiert und können im Traumzustand gelesen werden, in dem das Ätherische mit euch kommuniziert. Pia erlebt dies durch aktive luzide Träume. Du, Cullen, empfängst gleiche Botschaften durch Visionen. Ihr beide agiert als „Seher", Propheten dessen, was geschieht und was kommen kann, wenn die Menschen nicht das verändern, was sie im kollektiven Bewusstsein mit erschaffen. Solch eine Bewusstheit ist lediglich eine Ausdehnung aller menschlichen Fähigkeiten, da ihr beginnt, ein Verständnis dafür zu entwickeln, wie ihr durch den Einsatz eures Wassers tiefere und weitere intuitive Informationen empfangen könnt.

Mir ist aufgefallen, dass Pia kürzlich größer zu sein schien. Wie hängt das mit der ätherisch-physischen Verschmelzung zusammen?

Sie dehnt die devischen Qualitäten in sich selbst aus und erschafft gemäß ihrer ätherischen Blaupause mehr Raum entlang ihres Spinalsystems. Wenn ihr dies möchtet, könnt ihr und andere bewusste Menschen dies ebenso tun. Wenn ein Mensch einen bewussten Schritt macht, um sich vom Leid und dem Unbehagen hin in Richtung Liebe und Vertrauen zu bewegen, dann erschafft er einen Raum, der zuvor nicht existiert hat. Je mehr das Ätherische und das Physische miteinander verschmelzen, umso mehr nimmt der physische Körper eine zunehmend holistische, abgerundete und ausgewogene Form an. Das Physische kann sogar ein bisschen schöner werden, wenn es sich stärker mit dem Ätherischen verbindet und sie beginnen zu verschmelzen, um ein Ganzes zu bilden. Beschädigte Teile des menschlichen Körpers können geheilt werden.

Verdichtete Stellen, an denen menschliche Emotionen und Körperlichkeit vom Leben zerquetscht oder komprimiert wurden, können mit Raum, Licht und Liebe erfüllt werden und der physische Körper kann beginnen, präziser die Absicht des ätherischen Körpers zu reflektieren. Das Leben ist mit Schönheit verbunden. Das Leben ist wunderbar. Wir alle sind wunderbar. Ihr beide erkennt überall Wellen. Ihr beginnt zu verstehen, was es bedeutet eine Welle zu sein. Ihr beginnt den Einfluss, den ihr durch eure eigene Wellenbewegung auf andere Menschen und auf die Welt habt, besser zu verstehen. Für die Menschen ist es einfacher, einen harmonischen Zustand aufrechtzuerhalten, wenn sie von anderen Menschen umgeben sind, die ebenfalls in einem harmonischen Zustand sind. Wir geben euch ein Beispiel dafür, wie das Gegenteil eines harmonischen Zustandes verbreitet wird. Schlecht gelaunte, unglückliche und sich beklagende Angestellte in Geschäften verbreiten negative Energien und jeder um sie herum beginnt dann, sich zu beklagen; dies wird zur Norm. Wäre es nicht viel angenehmer, wenn die Norm Angestellte wären, die bei der Arbeit glücklichere Energien verbreiten, anstatt ihre Gedanken und Worte darüber zu verbreiten, wie übermüdet sie sind, wie überstrapaziert und unglücklich? Ob positiv oder negativ, die Wellenbewegung beeinflusst andere Menschen, wie eine Welle auf einem See, die sich kräuselt, bis hin zu seinem entferntesten Ufer. Wir versuchen, euch dies seit einiger Zeit zu erklären, so wie wir euch auch erklären, was es bedeutet, euer eigenes Wasser statt in Aufruhr, in einem positiven Zustand zu halten. Für die Menschen ist es sehr schwierig, ihr Wasser ruhig zu halten.

Sie benötigen den Einfluss positiver Wellen, so wie ihr beide und andere, die diese Arbeit tun, um sich weiterzuentwickeln. Wenn ein oder zwei Menschen beständig ihr Wasser ruhig halten, dann beeinflusst diese Gelassenheit ganz spontan andere Menschen auf positive Weise. Eure Wissenschaftler nennen das den Effekt des hundertsten Affen. Wenn einer lernt, dann lernen plötzlich alle anderen auch. Genau das werdet ihr, du und Pia, sozusagen als Leitaffen tun, indem ihr dies durch eure Fröhlichkeit und Liebe lehrt und es anderen ermöglicht, die Schwingung aufzunehmen. Lehrt jeden Menschen, dass die Liebe zu Hause beginnt und nach draußen fließt. Betrachtet eure Arbeit nun mehr so, dass ihr euch konstanter dahin bewegt, Wellen zu sein. Verändert euch von einem Augenblick zum nächsten. Hört auf euren Körper und lernt, was er braucht. Hört zu und hebt beständig eure Schwingungen an, wenn euch etwas unangenehm ist, denn durch die Wellenenergie setzen die notwendigen Veränderungen am Tor zur Realität der ätherisch-physischen Verschmelzung ein. Alles andere öffnet und verändert sich von dort aus. Ihr könnt euch durch den Einsatz eurer Vorstellungskraft darin üben, Wellen zu erleben. Stellt euch vor, wie ihr in einen abgedunkelten Raum blickt und direkt vor euch Energiewellen seht. Erkennt in der Dunkelheit langsam etwas, das wie die Flamme einer Kerze erscheinen mag, eine weiße Flamme hier und eine gelbe Flamme dort. Beginnt, mehr Flammen oder Wellen aus Licht zu erkennen, weiße, gelbe und blaue. Stellt euch dies vor, um eure Fähigkeit zu fördern, Wellen zu erkennen und zu erleben. Wenn ihr Unbehagen, Furcht, Sorge oder ein unerklärliches Gefühl empfindet, mit dem ihr nur schwer zurechtkommt oder das ihr nur schwer verstehen könnt und ihr sicher seid, dass es nicht zu euch gehört (das könnte sein, wenn ihr chaotische oder leidvolle energetische Wellen des kollektiven Bewusstsein aufnehmt), dann denkt daran, dass der Geist Gewohnheiten folgt und eine Erklärung für das suchen wird, was eurer Meinung nach zu dem passt, was ihr glaubt. Der Geist sucht nach dem Vertrauten. Wenn die Menschen das, was sie erleben, nicht zuordnen können, können sie vorübergehend alte, eingravierte emotionale Muster empfinden, denn der Geist weiß nichts mit dieser Energie anzufangen. Daher wandern eure Gedanken zu alten Mustern.

Der Geist wird etwas aufzeigen, damit die emotionale Reaktion einen Rahmen bekommt. Wenn ihr solche Energie empfindet, dann verändert eure Gedanken. Bewegt euch wellenartig weg von alten Mustern. Denkt daran, dass alles verbunden ist und sowohl das, was ihr fühlt als auch das, was ihr zum Ausdruck bringt, beeinflusst alle Menschen um euch herum, das kollektive Bewusstsein und das Universum. Bleibt also nicht hängen wie ein unglückliches Partikel. Seid eine Welle und bewegt euch, bewegt euch, bewegt euch hin zur Verschmelzung eures ätherischen und eures physischen Körpers; bewegt euch hin zur Liebe. Seid Wellen. Seid Liebe. Seid ihr selbst.

18

LEBENSZWECK UND AUFSTIEG

Wir möchten heute über den Lebenszweck und den Aufstieg sprechen. Viele Menschen kämpfen damit, ihren Lebenszweck zu finden und verbleiben in den Mustern, die sich für sie angenehm und vertraut anfühlen. Wir ehren und erkennen die Bedeutung von Vertrautheit, durch die sich die Menschen sicher und wohl fühlen. Die sich verändernden Bedingungen, in denen ihr lebt, sind vielen von euch nicht vertraut und doch könnt ihr ein Gefühl von Vertrautheit finden, indem ihr euch mit anderen Menschen zusammenschließt, die eure Erfahrungen auf die eine oder andere Weise mit euch teilen. Seit einiger Zeit sprechen wir über die Macht eurer Gedanken bei der Erschaffung der Realität. In Lemurien, als die menschlichen Wesen weniger kompliziert und weiter entwickelt waren, verstanden es die Menschen besser, wie wichtig es ist, vorsichtig zu sein mit dem, was gedacht oder gesprochen wurde. Einfachheit und Direktheit der Gedanken sind unschätzbar. Verschachtelte, komplizierte Gedanken erschaffen eine verschachtelte, komplizierte Realität. Was wir versuchen, euch zu lehren ist, die Bedeutung des Verständnisses „einfach und tief."

Die Welt um euch herum ist sehr komplex durch so viele komplizierte menschliche Gedankenformen. Diese Komplexität der Welt ermüdet die Menschen physisch, denn dadurch müssen sie in viele Richtungen auf einmal denken. Es hilft nichts anderes, als eins nach dem anderen zu tun, sich immer wieder Zeit zum Ausruhen zu nehmen und sich zu

regenerieren und nicht allen Gedanken zu erlauben, auf einmal auf euch einzuwirken. Viele Menschen erkennen noch immer nicht die Macht ihrer Gedanken. Viele der Menschen, die intellektuell dieses Konzept verstehen, haben aufgrund ungezügelter fortwährender Gedankenaktivitäten und unbewältigter Emotionen keine Übung, es anzuwenden. Wenn ihr eure Lebensaufgabe verstehen möchtet, dann müsst ihr euch von den Kompliziertheiten befreien und euch hin zu Einfachheit und Tiefe bewegen. Wenn viele Menschen mit fokussierten Gedanken und einer einfachen Absicht zusammenarbeiten, dann ist es leichter, die absichtsvolle Realität zu generieren, die ihr erschaffen möchtet.

Die Aufgabe von Pia und Cullen in dieser Zeit ist es, nicht nur unsere Kommunikation zu fördern und als Vermittler für interdimensionale Kommunikation zu agieren, sondern auch, eure Gedankenmuster auf die Manifestation zu fokussieren und anderen mitzuteilen, wie man durch absichtsvolle Gedanken manifestiert. Es ist viel wertvoller, wenn viele Menschen das absichtsvolle Denken praktizieren, als nur ein paar wenige.

Wenn beispielsweise der Motor eures Autos nur eine Zündkerze hat, dann kann der Funke versuchen, sich zu manifestieren und den Motor zum Laufen zu bringen, doch so lange man es auch versucht, der Motor wird nicht laufen. Wenn ihr die Zündkerze mit anderen Zündkerzen verbindet und jede an ihrem Platz ist, dann springt jede Zündkerze so an, wie es sein soll, der Motor springt an und Bewegung findet statt. Ihr manifestiert die Realität, euch durch den Raum zu bewegen. Gleiches gilt, wenn ihr euch mit anderen Lichtwesen zusammenschließt, die auch die Aufgabe haben, die Menschheit anzuheben und die Macht der Manifestation durch absichtsvolles Denken zu verstehen, dann könnt ihr die Dinge, die euch herausfordern, bewegen, die Dinge, die euch vollkommen ermüden, die Dinge, die euch aus dem Gleichgewicht bringen und die Dinge, die euch ständig stressen. Ihr könnt in der Tat an diesem Punkt die Welt manifestieren, von der ihr wisst, dass sie möglich ist.

Das ist euer Lebenszweck. Ihr profitiert durch die Verbindung mit jenen Menschen, welche die gleichen Interessen in ihrem Herzen haben. Wisset, dass in dieser Zeit negative Energien auf der Erde präsent sind, welche die Macht der Gedanken zur Manifestation verstehen und sie versuchen, eine Zukunft zu manipulieren, die im Gegensatz zu der von euch gewünschten Zukunft steht, indem sie Angst und Verwirrung verbreiten. Sie fokussieren Gedankenformen, um immer mehr Angst zu generieren, um noch weiter Trennung und Komplexität zu verursachen. *Ihr müsst unbedingt erkennen,* wie wichtig es ist, euch mit anderen Lichtwesen zusammenzuschließen, um euch darauf auszurichten, zu lernen, wie ihr eure Realität durch absichtsvolles Denken manifestieren könnt. Es ist unabdingbar für den Aufstieg der Erde und ihrer Menschen, die notwendigen Veränderungen durchzuführen, um gemeinsam aufzusteigen. Die Menschheit hat einen vereinten Lebenszweck: Die Evolution der Menschheit, durch die ihr zu eurem göttlichen Zustand der Liebe zurückkehrt. Es gibt drei Ziele, auf die ihr euch, und andere Menschen, welche die Evolution der Menschheit unterstützen möchten, fokussieren könnt:

1. Lernt, wie ihr die Realität manifestieren könnt, die mit der Göttlichkeit im Einklang steht. Verstärkt eure Macht, indem ihr euch mit gleichgesinnten Lichtwesen zusammentut, welche die gleiche fokussierte Absicht haben, der Menschheit dabei zu helfen, sich auf die Göttlichkeit auszurichten. Werdet zu dem, was möglich ist.

2. Fördert die Kommunikation zwischen Helfern, so wie uns, und anderen, die dabei helfen möchten, dass sich die Menschheit mit der Göttlichkeit in Einklang bringt, um sich weiter zu entwickeln.

3. Seid ein Gegengewicht zu jenen, die durch negative Gedankenformen von Angst und Trennung Kontrolle ausüben. Zeigt, wie Angst kontraproduktiv ist im Hinblick darauf, was die Menschheit erschaffen möchte. Jeder Mensch kann seinen eigenen Engel des Höheren Selbst darum bitten, zusätzlich spezielle Lebensaufgaben zu definieren.

Du und Pia, ihr habt eine zusätzliche Lebensaufgabe, die ganz speziell ist: Ihr sollt als Botschafter unserer plejadischen Gruppe agieren und die Kommunikation zwischen uns und allen Menschen fördern, die hören wollen, wie sie Teil der Evolution der Menschheit sein können.

Dieser Lebenszweck ist hervorragend. Bei dieser Arbeit werden wir immer mehr von Licht erfüllt und wir wissen stets, dass wir die Arbeit tun, die für uns hier vorgesehen ist. Es ist gut, andere Menschen einzuladen, den Lebenszweck der Evolution der Menschheit zu teilen.

Hervorragend. Hört das wunderbare Lied des Vogels draußen.

Wir haben es gehört. Einer der Vorteile, als Mensch auf der Erde zu leben, besteht darin, diese Art von Erfahrung zu genießen; sie hebt uns an.

Das ist eine sehr freudvolle irdische Kreatur. Die ganze Lebensaufgabe des Vogels besteht darin, Freude in die Welt zu bringen. Könnt ihr das nicht in seinem Lied hören? Jeder Mensch muss in sein eigenes Herz schauen und seine eigene Aufgabe finden. Es ist hilfreich, wenn individuelle Lebensziele mit den Zielen verbunden werden, die wir euch für die Evolution der Menschheit gegeben haben. Individuelle und größere Ziele zu verbinden, hilft dabei, ein Gefühl der allumfassenden Einheit unter uns allen herzustellen.

Wir verstehen, dass sich die Menschen physisch gestresst fühlen, da sie innerhalb der gegenwärtigen gemeinsamen Realität, die sich hinbewegt zur universellen Realität, Veränderungen erleben. Wir verstehen das emotionale Unbehagen, das entsteht, wenn die Menschen daran arbeiten, ihre eigenen Schattenängste und Überzeugungen zu klären, um Unbewusstes zur Klärung ins Bewusstsein zu bringen. Während dieser Veränderungen und Herausforderungen wird es euch helfen, wenn ihr euch darauf fokussiert, durch eine zweckgerichtete Arbeit und die

Verbindung mit anderen Menschen, welche die gleiche Aufgabe haben, angehoben zu werden. Dann werden Probleme wie Schlafstörungen und unausgewogene Gesundheit sekundär und indem sie sekundär werden, heilen sie sich selbst. Zieht euch nicht vom Leben zurück, weil ihr euch nicht gut fühlt oder weil ihr frustriert seid. Fokussiert euch nicht auf solche Gedanken. Fokussiert eure Gedanken stattdessen auf eure Lebensaufgabe und findet Freude an unerwarteten Dingen.

Jeder Mensch weiß in sich selbst, wie man dies tun muss. Gedankenformen weisen den Weg. Vertrautheit ist nicht euer Freund, wenn sie euch an fehlerhaften Überzeugungen und Reaktionen festhalten lässt. Heißt die Veränderungen willkommen und verändert euch selbst. Bewegt euch hin zu absichtsvollem Denken und erschafft die zukünftige Realität der Menschheit.

Die Zukunft der Menschheit ist für sehr viele interdimensionale Wesen von Interesse, die dabei zusehen, wie die Menschen erwachen und sich abmühen, um zu erkennen, dass sie göttlich sind und dass sie in sich die Schöpfermacht tragen. Wenn ihr die Konsequenzen versteht, solch machtvollen Lebensformen dabei zuzuschauen, wie sie ihre Göttlichkeit einfordern, dann versteht ihr, warum all diese anderen Wesen sich für euch interessieren. Wenn ihr das versteht, dann erkennt ihr, warum die Wesen, die nicht aus der Liebe kommen, versuchen, für Aufruhr zu sorgen, um die Trennung und Angst voranzutreiben, die der Menschheit so lange Zeit sehr viel Leid beschert haben. Wenn man sich solche gegensätzlichen Polaritäten anschaut, dann ist ganz deutlich zu erkennen, wie nötig und wie wichtig es ist, voranzukommen, um sich mit anderen, so wie euch, zu verbinden, um gemeinsam zu lernen, wie man die Realität erschafft, die euch als göttlichen Wesen vorbestimmt ist. Während wir von Dualität sprechen und von jenen, welche die Trennung vorantreiben, wisset, dass mit dem Kollabieren der Zeit die Dualität aufhören wird und ihr euch in Liebe hin zur Einheit bewegen werdet. Tragt euren Teil dazu bei. Lebt eure Lebensaufgabe.

Wir möchten jetzt über den Aufstiegsprozess sprechen. Der Aufstieg kann auf zweierlei Weise vonstatten gehen, doch mit Ausnahme von ein paar Beispielen, die ihr „Meister“ nennt, tragen die meisten Menschen das Glaubenssystem in sich, dass sie ihren Körper verlassen, wenn ihr Geist aufsteigt. Es gibt eine andere Form von Aufstieg, wie wir kürzlich erwähnt haben: Die Form der Verschmelzung des ätherischen mit dem physischen Körper. Da die meisten Menschen nicht verstehen, wie man diese Brücke zwischen dem Ätherischen und dem Physischen baut, während man im physischen Körper ist, werden viele Seelen auf diesem Planeten durch den Tod aufsteigen, indem sie den physischen Körper verlassen und für ein weiteres Leben das karmische Rad wieder betreten. Tod ist eine Form des Aufstiegs. Doch der Tod ist für euch beide weder notwendig noch angemessen, auch nicht für andere Menschen, die *mit* dem physischen Körper aufsteigen möchten.

Ja, wir hören eure Bedenken und Fragen darüber, den physischen Körper mit euch zu nehmen, mit all seinem Leid und seinem Ungleichgewicht und der Erschöpfung, die sich durch das Leben auf der Erde angehäuft hat. Wir hören diese Bedenken in eurem Hinterstübchen. Doch wir sagen euch, euer physischer Körper ist nicht notwendigerweise so begrenzt, wie ihr denkt. Wenn er mit dem ätherischen Körper verschmolzen ist, kann euer physischer Körper Dinge tun, die ihr für Wunder haltet. Ihr würdet sehen, wie der physische Körper in der Lage ist, viele Dinge zu tun, die jetzt nur in der ätherischen Form möglich sind. Doch die Menschen verstehen dieses Konzept nicht, weil ihre Gedanken auf der Dualität basieren. Die meisten Menschen trennen immer noch die Realität des physischen Körpers von der Realität des ätherischen Körpers; die meisten Menschen eurer Rasse betrachten den Tod als notwendigen und natürlichen Teil dieses Zyklus. Das trifft nicht länger zu.

Ihr könnt eure Form des Aufstiegs nun entsprechend eurer Gedanken und Überzeugungen wählen. Wenn ihr glaubt zu sterben, dann wird dies der Fall sein. Es ist eure *Wahl* und die meisten Entscheidungen entstehen aus dem Missverständnis darüber, wie man den physischen Körper achtet und ihn versorgt und dem Missverständnis, das auf Überzeugungen basiert, die in der gemeinsamen Realität vorhanden sind. Wenn die Menschen lernen, auf die Bedürfnisse ihres Körpers zu hören und sie zu achten, ihr Ätherisches und ihr Physisches verschmelzen und absichtsvolle Gedanken haben, dann kann beim Aufstiegsprozess sowohl der ätherische als auch der physische Körper zur nächsten Ebene der Evolution mitgenommen werden. Jeder Mensch *wird* aufsteigen. Ob ihr euch dafür entscheidet, dies durch den Tod zu tun, so wie dies die Massen tun, die sich wieder auf das karmische Rad ausrichten oder ob ihr euch dafür entscheidet, dies so zu tun, wie wir dies durch die Verschmelzung eures ätherischen mit dem physischen Körper vorgeschlagen haben, ist eure Wahl.

Um den zweiten Pfad zu wählen, müsst ihr euren Körper nähren und ihn mit viel Licht versorgen. Das bedeutet nicht, dass ihr nicht auch der Dunkelheit erlauben sollt, an die Oberfläche zu kommen, wenn dies nötig ist, denn das ist Teil des Prozesses. Doch bleibt nicht in der Dunkelheit hängen. Fokussiert euch stattdessen darauf, der Dunkelheit zu ermöglichen durch das Licht erleuchtet zu werden, das ihr in euch tragt. Wenn ihr das Licht in euch nicht finden könnt, dann sucht es für den Augenblick im Außen und seid dankbar für etwas Schönes in der Natur. Je mehr ihr die Leichtigkeit in euren physischen Körper hineinbringt, umso größer ist die Gelegenheit, euren physischen Körper mit euch zu nehmen. Dies ist der gewünschte Vorgang bei jenen, die an der Evolution der Menschheit teilnehmen möchten.

Glaubt nicht den Diagnosen der Krankheit. Glaubt nicht den Diagnosen, die euch als pathologisch definieren. Jeder Mensch kann und wird möglicherweise Zeiten haben, in denen er sich außerhalb des Gleichgewichts befindet und Aufmerksamkeit benötigt. Wenn dies geschieht, fokussiert euch nicht auf auf Angst basierende Gedanken von Krankheit und Tod, denn wenn ihr dies tut, dann machen euch diese Gedanken an dem physischen Zyklus fest, an den ihr gewöhnt seid und ihr werdet als eure Wahl den Tod manifestieren. Wenn ihr solche Gedanken wählt, dann wählt ihr den Tod.

Ist euch dies klar? Wir ermahnen euch immer wieder, auf eure Gedanken zu achten. Die Gedanken entstammen dem Mentalkörper, der eine Art Brücke zwischen dem Ätherischen und dem Physischen ist. Versteht, dass eure physische Schwingung angehoben werden muss, um sich für die Verschmelzung an eure ätherische Schwingung anzupassen, was den Aufstieg mit dem physischen Körper ermöglicht. Wir haben bereits erklärt, dass bei Menschen, deren Körper für ihn ungewohnte Schwingungen empfängt, manchmal ein Gefühl von Orientierungslosigkeit und Unbehagen oder Not aufkommt. Ihr könnt auch die gegenteiligen Gefühle wie Freude und Einheit empfinden. Wie schnell ihr diese höheren Schwingungen annehmen und euch daran gewöhnen könnt, bestimmt, wie schnell ihr eure physische Schwingung anheben könnt.

Bitte erinnert euch, wir haben vereinbart, miteinander zu kommunizieren und einander zu helfen und wir sind sehr intensiv mit euch beschäftigt, während ihr eure Schwingung immer weiter anhebt. Wenn ihr versteht, was ihr erlebt, könnt ihr mit größerer Leichtigkeit Anpassungsphasen durchlaufen und euch schneller mit dem Lichtwesen, das ihr seid, in Einklang bringen. Bringt mehr Freude in eure Schwingung. Die Schwingung der Freude fördert eure Fähigkeit, eure physische Form leichter zu machen und das hilft eurer physischen Form, ihre Schwingung anzuheben, um sich an eure ätherische Form anzupassen. Die höhere Schwingung der Freude hilft euch auch dabei, ohne Worte zu kommunizieren und viele, viele andere Dinge zu tun. Wir haben versucht zu erklären, wie Emotionen die Gedanken, die eure Realität erschaffen, mit Energie versorgen. Freude ist eine der positivsten und höchsten Energieschwingungen, um euch zur Liebe und zum Vertrauen hin zu bewegen, etwas, was euch vertraut war, bevor ihr wieder in die menschliche Form kamt.

Wir möchten, dass ihr, während ihr in der menschlichen Form seid, in der Lage seid, in Freude und Vertrauen zu verweilen und euch selbst, andere und den Planeten zum höchsten Wohle von allem anzuheben. Dies wird den Prozess der Verschmelzung eures ätherischen und physischen Körpers noch zusätzlich für den Aufstieg unterstützen.

Hilft eine vegetarische Ernährung dabei, die Menschen auf einen leichteren Aufstieg vorzubereiten?

Köstlich. Ja. Doch da ihr Menschen an eine dichtere, auf Fleisch basierende Nahrung gewöhnt seid, müsst ihr, wenn ihr euch dafür entscheidet, eine vegetarische Ernährung zu beginnen, entsprechende Veränderungen langsam durchführen und es euch einfach gestalten, euch selbst hinein in die leichtere Schwingung des Vegetarismus zu bewegen. Vegetarismus ist eine leichtere Form der Ernährung, die verhindert, dass sich der Körper bei der Entfernung von Giften verausgabt und das hilft dem physischen Körper, immer leichter und leichter zu werden.

Gibt es einen schwingungsmäßigen Unterschied zwischen einer vegetarischen Ernährung und einer auf Fleisch basierenden Ernährung?

Oh, ja, das ist für uns ziemlich offensichtlich und wir wissen, auch ziemlich offensichtlich für euch beide. Du, Cullen, bist ein Mensch, der sehr früh verstanden hat, welchen energetischen Einfluss es hat, Fleisch zu essen, nicht aus einem gedanklichen Verständnis heraus, sondern bezüglich der Schwingungen. Obwohl du Mitgefühl mit den Tieren hast und sie nicht essen möchtest, verstand dein höheres Bewusstsein in der Tat die schwingungsmäßigen Komponenten und brachte dich in einem sehr frühen Alter in diese Richtung. Die meisten Menschen werden durch ein intellektuelles Verständnis oder aus dem von Herzen empfundenen Mitgefühl für die Tiere Vegetarier, aber nicht dadurch, dass sie die Schwingungen verstehen. Dieses Verständnis ist nicht besser, gewiss aber weiter entwickelt. Wenn der menschliche Körper leichter wird, weil er kein toxisches und dichtes Material zu verarbeiten hat, das er nur durch das regelmäßige Ausscheiden von Abfall nicht in den Griff bekommt, funktioniert der Körper besser und das Körperbewusstsein ist glücklicher durch weniger Belastung. Mit einer geringeren Belastung kann das Körperbewusstsein viel leichter mit den Menschen kommunizieren, die bereit sind, ihm zuzuhören.

Das Zuhören ist wichtig. Der Körper kann euch sagen, was er braucht, doch diese Bedürfnisse können sich beim Anheben eurer physischen Schwingung verändern. Wenn ihr in eurem Körper immer leichter und leichter werdet und immer mehr mit eurem Körper kommuniziert, seid ihr fast auf natürliche Weise viel offener, auf die Bedürfnisse des Körpers zu lauschen und sie zu achten. Die offene Kommunikation hilft eurem Körper, die Schwingungsveränderungen zu verstehen, die ihn anheben, um sich ohne viel Stress an den ätherischen Körper anzupassen. Vegetarismus hilft beim Aufstiegsprozess.

Haben ältere Menschen in gesundheitlich angeschlagenen Körpern die gleiche Möglichkeit, ihren physischen Körper beim Aufstiegsprozess mitzunehmen, wenn sie spirituell genug entwickelt sind, um diesen Prozess zu verstehen?

Die meisten älteren Menschen treffen diese Wahl nicht, denn ihr physischer Körper ist bereits dahingehend orientiert, zur Erde zurückzukehren. Der physische Körper folgt den ihm gegebenen Anweisungen und wenn er ignoriert wurde oder nur schwache Anweisungen erhalten hat („Wir werden krank" oder „Wir werden sterben"), dann wird er diesen Anweisungen immer weiter folgen und kann den Kurs nicht schnell genug ändern, um aufzusteigen, ohne zu sterben. Manche könnten natürlich die Wahl treffen und unsere lemurischen Freunde und wir würden bei der Regeneration der Form behilflich sein, doch es würde eine starke Absicht und eine Abwesenheit von Angst benötigen. Regeneration findet nicht statt, wenn Angst im Wege steht. Es ist zutiefst im kollektiven Bewusstsein der Menschheit verwurzelt, Angst vor dem Tod zu haben. Es würde also von der Fähigkeit des einzelnen älteren Menschen abhängen, sich über die

Angst hinauszubewegen, um Hilfe zu bitten und Regeneration zu beabsichtigen. Viele Menschen möchten die physische Form verlassen, weil sie Frustration, Herausforderung und Kummer erleben. Wenn ihr euch weiterentwickeln und in der neuen Realität leben möchtet, dann müsst ihr in der physischen Form bleiben. Wir möchten, dass ihr etwas in euch erkennt oder euch wieder daran erinnert. Ihr habt euch freiwillig gemeldet, in dieser Zeit der großen Öffnung in einer menschlichen Form zu sein, um euren Lebenszweck zu erfüllen, der darin besteht, dem kollektiven Bewusstsein der Menschheit dabei zu helfen, sich weiterzuentwickeln. Das ist ein weiterer Grund, warum wir euch ermutigen, eure physische Form zu ehren, zu respektieren und euch gut darum zu kümmern. Wir ermutigen die Verschmelzung eures physischen mit dem ätherischen Körper, um den sehr erwünschten Aufstieg zu fördern, wenn die Zeit dafür gekommen ist. Es ist nicht länger nötig zu sterben und sich vom Körper zu entfernen, um aufzusteigen.

Wie lernen wir, die physische Form zu regenerieren?

Das lemurische Bewusstsein weiß, wie man die physische Form regeneriert. Pia hatte lange den Gedanken, sich altersmäßig zurückzuentwickeln, wie dies der mythische Merlin tat. Sie hat Recht. Es geschieht dadurch, dass man sich an die Vitalität zurückerinnert, die in eurem Bewusstsein bewahrt wird. Diese Methode der Regeneration ist Teil der Geheimnisse, die in eurer DNA verschlüsselt sind. Sie hat auch mit dem Verständnis zu tun, wie man sich aus der Zeit herausbewegt. Wenn man die Parallelexistenz versteht, ist es einfach, physische Manifestationen in einer Realität zu vermeiden und funktionsfähigere physische Manifestationen in eure gegenwärtige Form zu bringen. Ihr könntet dies vorherige Zeit nennen.

Der Menschheit größtes Hindernis, um Zugang zu diesem Wissen der Regeneration zu erhalten und entsprechend zu handeln, sind die mentalen Konstrukte, sowohl des individuellen als auch des kollektiven Bewusstseins. Das kollektive Bewusstsein hat einen starken Einfluss auf euer individuelles Bewusstsein durch das Wort „unmöglich“. Wir sagen euch, es ist nicht unmöglich und doch bedarf es großer Geisteskraft, alte mentale Konstrukte, Überzeugungen und Ängste zu durchbrechen, wenn man körperlich leidet. Zusätzliche Hindernisse entstehen, wenn Gedanken durch Emotionen von Verzweiflung, Hoffnungslosigkeit, Frustration und einem allgemeinem Mangel an Glaube an die eigenen Fähigkeiten angeheizt werden. In dieser Zeit schrecken die meisten Menschen davor zurück, den Aufstiegsprozess überhaupt zu beginnen. Ältere Menschen haben eine längere Zeit unter dem Gewicht des kollektiven Bewusstseins des Unmöglich und in einem Zeitrahmen gelebt, in dem Regeln wichtig waren, an die man sich zu halten hatte, um gesellschaftlich angepasst zu sein.

Daher ist es für ältere Menschen viel schwieriger, angesammelte Erfahrungen, angesammelte Überzeugungen und angesammelte emotionale Energie loszulassen, welche die Form beeinflusst haben, die sie in ihrem fortgeschrittenen Alter haben. Natürlich ist es für einen älteren Menschen möglich, den Sprung zu machen, zu verstehen und sich dafür zu entscheiden, den Körper mitzunehmen, doch dies ist für sie schwieriger aufgrund der Dinge, die wir gerade erklärt haben. Hinzu kommt, dass die Lebensaufgabe betrachtet werden muss. Die meisten älteren Menschen, die jetzt in dieser Zeit leben, waren hier für ihre eigenen speziellen Aufgaben im Rad des Lebens, die vielleicht nicht mit der Aufgabe derer zusammenpasst, die jünger sind. Doch viele Menschen, die jetzt unsere Gespräche verfolgen, können ungeachtet ihres Alters den Sprung machen.

Es gibt einen Grund, warum ihr beide und andere, so wie ihr, in dieser Zeit geboren wurden und daher ist es notwendig, dass ihr *mit* eurem physischen Körper aufsteigt. Ihr werdet belohnt dafür, dass ihr versteht, dass euer physischer Körper mehr ist als ihr wahrnehmt. Eure höher schwingenden Körper sind erforderliche Vehikel für die Arbeit, die ihr tun werdet, wenn die Zeit verschwindet und die neue Erde das Leben auf eine andere Weise beginnt. Ihr werdet euren physischen Körper brauchen, *wenn* es euch gelingt, ihn mitzunehmen. Auf diese Arbeit müsst ihr euch *jeden Tag* fokussieren. Ihr müsst euch täglich bei eurem Körper entschuldigen und ihm dafür danken, was er ist und wie er euch unterstützt. Ihr müsst ihm sagen, dass ihr nicht verstanden habt, wie wichtig es ist, ihn zu respektieren und sich um ihn zu kümmern und beginnen, auf seine Bedürfnisse zu hören, ungeachtet dessen, was ihr *meint,* tun zu müssen. Stellt euren Körper in eurem Leben ausnahmsweise einmal an die erste Stelle. Wenn die Menschen zusammen mit ihrem Körper aufsteigen möchten, dann ist es unabdingbar, dass sie sich darauf fokussieren, das zu bekämpfen, was sie vielleicht durch vorhergehende fehlerhafte Gedankenmuster und anhaftende emotionale Klärungen, die durch die Schattenarbeit entstehen, begonnen haben zu manifestieren. Ihr beide und Menschen, so wie ihr, die in der Lage sind, diese Arbeit zu leisten, machen einen evolutionären Sprung für die Menschheit. Eure Öffnung und euer Sprung der bewussten Erkenntnis bewirken etwas. Ihr seid in der Lage, karmische Muster, gewohnheitsmäßige Überzeugungen, physische und emotionale Traumata loszulassen, die ihr von einem Leben zum anderen mitgenommen habt und mit euren Gedanken neue Möglichkeiten zu erschaffen.

Die einzige Möglichkeit, mit unserem Körper aufzusteigen ist eine umfassende Schattenarbeit.

Ja, natürlich und lenkt in jedem Augenblick eure Gedanken.

Werden Menschen beim Aufstiegsprozess größer?

Das stimmt. Wir haben euch das Beispiel von Pia genannt, die mehr Raum erschafft, wenn sie ihren ätherischen und physischen Körper mehr angleicht.

Auf welche Weise verändert sich unser Körper noch? Verändert er seine Form oder seine schwingungsmäßige Dichte, wenn wir aufsteigen?

Oh ja! Momentan versteht ihr das noch nicht. Viele Menschen glauben immer noch, ihr Körper würde bleiben wie er ist, kaputt und voller Schmerzen. Das ist nicht wahr.

Oh nein, das meine ich nicht. Ich meine, werden unsere Körper aus einem leichteren Gewebe sein? Werden unsere Körper tatsächlich mehr von Licht erfüllt sein und ein höheres schwingungsmäßiges Empfinden beim Aufstieg haben?

Ja, das werden sie. Das erste, was ihr feststellen werdet ist, dass ihr euch größer und ausgedehnter fühlt, denn wenn ihr in die Wahrheit dessen hineinreicht, wer ihr seid, dann wird euer physischer, euer mentaler und euer emotionaler Körper weiträumiger. Ihr werdet euch viel größer und vollkommener fühlen. Ihr werdet euch auch leichter fühlen, denn es wird viel Dichte wegfallen und ihr werdet das Gefühl haben, als hätte sich die Schwerkraft verringert. Es wird ein einleitender Schritt zum Schwirren werden. Es wird so sein, als würdet ihr springen oder auf eine Weise über eine Wiese rennen, die in der menschlichen Form heutzutage unmöglich zu sein scheint. Es wird beispielsweise so scheinen, wie es den Astronauten vorkam, als sie zum ersten Mal die Oberfläche des Mondes betraten; sie waren in der Lage, sich wie leichtere Wesen, ohne die Einschränkungen der normalen Schwerkraft, zu bewegen. Das wird ein sehr freudvoller Zustand sein.

Hinzu kommt, dass ihr weniger Körperbehaarung haben werdet, denn ihr werdet sie nicht brauchen. Ihr könnt euch persönlich entscheiden, wie ihr bezüglich der Haare aussehen möchtet, es wird keine biologische Notwendigkeit bestehen, den Kopf zu wärmen oder zu schützen, so wie dies jetzt der Fall ist. Ja, ihr werdet das Gefühl haben, mit mehr Licht erfüllt zu sein, doch das ist nur ein Gefühl, denn ihr tragt all dieses Licht jetzt in euch. Ihr seid euch einfach nicht des Glanzes bewusst oder darüber, wie es strahlt oder wie es sich anfühlt, denn während ihr in der Dualität lebt, seid ihr euch gleichermaßen der Dunkelheit bewusst. Es bedeutet also nicht, dass ihr stärker von Licht erfüllt sein werdet, sondern eure Empfindung wird sich so anfühlen, als wäre sie mehr von Licht erfüllt.

Wir möchten dies betonen, damit ihr die tatsächliche Menge an Licht, die ihr jetzt in euch tragt, visualisieren oder euch vorstellen könnt. Auf eurem Weg hin zur Verschmelzung eures ätherischen mit dem physischen Körper wird das Licht stärker durch eure Augen zu sehen sein. Das Licht aus euren Augen ist ein Indikator der Veränderung in der physischen Form. Das Licht wird von Form zu Form gesehen, ob dies von Mensch zu Mensch oder von Plejadier zu Mensch ist. Menschen, die nicht mit ihrer physischen Form aufsteigen, können die in euch stattfindenden Veränderungen nicht sehen, da ihr euch ausrichtet und wandelt, während sie in alte Muster versinken. Doch viele werden spüren, dass etwas anders an euch ist und nicht verstehen, was sie da sehen. Einigen fortgeschrittenen Menschen kann es so vorkommen, als würde eure physische Form flimmern, so als wärt ihr hier und dann wieder nicht. Es könnte so aussehen, als würdet ihr euch einschalten und dann wieder ausschalten, anstatt vollkommen in der dichten physischen Form zu erscheinen. Was sie sehen, ist der Beginn des Aufstiegsprozesses.

Es hört sich so an, als würden wir die Begrenzung der Schwerkraft loswerden oder sie verlassen und es hört sich auch so an, als würden wir mehr wie ihr aussehen, mit mehr Licht, keinem Haar und einem anderen Verständnis von Licht und dem Schwirren.

Ja. Obwohl das die persönliche Entscheidung jedes einzelnen Menschen ist. Wir bitten euch nochmals, euch darauf zu fokussieren, euren Körper um Entschuldigung zu bitten; übt euch jeden Tag darin, ihn zu fragen, was er jetzt braucht und wie ihr seine Schwingung anheben könnt, wenn eure eigene bewusste Schwingung sich anhebt. Ihr möchtet ihn nicht zurücklassen oder ihn behandeln, wie die meisten Menschen Tiere betrachten und behandeln.

Die meisten Menschen haben das Gefühl, ihre Tiere kontrollieren zu müssen, ohne zu verstehen, dass sie gleichwertige Lebensformen sind. Die meisten Menschen sehen auch ihren Körper auf diese Weise. Es ist an der Zeit, dass fortgeschrittene Menschen erwachen und die Richtung weisen, wie die Schwingung eures Körpers angehoben werden kann, um ein gleichwertiger Partner dessen zu sein, wer ihr in der Gesamtheit seid.

Das ist die größte Aufgabe für die Menschen, sobald sie die zyklischen Muster emotionaler Ausbrüche und emotionaler Klärung und Reinigung überwunden, gemeistert und verstanden haben. Sobald ihr gelernt habt, eure Emotionen dazu zu nutzen, notwendige Veränderungen zu lenken und absichtsvolle Gedanken zu üben, fokussiert euch darauf, das Bewusstsein eures physischen Körpers anzuheben. Lehrt euren Körper, zu euch zu sprechen. Lehrt ihn, euch zuzuhören. Lehrt ihn, voller Liebe Anweisungen als eine gemeinsame Bemühung anzunehmen. Wir sagen nicht, dies sei einfach, doch wir sagen, es lohnt sich.

Legen wir unsere Emotionen ab, wenn wir aufsteigen?

Wenn ihr aufsteigt sind Emotionen keine Emotionen. Emotionen werden ersetzt durch einen Zustand der Glückseligkeit, des Friedens, der Ruhe und der Liebe und dies sind nicht wirklich Emotionen. Emotionen sind menschlich. Die Liebe, Freude und der Frieden sind universell. Ja, wenn ihr aufsteigt werdet ihr in der Lage sein, ohne emotionale Anhaftung zu unterscheiden und emotionale Extreme loszulassen. Erinnert euch. Erinnert euch. Erinnert euch, wie ihr euch in Zeiten von Frieden und Freude gefühlt habt. Fokussiert euch darauf.

Lasst Emotionen los, sobald sie ihre Aufgabe erfüllt haben, euch die notwendige Richtung für die Veränderung zu weisen. Die Erde bringt während ihres Aufstiegsprozesses auch Veränderungen zum Ausdruck. Der Übergang der Erde geschieht nicht nur durch Veränderungen, wie ihr sie in der physischen Flora und Fauna seht, bei denen manche Arten aussterben.

Ihr könnt es an den vielen Veränderungen in der Umgebung erkennen. Ihr müsst beginnen zu akzeptieren, dass das, was in eurem menschlichen Auge als krass erscheint, Schönheit besitzt. Lernt, die ätherischen Formen zu erkennen, wenn sich die Erde transformiert - die geometrischen Muster, die Farben, die Formen und die Schönheit, die sie in sich tragen aus einer neuen Perspektive zu sehen, anstatt euch aufgrund der Unterschiede zu ängstigen, die ihr sehen werdet.

Wenn ihr euch außerhalb der menschlichen Form befinden würdet, so wie wir, und ihr euch vor dieser Geburt sehen würdet, dann wärt ihr euch einfach des Lichtes, der Farbe, der Bewegung und der Form bewusst. Doch da eure physische und ätherische Form nach und nach verschmelzen, müsst ihr Resonanz mit allen Arten von Dingen fühlen, die eurem menschlichen Auge und euren anderen Sinnen seltsam vorkommen und einfach dort zu Hause sein. Der Aufstiegsprozess bietet viele Möglichkeiten für das, was die Menschen als Magie erachten, wenn ihr euren physischen und euren ätherischen Körper verschmelzt. Denkt an die Beugung von Raum und Zeit, an die Bewegung der molekularen Struktur, um mit Absicht eure physische Form in etwas anderes zu bringen als die Form, in der sie gegenwärtig wahrgenommen wird. Das war schon immer möglich. Die Lemurier wussten das und verwendeten dies bei ihren Heilungen. Es ist das, was wir euch erklärt haben und was Regeneration genannt wird. Es ist den Menschen möglich, diese regenerative Praxis anzuwenden, doch die meisten Menschen lassen sich von ihrem Glaubenssystem daran hindern, das zu tun, was möglich ist und was sie zuvor missverstanden haben.

Indem die Menschen die Möglichkeiten der Regeneration und der konstanten Verbindung mit der Göttlichkeit verstehen, selbst auf mikroskopischer Zellebene der physischen Form, können sie lernen, ihren ätherischen und ihren physischen Körper für den Aufstieg miteinander zu verschmelzen. Durch diese Erkenntnisse fällt die Dichte ab und dies ermöglicht es dem physischen Körper, wahrhaft ein Lichtkörper zu werden, während er immer noch in der physischen Form ist. Jene, die nicht in der Lage sind, dieses sehr herausfordernde Konzept zu begreifen, und das sind die meisten, folgen der gemeinsamen Realität, aus der physischen Form herauszufallen und es dem Körper zu erlauben, zur Erde zurückzukehren und beim nächsten Schritt der Reise in den Tod in die ätherische Form zu gehen, bevor sie das Rad wieder betreten. Doch viele menschliche aufgestiegene Meister wussten, wie man das tut, was wir euch lehren, das Ätherische mit dem Physischen zu verschmelzen, um mit dem ganzen Körper aufzusteigen. Der Mensch, den ihr Jesus nennt, war einer davon. Es gibt auch Menschen aus Indien und China, die dazu in der Lage waren. Sie haben in der Zeit, die ihr Vergangenheit nennt, eine kleine Gruppe gebildet.

Sri Aurobindos Gefährtin, bekannt als „Mutter", näherte sich diesem Tun durch ihr Verständnis der zellulären Kommunikation. Wir unterstützen alle Menschen, die lernen möchten, dies zu tun, um mit dem Planeten aufzusteigen, wenn die Erde ihre Veränderungen durchläuft, um in einer neuen Realität zu existieren.

Der Aufstieg geschieht nicht über Nacht. *Er geschieht als fortlaufende Welle.* Ihr steigt in jedem Augenblick auf, wenn ihr euch durch Dinge hindurchbewegt und sie loslasst, die euch in gewissen Mustern festgehalten haben. Ihr bewegt euch über die Dichte der menschlichen Form physikalisch hinaus und hinein in eine verschmolzene Form des Ätherischen und Physischen. Wenn ihr auf die Veränderungen, die ihr durchlauft, achtet und mit ihnen fließt, entwickelt ihr euch ganz spontan. Alles Leben ist spontan, wenn ihr euch im Fluss befindet. Dies wird sich weiterhin entfalten, da die Dualität und die Zeit aufhören werden zu existieren und die Erde ihre vielen Veränderungen durchlaufen wird. Es ist jetzt an der Zeit für die Menschen, diese Gelegenheit *wirklich* zu verstehen, um zur Zukunft der Menschheit zu werden. Erinnert euch, ihr wart damit einverstanden, in dieser Zeit hierher zu kommen, um bei der Geburt dieses Prozesses zu helfen. Ihr werdet die Eltern der neuen Menschheit sein.

19

WISSEN UND VERSTEHEN

Die Menschen haben große Schwierigkeiten, zwischen „Glauben" und „Wissen" zu unterscheiden. Wissen kommt von einem Ort der Liebe und des Vertrauens. Wissen ist herzbasierte Weisheit, während Überzeugungen auf den Geist basierende Ideen sind, die für gewöhnlich aus der Angst heraus entstehen. Überzeugungen basieren auf menschlichen Hoffnungen, vor dem sicher zu sein, was man fürchtet.

Die Menschen bilden Gewohnheitsmuster aus ihren Glaubenssystemen heraus, in der Hoffnung, in einer sicheren und bequemen Lage zu bleiben. Möchtet ihr eure Realität aus der Angst oder aus der Liebe heraus erschaffen? Ihr müsst die Macht eurer eigenen mentalen Konstrukte bei der Erschaffung eurer Realität in jedem Augenblick des Tages verstehen. Wenn eure mentalen Gedanken euch durch unrealistische Glaubenssysteme Kummer oder Leid verursachen, dann manifestiert ihr diese Realität in eurem physischen Körper. Euer Ätherisches übernimmt mehr oder weniger die mentalen Anweisungen, wodurch die Realität erschaffen und in ein Muster gebracht wird, das mit der gemeinsamen Realität übereinstimmt. Deshalb habt ihr Menschen Schwierigkeiten zu heilen, denn ihr versteht die Macht eures eigenen Wassers, eurer eigenen Gedanken bei der Erschaffung der Realität, in der ihr weilt, nicht. Ihr haltet oft an einer alten Realität fest, die nicht länger existiert oder die euch nicht hilft, ein positives energetisches Umfeld zu bilden.

Deshalb ist *Wissen* so viel kraftvoller als *Glaube*. Die Menschen müssen lernen, ihre eigenen Türen und Fenster zu öffnen, um das Wissen aufzufrischen und die altbackenen Glaubenssätze hinter sich zu lassen. Eure eigenen Gedankenkreationen erschaffen viel mehr Realität, als ihr euch bewusst seid. Das Gewicht und die Last der gemeinsamen Realität ist dicht, schwer zu ertragen und schwierig zu durchdringen, doch die Menschen erkennen nicht, dass sie an jedem Tag durch ihre Gedanken über diese Realität dazu beitragen, solch eine Realität zu erschaffen. Wenn ihr bessere Gedanken wählt und Überzeugungen als Illusion betrachtet, dann herrschen immer bessere Realitäten vor, bauen aufeinander auf und erschaffen eine höhere gemeinsame Realität, damit sich alle mit jeweils nur einem Gedanken hin zu einer neuen Schöpfung bewegen; es ist so direkt und einfach.

Wir haben erklärt, dass der menschliche physische Körper durch die von euch projizierten Gedankenformen aus dem ätherischen Körper entstanden ist. *All* eure Realität wird auf diese Weise erschaffen, wisset also, dass alles schön und sicher sein *kann*; habt diese Absicht in euren Gedanken und Taten und bewegt euch voller Vertrauen hin zu dieser Manifestation. Wir raten euch dazu, euch nicht den Illusionen der New-Age-Affirmationen zu verschreiben, einfach etwas auf eine gewisse Weise ins Sein zu *glauben* und zu erwarten, dass es auf magische Weise geschieht; es bedarf etwas mehr als das. Glaube allein wird nicht reichen. Was wir euch lehren, liegt jenseits des Glaubens. Es ist *Wissen*. Wissen erlaubt euch, das Erschaffene zu eliminieren, so als hättet ihr einen Radiergummi und ihr radiert fehlerhafte Muster aus, die euch in einer nicht funktionierenden Realität festhalten. Seid ein bewusster Mitschöpfer und radiert Missverständnisse und fehlerhafte Glaubenssysteme aus, indem ihr Leid und Herausforderungen dort annehmt, wo sie sind, während ihr gleichzeitig jegliche Vorstellung ausradiert, dass solche Herausforderungen weiter bestehen bleiben müssen. Fokussiert stattdessen eure Absicht voller *Liebe* auf positive Möglichkeiten und löscht die *negativen* Möglichkeiten Stück für Stück aus.

Macht kleine Schritte, um euch der Möglichkeiten bewusst zu werden; es beginnt im Kleinen. Klein ist wirklich alles was zählt, denn in mikroskopischer Kleinheit und Langsamkeit beginnen die Samen der Wahrheit zu wachsen. Teil des menschlichen Dilemmas ist es, sich nicht jenseits dessen ausdehnen zu können, was ihr durch eure Sinne wisst, hin zum Wissen der universellen Wahrheit. Viele verstehen dieses Konzept spirituell und mental, doch sie kämpfen immer noch damit, an das zu glauben, was ihre fünf biologischen Sinne ihnen als die einzige Wahrheit erzählen. Andere ignorieren, was ihnen ihre biologischen Sinne und ihr erster Sinn sagen und verlassen sich nur auf die mentalen Gedanken der Wahrheit. Es ist eine interessante Dynamik, in der sich die Menschen selbst gefangen haben. Die Menschen fangen sich selbst fortwährend in dem, was sich für sie bequem und vertraut anfühlt, indem sie *nur* ihren Verstand oder ihre biologischen Sinne einsetzen, wo sie doch ihr Bewusstsein dem göttlichen Wissen öffnen könnten, indem sie *alles* verwenden, was ihnen zur Verfügung steht. Ihr könnt Alternativen zu eurem gewohnten Muster wählen, indem ihr eure Überzeugungen loslasst und voller Vertrauen offen dem gegenüber seid, was ihr als Wahrheit *kennen* könntet.

Wir müssen uns selbst aus dem Weg gehen.

Ja. Das wäre eine sehr gute Vorgabe, um all die alten Gewohnheiten und Muster hinter euch zu lassen, die euch festhalten. Habt keine Angst, zurückzugehen und Dinge zu korrigieren, bei denen ihr das Gefühl habt, euch falsch entschieden zu haben. Viele Menschen haben die Tendenz zu meinen, dass sie, sobald sie eine Wahl getroffen haben, diese nicht mehr verändern können. Das ist nicht wahr.

Seid freundlich zu euch selbst und offen für Möglichkeiten. *„Leben ist Bewegung"*, wie Pia so gerne sagt. Stille ist notwendig, um auszuruhen, doch das Leben erfordert Bewegung. Bewegung bedeutet nicht „schnell". Die nutzbringendsten Bewegungen finden in der Langsamkeit statt. Das Leben erfordert sowohl physische Bewegung als auch Bewegung hinsichtlich der Veränderung.

Wir lernen, derselbe zu sein und zu bleiben, was uns praktisch nirgendwohin bringt. Wir können derselbe in der Liebe sein, in unserem Ausdruck des Mitgefühls, in unserer Göttlichkeit und in unserer Verpflichtung der Quelle gegenüber, denn jegliche Unbeweglichkeit hilft uns nicht.

Ja. Und beim Nachdenken über Bewegung, vergesst nicht, dass es in diesen Zeiten möglich und erforderlich ist, zwischen die Realitäten zu treten. Ihr seid immer mehr in der Lage, eine wenig förderliche Realität anzuschauen, einen Schritt auf die Seite zu gehen und zu sagen: „Das trifft auf mich nicht zu". Das ist etwas, was ihr bei Epidemien tun könnt, damit ihr immer in einer anderen Realität seid, wenn ihr mit den Menschen zu tun habt, die glauben, dieses Ungleichgewicht sei ansteckend. Ihr leistet euren menschliche Teil, indem ihr vorsichtig seid und euch dann den Möglichkeiten gegenüber stärker bewusst werdet, indem ihr die Form eurer Einstellungen verändert und euch in eine Dimension hineinbewegt, in der ihr *wisst*, dass Krankheit nicht existiert; erschafft eine andere Realität mit, um Ansteckung zu vermeiden. Ihr könnt auch euer Licht darum bitten, die ganze Energie um euch herum zu reinigen, damit nicht nur ihr beschützt seid, sondern auch der Pfad für andere Menschen geklärt wird.

Wir haben ein großes Interesse daran, im menschlichen Teamwork die Einheit zu fördern, um euch zu helfen, euch hin zur Quelle zu bewegen. Ihr müsst wissen, dass die Absicht einer Gruppe oder selbst von zwei Menschen mehr dazu beiträgt, eure gegenwärtige Realität zu wandeln, als die Absicht eines einzelnen Individuums und ihr müsst dies vollkommen verstehen. Die Menschen müssen die Verantwortung übernehmen für die Kontrolle ihrer eigenen Gedanken und sich mit anderen zusammenschließen, die ihre gemeinsamen Gedankenschwingungen erhöhen möchten. Wir haben weder die Erlaubnis noch sind wir in der Lage, Veränderungen für euch durchzuführen, denn die Menschen kontrollieren ihre eigenen Einstellungen. Das ist eure Macht, die Macht eures Wassers und wir können sie nicht beeinflussen. Wir können helfen, Pfade zu öffnen, euch auszubilden und euch andere Möglichkeiten zu zeigen, doch nichts kann ohne die Kontrolle eures eigenen Wassers, eurer eigenen Gedankenformen geschehen, denn letztendlich trefft ihr eure eigenen Entscheidungen. Erinnert euch immer daran, dass es eure Entscheidung ist, eure Einstellung und die Möglichkeiten zu verändern. Wisset und versteht, dass menschliche Gedankenformen euch seit Generationen und Jahrtausenden zurückgehalten haben.

Die Menschen hatten immer die Macht, in einer höheren Schwingung zu leben; doch die meisten von euch weigern sich einfach, ihre Muster und ihren Glauben dafür aufzugeben und ziehen es stattdessen vor, die Illusion aufrechtzuerhalten, dass alles ok ist wie es ist. Oder ihr versucht die Welt zu verändern, indem ihr langweilige alte Muster verwendet, die nicht funktionieren (wie beispielsweise Proteste, Petitionen und Debatten). Oft seid ihr Menschen so viel mehr mit Unbehagen, Leid und Not vertraut, als mit Freude und Leichtigkeit, dass ihr zurückfallt in alte vertraute Muster, anstatt neue freudvolle Muster zu bilden. Ihr seid die Einzigen, die eure Gedanken und Einstellungen kontrollieren können. Sich mit anderen Menschen zu verbinden, die in den höheren Schwingungen der Liebe und des Vertrauens leben, unterstützt euch dabei, mit euren eigenen Gedanken bessere Entscheidungen zu treffen und gemeinsam könnt ihr einen größeren Einfluss auf das kollektive Bewusstsein ausüben.

Lasst uns unsere Sicht hinsichtlich des Prozentsatzes der Verantwortung erklären, die jeder Einzelne von euch hat, um die Realität mit zu erschaffen. Ihr müsst wissen und verstehen, wie das geschieht. Die Menschen haben 50 % Verantwortung für das, was erschaffen wird und was ihnen geschieht. Die Menschen sind *nur* zu 50 % selbst verantwortlich für das, was erschaffen wird, denn es gibt Einflüsse und Hilfe von außen, wodurch die anderen 50 % eurer Realität erschaffen werden. Die Menschen können also niemals zu 100 % das kontrollieren, was ihnen passiert und was unweigerlich erschaffen wird. Doch die Menschen müssen immer 100 % ihres Wissens und die ihnen zur Verfügung stehenden Werkzeuge einsetzen, um aus ihren 50 % kreativer Macht Nutzen zu ziehen.

Übernehmt Selbstverantwortung; trefft weise Entscheidungen; steuert eure Gedanken und Handlungen und gebt sowohl den Gedanken als auch den Taten, wenn nötig, eine neue Richtung. Vergesst die Prozentzahlen und tut dies in jedem einzelnen Augenblick.

Wenn ihr dies in jedem einzelnen Augenblick tut, leistet ihr einen 100%-igen Beitrag; dann tut ihr alles, was ihr tun könnt und eure 100%-ige Bemühung wird zu einem vollkommenen 50%-igen Miterschaffen der Realität für euch selbst, für andere Menschen und für die Erde. Die anderen 50 % stammen von der Hilfe, die euch zur Verfügung steht, wenn ihr darum bittet. Alles, was ihr jemals tun müsst, ist, zu bitten und eure eigenen Gedanken zu fokussieren. In diesen Zeiten großer Veränderung steht der Menschheit mehr Hilfe zur Verfügung. Die Hilfe ist immer, wir wiederholen es, *immer* da, wann auch immer ihr darum bittet. Das ist das Wesen der Miterschaffung eurer Realität.

Es ist eine mühsame, heikle Aufgabe, die Menschen dazu zu bringen, den Unterschied zwischen Selbstverantwortung zu verstehen, vollkommen ihre 50 % beizutragen und für die anderen 50 % um Hilfe zu bitten, um äußere Umstände, die sie nicht kontrollieren können, umzuwandeln in etwas, mit dem sie arbeiten können. Wenn ihr beständig eure 50 % leistet, dann wisset, dass euch erstaunliche Möglichkeiten zur Verfügung gestellt werden (Dinge, die ihr euch als Wunder vorstellen könnt). Wir werden einige der Fähigkeiten auflisten, die ihr in Anspruch nehmen könnt, wenn ihr vollkommen eure 50 % leistet, in dem Wissen, was möglich ist. Durch Formveränderung könnt ihr mit etwas außerhalb eurer Kontrolle arbeiten. Andere Realitäten zu sehen, Dinge aus anderen Dimensionen zu hören, zwischen den Welten zu reisen, all dies sind Dinge, für die die Menschen, die ihr Bewusstsein und ihre Schwingung erhöhen, äußere Einflüsse verwenden und sie verändern können. Die Menschen haben darüber diskutiert, ob das Schicksal ihr Leben kontrolliert, seit sie die Fähigkeit haben zu denken. Die einfache Wahrheit ist, dass Menschen Mitschöpfer sind und große Macht haben. Nutzt eure Macht und bittet um Unterstützung von den göttlichen Mitschöpfern des Universums. Sie helfen euch immer gerne und sind *immer* bereit, ihre 50 % mit den menschlichen 50 % zu vereinen, um gemeinsam ein größeres Ganzes zu formen. Es ist wichtig, sich daran zu erinnern, dass wir immer für das höchste Wohl von allem arbeiten. Denkt auch daran, dass die 50 %, die unter der Kontrolle der Menschen sind, vom individuellen *und* kollektiven Bewusstsein beherrscht werden. Ihr könnt das nicht alleine tun. Gedankenformen der gemeinsamen Realität tragen auch ihres zu dem bei, was ihr erlebt; ihr habt darüber keine vollständige Kontrolle, obwohl jeder Gedanke, den ihr denkt, darauf einen Einfluss hat. Alle möglichen Dinge können in euer Umfeld kommen, die außerhalb eurer direkten Kontrolle sind. Gemeinsame Realität baut sich auf Gedankenformen *aller* Menschen auf, die ihren Glauben und ihre Emotionen in die Erschaffung der Realität projizieren. Bewusste Menschen müssen beginnen, ihre Gedanken absichtsvoll zu wählen und wenn ihr dies gemeinsam tut, dann vermehrt ihr die Kraft eurer 50 %-igen mitschöpferischen Fähigkeiten und beeinflusst auf positive Weise gleichzeitig eure individuelle und die gemeinsame Realität. Es ist wichtig, dass ihr das wisst und versteht.

Euer Fokus und eure Einstellung bewirken einen sofortigen Unterschied bei dem, was ihr erschafft. Es ist euer Bewusstsein, das es euch erlaubt, einen Wandel durchzuführen. Wenn ihr schnelle mentale Veränderungen erlangt, dann erlangt ihr eine menschliche Form des Schwirrens und bewegt euch ganz schnell an einen anderen Ort. Seid flexibel, verändert die Form und bewegt euch aus etwas heraus, das euch schaden könnte, hinein in eine andere Realität. Wenn ihr versteht, wie man dies tut, dann versteht ihr auch die Form verändernder Fähigkeiten.

Je mehr ihr eure Fähigkeit fördert, Bereiche zu verändern, indem ihr eure Gedanken verändert, umso mehr erlangt ihr die Kontrolle über alles. Ihr habt keine vollkommene Kontrolle über den Einfluss der gemeinsamen Realität, doch ihr habt eine bestimmte Kontrolle darüber, wenn ihr die Schwingung eurer Gedanken anhebt und das wiederum hilft dabei, die Schwingung des kollektiven Bewusstseins anzuheben. Ihr habt die Kontrolle über die Formveränderung, weg von einer Realität, die schädlich ist und ihr tragt zu der Erschaffung einer anderen Realität bei. Sobald ihr Menschen erkennt, wie dies durch Liebe und Einheit getan werden kann, werdet ihr eine vollkommenere Kontrolle über die Realität haben, in der ihr lebt. Wir erkennen dies immer mehr an den Entscheidungen, die die Menschen treffen. Es ist erhebend und herzerfrischend, diesen Wandel im menschlichen Bewusstsein zu erkennen. Wenn die Dinge nicht so laufen, wie ihr es gerne hättet, bedarf es einer starken Verbindung mit der Göttlichkeit durch Vertrauen und Hingabe, um diese Einstellung positiv zu verändern und eine starke fokussierte Absicht der Macht eures eigenen Wassers ist nötig, um zu entdecken, wozu ihr fähig seid und zu wissen, wie machtvoll ihr seid.

Die menschlichen Wesen träumen sich selbst durch die Macht ihrer Gedanken und durch das, was sie sagen in die Realität hinein. Ihr seid euch der Ordnung der Schöpfung nicht bewusst. Ihr seid euch dessen bewusst, was ihr im Physischen über eure Welt empfindet. Von euren physischen Empfindungen aus bewegt ihr euch hin zu emotionalen Reaktionen. Basierend auf euren emotionalen Reaktionen und eurem Ausdruck, messt ihr den entstehenden Gedanken eine Bedeutung bei und diese Gedanken gehen hinaus in die Welt, um die von euch erlebte Realität zu erschaffen und zu säen. Die meisten eurer Gedanken basieren auf Annahmen und auf Überzeugungen, anstatt die Wahrheit zu kennen. Die Menschen sind gefangen in einem Kreislauf von 1,2,3 – physisch, emotional und mental –, ohne zu verstehen, wie man diesen Kreislauf durchbricht und durch Gedanken etwas vollkommen anderes erschafft. *Die Realität, die ihr lebt, ist die Realität, die ihr erschafft.* Wenn wir davon sprechen, dass ihr euch selbst in eure Realität hinein träumen sollt, dann meinen wir, dass ihr eure eigene Macht kennt und wisst, dass ihr mit anderen Welten verbunden seid.

Wissen ist universell. Wenn ihr euch durch euer Wasser mit eurer Göttlichkeit und dem universellen Wissen verbindet, dann erträumt ihr eine bessere Realität durch die Gedanken, die ihr in die Welt und in das Universum hinein projiziert.

Traditionelle Aborigines aus Australien wussten, wie man das tut, bevor sie von der gemeinsamen westlichen Realität beeinflusst wurden. Sie bewegten sich in den universellen Rhythmen und Schwingungen, sodass sie fortwährend im gegenwärtigen Augenblick waren und das erschufen, was als Nächstes kommen sollte. Sie träumten ihre Realität hinein ins Sein. Wir versuchen, den Menschen zu helfen zu verstehen, dass sie sich über ihre Überzeugungen hinausbewegen können, indem sie sich darauf fokussieren, mit Absicht ihre Realität zu erschaffen. Lauscht auf die Weisheit eures Körpers und auf euren ersten Sinn und lenkt eure Gedanken, damit das Ätherische euch helfen kann, das zu erschaffen, was ihr möchtet und braucht. Wir sagen immer wieder, die Menschen verstehen die Macht nicht, die ihre Überzeugungen über sie haben, noch verstehen sie die Macht ihrer Gedanken. Wenn sie also ihre Gedanken auf irrige Überzeugungen oder Annahmen, statt auf ein positives Wissen fokussieren, dann halten sie sich in einem Kreislauf fest, den sie selbst geschaffen haben. Eine ganz neue Realität erwartet die Zukunft der Menschheit, sobald ihr eure eigene Macht kennt und sie versteht. Es geht nur um das Wissen.

Erkennt die Wahrheit. Bedeutung und Sprache bauen auf sich wiederholenden Mustern auf, die diesen Kreislauf im menschlichen Verhalten verursachen. Durch Annahmen und Muster, die nicht immer korrekt sind, baut sich jeder Mensch eine Struktur von Überzeugungen auf, die auf der Bedeutung seiner eigenen Erfahrungen basiert. Die Verwendung von Sprache und der Aufbau von Mustern aufgrund von Fehlannahmen und Missverständnissen, die entstehen, wenn ihr nicht auf euer Wasser hört, verursachen fehlerhafte Kommunikation, Streit und Krieg. Geschichte interessiert uns nicht, denn sie hält euch im Kreislauf der Vergangenheit fest. Wenn man sich auf die Geschichte verlässt, ist dies die Basis dafür, dass Annahmen getroffen werden, die zu fehlerhaften Bedeutungen und mangelnder Kommunikation führen.

Erkennt die entstehende Trennung, wenn Sprache eine mangelnde Kommunikation verursacht oder wenn die Kommunikation auf alten

Mustern von Annahmen und Glaube basiert. Nachdem ihr das Gefühl der Trennung erkannt habt, das durch mangelnde Kommunikation entsteht, hört durch euren ersten Sinn auf das Wasser eures Körpers. Verbindet euch dann zurück durch Liebe und Vertrauen. Sucht hinter den Worten nach den vorhandenen Absichten. Euer Wasser führt euch über den Glauben hinaus zum Wissen. Das ist die Kommunikation durch das Herz. Lehrt andere, dass Sprache auf Bedeutungen basiert und dass diese Bedeutungen sich seit eurer Kindheit auf Annahmen aufgebaut haben. Durchbrecht das Muster der Bedeutungen, das in den Überzeugungen enthalten ist. Bewegt euch darüber hinaus, um als die zukünftigen Menschen mit Liebe und Absicht durch euer Wasser zu kommunizieren. Die Weisheit eures ganzen Seins muss in die Kommunikation mit aufgenommen werden. Die Sprache dient dazu, die Trennung fortzuführen.

Deshalb kommunizieren wir untereinander nicht durch Sprache. Wir verwenden unseren ersten Sinn und kommunizieren durch das Wissen des Herzens, und das genau lehren wir euch. Als Menschen müsst ihr euch jetzt über die Sprache als Kommunikationsmittel hinausbewegen und euch durch euer Wasser immer mehr zu universellen Formen der Kommunikation hinbewegen. Wir kennen nur eine Möglichkeit, um euch das zu lehren. Übt euch darin, euch von der Angst zu lösen und euch hin zum Vertrauen zu bewegen, vom Vertrauen in die Liebe und zum *Wissen,* anstatt an das zu *glauben*, was möglich ist. Wir sind hier in dieser Zeit, um euch zu helfen, die Herzenssprache zu verstehen, anstatt die Sprache der Vernunft. Während wir euch gesagt haben, ihr sollt eure Gedanken nutzen, leiten wir euch letztendlich dazu, euch über das Denken zu erheben hinein in eine Kommunikation, die ausschließlich durch euer Herz stattfindet. Wir stehen bereit, um euch zu helfen, die Art und Weise zu transformieren, durch die die Menschheit Vertrauen, Liebe und Wissen einsetzen kann, um sich schwingungsmäßig hin zur Einheit und zurück zur Quelle bewegen zu können, in der das wahre Verständnis der Liebe ist. Das ist die Zukunft der Menschheit, wenn ihr euch dafür entscheidet. Die Wahrheit lebt in euren Herzen, nicht in euren Köpfen. Das Herz eines jeden von euch *kennt* die Wahrheit. Vertraut darauf.

20

TECHNOLOGIE UND WELTGESCHEHEN

Da immer mehr interdimensionale Wesen anbieten, mit den Menschen zu kommunizieren, wird es für die Führenden der Welt zunehmend wichtiger, bereit und in der Lage zu sein, das zu empfangen und in Betracht zu ziehen, was wir zu sagen haben. Wir brauchen Botschafter als Brücke für die Kommunikation und dies ist einer der Gründe, warum wir den Kontakt mit euch aufgenommen haben. Diejenigen, die während dem bevorstehenden Ende der Zeit die Führung innehaben, müssen damit umgehen, das Karma der alten Muster und Überzeugungen zu durchbrechen, die das kollektive Bewusstsein in sich trägt. Hinzu kommt noch, dass die Führenden der Welt von einem großen Maß an negativer Energie und negativer Absicht herausgefordert werden, das von äußeren Einflüssen auf sie zukommt, von denjenigen, die nicht möchten, dass sich die alten Wege verändern. Selbst jene Führungskräfte, die eine große Liebe in sich tragen, erleben viele Kämpfe gegen die Mächte, die aus der Angst kommen. Wir bitten die Menschen, fortwährend, Licht und Bitte um Schutz an jene Führungskräfte zu senden, die mit dem Herzen führen, damit sie ihre Ansätze durchführen können, um den Planeten hin zu der neuen Realität zu führen.

Da sich das kollektive Bewusstsein der Menschheit verändert, werden mehr Führungskräfte in Erscheinung treten, die ihre Entscheidungen aus der Liebe, anstatt aus der Angst heraus treffen. Sendet ihnen Liebe, damit sie weise Entscheidungen treffen können. Es treten Führungskräfte in Erscheinung, die das Potenzial haben, anderen Führungskräften zu zeigen, wie man die Menschheit hin zur Energie der Acht bringt, der Zahl der Fülle, indem sie sich über die negativen Einflüsse erheben und auf ihr eigenes Herz hören. Natürlich können wir nicht vorhersagen, wie sich dies entwickeln wird, denn es hängt von der Entscheidung der Menschen ab. Wenn ihr nach möglicher Fülle sucht, tut dies nicht in Begriffen von Geld, denn das ist ein altes Muster.

Fülle hat nicht notwendigerweise etwas mit Geld zu tun. Sucht nach der Fülle des Herzens; sucht nach der Fülle der Kommunikation; sucht nach der Fülle in der Gemeinschaft; sucht nach der Fülle von Menschen, die sich in Richtung Gleichheit und Einheit und nicht hin zu Unterschieden und Trennung bewegen. Diese neuen Führungskräfte tragen das Potenzial in sich, die Menschheit in Richtung Einheit und weg von trennenden Vorstellungen der Dualität und Angst zu führen, die der Menschheit so lange Zeit Leid gebracht haben. Doch um dies zu tun, müssen sie sich über das kollektive menschliche Karma erheben, das sie nicht erschaffen haben und über den Druck der negativen Absicht. Wenn sie erfolgreich sind, dann können sie durch die Herausforderungen, denen sie sich gestellt haben, eine Fülle an notwendiger Harmonie und Frieden bringen.

Jene, die ihre Länder führen und Entscheidungen aus der Liebe heraus treffen, haben das Potenzial, der ganzen Erde und auch allen Königreichen auf Erden zu helfen. Die Menschen können sich daran beteiligen, indem sie die Absicht aufrechterhalten, dass ihre Führungskräfte immer mehr Entscheidungen aus Liebe und Einheit treffen zum höchsten Wohl von allem. Viele Wesen wie wir, die neugierig sind und euch unterstützen möchten, beobachten voller Hoffnung, wie die Menschheit die richtigen Entscheidungen treffen wird. Ihr seid vielleicht überrascht, dass wir Träume und Wünsche haben, so wie ihr. Wenn wir davon sprechen, Mitschöpfer zu sein mit den Menschen, dann hoffen wir wahrhaft auf eine großartige Partnerschaft in Einheit. Wir würden gerne mit den Führenden der Welt sprechen, die in der Lage sind, dem, was wir anzubieten haben, zu vertrauen, anstatt aus der Angst heraus zu reagieren. Unsere Wünsche und Träume können nur wahr werden, wenn die Menschen lernen, wie man eine bessere Realität erschafft, indem sie ihre emotionale Energie und Absicht einsetzen. Da die Menschen durch ihre Entscheidungen so viel Macht haben, kennen wir nicht alle Antworten. Natürlich ist es offensichtlich, dass wir uns Frieden, Harmonie und Kommunikation durch Liebe wünschen; doch die Menschen bestimmen zu 50 % bei der Erschaffung dieser Möglichkeit durch die Entscheidungen, die sie treffen und die Energie, die sie einsetzen möchten mit. Die Bedeutung des menschlichen Willens ist der vorrangige Grund, warum wir gerne menschliche Führungskräfte treffen möchten; wir möchten sie wissen lassen, dass wir hier sind, um zu helfen und unseren Dienst zum Wohl der Menschheit anzubieten.

Ihr seid euch bewusst, dass wir eure angenehme Gesellschaft ganz plötzlich während einer unserer Gespräche verlassen haben. Wir erklärten euch, dass wir einen Versuch, eurem Planeten Schaden zuzufügen, abwehren mussten. *(Laarkmaa erklärte, dass sie einen Atomkrieg oder einen Versuch „den Knopf zu drücken" abwendeten, indem sie Liebe dort hinein brachten, um die emotionalen Energien wieder ins Gleichgewicht zu bringen).* Wir und andere, die helfen, euren Planeten zu lenken, hätten so etwas *nicht* zugelassen.

Wir sind fähig, durch unsere Handlungen der Liebe *extreme* Ereignisse zu stoppen, denn es gibt Dinge, die, wenn sie zugelassen würden, den Planeten vollständig zerstören könnten. *Nur* auf diese Weise dürfen wir bei den Menschen intervenieren, denn die Menschen sind durch ihren Willen verantwortlich für die Miterschaffung ihrer Realität. Wenn menschliche Ignoranz oder negative Einflüsse mit dem evolutionären göttlichen Pfad für diesen Planeten und der menschlichen Spezies in Konflikt geraten, dann können wir helfen. Wir leisten unseren Teil, um etwas zu verhindern, das Wohl von allem zu fördern und dafür, *entsprechend der Entscheidung des kollektiven Bewusstseins* zu arbeiten. Wir senden Liebe, um die Dunkelheit zu bekämpfen. Wir richten die Dinge, machen Dinge sichtbar oder stoppen Dinge, so wie wir dies bei drei kürzlich stattgefundenen Flügen getan haben, indem wir die Piloten und Mechaniker darauf aufmerksam gemacht haben, dass bezüglich der Sicherheit der Passagiere etwas ihre Aufmerksamkeit benötigte.

Wir können dabei helfen, diese Dinge für eure persönliche und für die globale Sicherheit zu verändern. Manchmal müssen wir davoneilen, um uns anderen bei einem großen Projekt oder einer Krise anzuschließen, wie wir dies taten, als wir kürzlich einen möglichen nuklearen Vorfall verhinderten. In der astralen Welt schwimmen Dinge umher, die einen Einfluss auf fortgeschrittene Menschen aufgrund ihrer Sensibilität haben; selbst einige Menschen, die noch niemals sensibel waren, beginnen aufzuwachen und Dinge zu fühlen, die sie nicht erklären oder verstehen können. Menschen können sensibel gegenüber astralen und emotionalen Angstreaktionen sein, die die Atmosphäre durchdringen, doch sich nicht bewusst sein, womit die Angst zusammenhängt. Wenn wir erfolgreich intervenieren und Katastrophen verhindern, können sensible Menschen, so wie ihr beide, dies bemerken. Der Planet *muss nicht* zerstört werden und durch unsere Unterstützung ist das bei *mehr als einer* Gelegenheit verhindert worden.

Meint ihr, der Planet wird niemals zerstört?

Wir sind der Meinung, dass der Planet in dieser Zeit dem Aufstiegszustand sehr nah ist und es kann nicht vorhergesagt werden, wie oder wann dies stattfinden wird. Doch durch unsere begrenzten Fähigkeiten zu intervenieren, sind wir in der Lage gewesen, uns einzumischen, als Regierungen einen hohen Schaden in Kauf nahmen, der durch ihre unangemessenen und missverstandenen Aktionen die Veränderung oder Auflösung der molekularen Raum-Zeit-Struktur hätte bewirken können. Wenn solche Bestrebungen stattfinden, sind wir in der Lage, einzuschreiten und sie zu stoppen, *solange unsere Absichten mit den Absichten des kollektiven Bewusstseins der Menschheit übereinstimmen*. Das bedeutet nicht, dass das kollektive Bewusstsein der Menschheit sich nicht dafür entscheiden könnte, eine Atombombe zu zünden. Solche Dinge sind immer noch möglich. Doch die meisten dieser Absichten kommen von einer Minderheit an Menschen und selbst solche Möglichkeiten nehmen ab, da sich immer mehr Menschen als zukünftige Menschen und Lichtträger an die Grenzen des Verständnisses bewegen.

Da ihr Menschen immer mehr versteht und weiterhin eure Absichten, euer Zuhören, eure Öffnung, eure Empfänglichkeit, das Leuchten eures eigenen Lichtes und das Lehren anderer Menschen fortführt, nehmen negative Möglichkeiten ab. Erlaubt keinen künstlichen Ängsten, eure Realität zu erschaffen. Vertraut stattdessen darauf, dass die Liebe vorherrschen kann und wird.

Dann werden sich mögliche Gefahren verringern, denn viele von euch lernen, aus ihrer Angst heraus in das Vertrauen und die Liebe hineinzugehen; allein diese Energie verändert die Möglichkeit für Frieden mehr, als ihr euch das vorstellen könnt. Wenn ihr aus dem Vertrauen und der Liebe heraus positive Absichten hegt, handelt ihr in Übereinstimmung mit den eigenen göttlichen Absichten des Planeten.

Wir sind neugierig, wie die Erde in ihrer zukünftigen Realität aussehen wird.

Ah, wir auch! Menschen sind Mitschöpfer. Wie sie aussehen wird, hängt von euren 50 % ab. Die Erde hat auch ein 50 %-iges Stimmrecht bezüglich der Veränderung und ihr habt ein 50 %-iges Stimmrecht darüber. Es hängt also von der emotionalen Energie und der Gedankenenergie ab, die ihr bei dem aufbringt, was ihr erschaffen möchtet. Wir können uns einer Sache ziemlich sicher sein, wenn ihr euch mehr in Richtung Einheit bewegt und mehr in euren Herzensraum hinein, dann wird es weniger Trennung und weniger Neigung zum Vertrauten geben. Ihr findet Schönheit, wohin auch immer ihr geht. Ihr werdet lernen, die Erde durch eine schwingungsmäßige Haltung, anstatt durch eure Augen zu sehen; das ist eine der Veränderungen, die ihr durchlaufen werdet. Wie die Veränderung der Erde aussieht, hängt in hohem Maße von euch ab.

Was könnt ihr uns über die Nachteile oder Vorteile des Computer-Zeitalters sagen? Bewegen wir uns in den Fußspuren von Atlantis und gehen wir in Richtung Selbstzerstörung aufgrund unserer technologischen Entscheidungen?

Der Einsatz von Computern hat Nachteile, und ihr habt Recht, wenn ihr euch an die schädlichen Auswirkungen der missbräuchlich eingesetzten Technologie in Atlantis erinnert. Wie immer, ist es die Entscheidung der Menschen, die festlegt, was geschehen wird. Die Menschen müssen sich bewusst sein, dass die Computertechnologie das menschliche Nervensystem über seine natürliche Kapazität hinaus beschleunigt und sie immer weiter von ihrer Verbindung mit der Natur entfernt. Nicht der Computer ist schädlich, sondern das Ungleichgewicht, das entsteht, wenn die Menschen einen immer schnelleren Zugang zu „Informationen" fordern, ohne auch auf die Informationen zu lauschen, welche die Natur durch ihren Körper und ihren ersten Sinn zur Verfügung stellt.

Die Menschen glauben fälschlicherweise, sie könnten immer schneller werden und immer mehr Gedankeninformationen erhalten, ohne diese in ihrem Wasser zu integrieren. Viele Menschen wissen in den Zellen ihres Seins, dass es sich nicht richtig anfühlt und dass sie das Gefühl haben, aus dem Gleichgewicht zu sein, wenn sie sich zu oft und zu lange mit dem Computer und dem Internet beschäftigen. Das Ungleichgewicht der Gedanken, ohne Verbindung mit dem ersten Sinn oder dem Körperwissen, führt zu vielen niedrig schwingenden Aktivitäten, wie beispielsweise Suchtverhalten und unverantwortliche Handlungen, die die Menschen abtrennen und eine weitere Abtrennung von der Natur verursachen.

Informationen aus dem Computer fördern oft die Entstehung von Überzeugungen aus alten Paradigmen, die nicht länger in der neuen, sich entwickelnden Realität gelten. Doch nichts ist jemals nur Schwarz oder Weiß. Ihr müsst die Balance finden.

Durch die ständige Beschleunigung des Nervensystems, erachten wir die fortwährende Nutzung des Computers als schädlich für den physischen Körper; noch wichtiger, wir erkennen, dass die Menschen daran gehindert werden, sich spirituell vorwärtszubewegen, wenn sie sich nicht zuerst die Zeit nehmen, auf ihren eigenen ersten Sinn zu hören, auf ihren Körper, sich mit der Natur und mit anderen Menschen zu verbinden, welche die gleichen Absichten teilen auf ihrem Weg hin zum Licht, zur Liebe und zur Einheit. Ihr könnt eure Bedenken anderen gegenüber zum Ausdruck bringen, indem ihr ihnen mitteilt, dass es euch traurig macht, dass Computer die wahre Kommunikation ersetzt haben.

Führt uns unsere Technologie hin zu mehr Einfachheit?

Nein. Die menschliche Technologie ist weit von der Technologie der Plejadier und anderen Technologien entfernt und ihr müsst viel lernen. Euer kollektives Bewusstsein arbeitet mit dem Glaubenssystem, dass Technologie euer Leben verbessert. Das Schlüsselwort ist hier *Glaube*. Jene, welche die Computertechnologie fördern, haben dem kollektiven Bewusstsein fehlerhafte Informationen hinzugefügt, dass Technologie euer Leben einfacher macht. Das ist Propaganda. Es entspricht nicht der Wahrheit. Viele der Spielzeuge, die eure Haushalte füllen, machen euer Leben nicht einfacher; sie verursachen mehr Komplikationen. Technologie hat viele positive Seiten, doch Technologie ist komplex, nicht einfach. Eure Technologie wird derzeit immer komplexer, anstatt einfacher. Durch Computerinformationen entsteht bei den Menschen eine Struktur der sofortigen Entlohnung, die Vertiefung des Verständnisses in ihnen wird nicht gefördert.

Die Menschen „gehen online", tippen ein Wort ein und sofort erhalten sie eine Vielzahl an Informationen zu diesem Thema. Doch wir fragen euch, erhaltet ihr irgendetwas anderes als das, was eure Gedanken über dieses Thema denken können? Habt ihr irgendeine direkte Verbindung zu dem, was es bedeutet? Wenn ihr nach dem Wort „Schmetterling" sucht und alles über einen Schmetterling lest, ist es gleichbedeutend für euch, wie wenn ihr in den Wald geht und ein Schmetterling euer Gesicht berührt? Nein.Es gibt Einbußen bei der Nutzung von Computern, welche euch sofort mit immer mehr Informationen entlohnen. Eure Kinder werden beim Heranwachsen darin geübt und sie entwickeln das „online-gehen" und nach Informationen suchen. Viele Eltern setzen ihre dreijährigen Kinder vor den Computer, in dem Glauben, dass dies dazu beitragen kann, dass sie aufgeweckter oder klüger werden und in der Schule oder im Leben mehr glänzen.

Doch das Sammeln von Informationen aus dem Computer trennt sie von der Einsicht und den Informationen ab, die sie von der Natur erhalten können und wenn sie größer werden und sich entwickeln, weist ihr Verständnis Lücken auf, also trennen sie sich selbst vom Leben ab. Sie lernen nicht, auf die Weisheit ihres Körpers zu hören. Sie lernen nicht, auf ihr Herz zu hören. Sie lernen nicht, dem Flüstern des Windes in den Bäumen oder dem Klang des Regens zu lauschen. Sie lernen, die Handlungen der Natur als Einmischung in das zu betrachten, was sie möchten und gehen ins Haus, „gehen online", und lassen sich immer mehr und mehr in eine künstliche Realität hineinziehen, die von ihren Herzen getrennt ist. Die Neuronen in ihrem Gehirn und in ihrem System, ihr ganzer neuronaler Aufbau, kann diese Geschwindigkeit nicht annehmen, also wachsen sie heran und lassen Teile dessen aus, was ihnen hilft, menschlich zu werden. Sie werden zu Robotern, die dem Leben gegenüber unempfindlich sind.

Das ist ein Hauptanliegen für die Menschheit. Die Menschen fügen ihren Kindern einen erheblichen Schaden zu, indem sie sie hin zu einer künstlichen Intelligenz bringen, anstatt sie dazu zu ermutigen, sich mit der ursprünglichen Intelligenz zu verbinden, die als Göttlichkeit in ihnen wohnt. Ihr werdet feststellen, dass es eine Zunahme an autistischen Verhaltensweisen bei euren Kindern gibt, denn sie können nicht so viele Stimuli in ihr Nervensystem aufnehmen. Ihr werdet feststellen, dass es eine Zunahme an Hyperaktivität gibt, denn es widerspricht der menschlichen Konstitution, stillzusitzen und zu lernen; die Natur lehrt durch Bewegung. Ihr werdet feststellen, dass eure Kindern mit einer bi-polaren Störung diagnostiziert werden, denn sie werden von ihrer natürlichen Göttlichkeit weggeführt und hingeleitet zu einer gemeinsamen Realität.

All diese Dinge sind Signale, um den betreuenden Personen zu sagen: „Hört auf damit. Ihr bringt eure Kinder zu weit und zu schnell weg von der Natur, hin zu etwas Künstlichem." Ihr erschafft eine Gruppe von mechanisierten, sehr klugen menschlichen Wesen, die von anderen Menschen, von der Natur und vom Leben abgetrennt sind. Je mehr ihr Abkopplung lehrt, umso mehr werdet ihr weiterhin eure Realität durch Angst erleben. Durch die Verbindung lernen Menschen Harmonie. Durch die Verbindung lernt ihr, wie man auf das Herz des anderen hört und wie man durch sein Wasser ohne Worte kommuniziert. Diese Fähigkeiten werden den Menschen „abtrainiert". So wie du sagst, Cullen: „Es ist ein schlechtes Training."

Es gibt auch süchtig machendes Verhalten bei eurer Nutzung des Computers. Sobald die Menschen das gefunden haben, wonach sie im Computer suchen, können viele von euch nicht aufhören zu suchen. Ihr sucht immer weiter nach unterschiedlichen Informationen, bevor ihr von den Informationen gesättigt oder überwältigt seid. Oder etwas anderes fesselt eure Aufmerksamkeit und ihr beginnt nach etwas anderem zu suchen. Was ihr tut, ihr Menschen, ist, euch selbst mit immer mehr und mehr Informationen zu füttern, ohne euch die Stille, die Zeit und den Raum zu erlauben, um alles zu integrieren, was ihr aufnehmt. Noch mehr, ihr erkennt das, was ihr aufnehmt nicht im wahren Leben wieder, denn ihr berührt es nicht mit euren Händen oder riecht es mit eurer Nase oder schmeckt es mit eurem Mund oder hört es mit euren Ohren, wie den wunderschönen Gesang eines Vogels. Ihr verbindet euch nicht durch euren ersten Sinn damit; ihr seht nur geschriebene Sprache, die etwas definiert; ihr seht oder erlebt nicht das Reale. Technologie, die süchtig machend verwendet wird, beschleunigt das menschliche neurologische System noch mehr und wir stellen fest, dass viele von euch versuchen, sich dem anzupassen, indem sie Stimulanzien nehmen, um mit dem Tempo mitzuhalten. Wir beobachten, dass ein Großteil der Menschheit unterschiedliche Stimulanzien zu sich nimmt; sie können sich nicht schnell genug bewegen, um Schritt zu halten mit dem Leben, das sie erschaffen. Eine Tasse Kaffee oder ein Glas Mineralwasser nach dem anderen, mit dem Menschen ihr System stimulieren, um mit der Geschwindigkeit der Informationen Schritt zu halten, die sie von ihren Computern empfangen. Ihr produziert in der Tat einen Kurzschluss in eurem neurologischen System, wenn ihr so handelt.

Das menschliche System ist so aufgebaut, dass alles im Gleichgewicht getan wird. Doch die Menschen haben einige bestimmte Technologien, die ihnen etwas versprechen, insbesondere im Bereich der Gesundheit. Dieses technologische Verständnis ist jedoch nur eine Brücke, um das zu verstehen, was ihr in Zukunft selbst als Menschen tun könnt. Es gibt viele Menschen, die damit beschäftigt sind, durch das Verständnis der flüssigen kristallinen Energie des menschlichen Körpers und des kristallinen Aufbaus der elektromagnetischen energetischen Kombinationen ihre Gesundheit durch Technologien zu fördern. Diese Art von Technologie mag hilfreich sein, doch sie ist sicherlich alles andere als einfach. Sie wird von Tag zu Tag komplexer. Die Natur ist einfach. Universelle Konzepte von Liebe, Heilung, Vertrauen, Gnade, Wahrheit, Transformation, Erleuchtung und Verbindung sind einfach. Die Einfachheit der Heilung liegt im Menschen selbst, *nicht* in der Technologie. Die Technologie ist nur eine Brücke.

Pia hatte einen technischen Apparat, den sie für Heilungen einsetzte. Es war eine Matte mit Energien, die sie auf einem Computer programmieren und auf die sie sich legen konnte, um ihrer DNA bestimmte Heilungsmuster zu übermitteln. Eine Zeitlang funktionierte es sehr gut und ihr Körper nahm es an. Nach einer Weile akzeptierte ihr Körper die Energie des Apparates nicht mehr. Also tauschte sie mit einem Freund, der ihr einen anderen technischen Heilapparat gab.

Als sie das Gerät anschließen wollte, schaltete sich das Gerät durch ihre energetische Berührung selbst ein, bevor sie den Stecker überhaupt in die Steckdose stecken konnte. Sie verstand: „Ich habe diese elektrische Energie in mir." Jeder Mensch hat diese elektrische Energie in sich. Die Zukunft der Heilung liegt darin, eure eigene elektrische Energie zu fördern und zu channeln, nicht darin, ein Gerät einzuschalten. Ihr seid in einer Lernphase. Natürlich könnt ihr euch dafür entscheiden, mit Hilfe der Technologie mit Heilung zu experimentieren, doch bitte versteht, dass dies *nur* eine Brücke ist. In der neuen Realität werdet ihr die von euch verwendete Technologie mit eurer eigenen Absicht und eurer eigenen elektrischen Energie mit Energie versorgen. Und letztendlich werdet ihr überhaupt keine Technologie mehr benötigen.

Das kollektive Bewusstsein der Menschheit glaubt, dass ihr weiterkommen und euch fortwährend linear vorwärtsbewegen müsst. Diese Überzeugung, wie die meisten Überzeugungen, ist ein Irrtum; sie entspricht nicht der Wahrheit. Das Leben bewegt sich nicht linear. Das Leben bewegt sich zyklisch. Das Leben bewegt sich spiralförmig. Das Leben hat Ruhemomente, Perioden zum Ausruhen, Winter, in denen alles schläft. Die Menschen respektieren oder achten die Ruhephasen oft nicht, insbesondere die Menschen, die über einen sehr langen Zeitraum täglich mit Computern zu tun haben. Computer können nützliche Informationen zur Verfügung stellen, doch wenn ihr euch nur darauf verlasst, anstatt auf die Natur und auf eure eigene innewohnende göttliche Weisheit zu lauschen, dann entfernt ihr euch vom natürlichen Verlauf eurer eigenen Evolution. Es ist äußerst wichtig, dass ihr eure Überzeugungsmuster bezüglich des linearen Fortschritts durchbrecht und eure fehlerhaften Annahmen über die Bedeutung all der Informationen, die euch durch die Technologie zur Verfügung stehen. *Technologie ist nicht die Antwort.*

Wir möchten nicht, dass ihr meint, wir lehnen die Technologie ab, denn wir haben unsere eigene Technologie und finden sie ziemlich hilfreich, wenn wir uns dafür entscheiden, sie zu nutzen. Sie wird mit Liebe und Absicht angetrieben. Wir sehen, dass sich die Zukunft der Menschheit hin zu hilfreicher Technologie bewegt. Ihr müsst nur einige Überzeugungen und Muster durchbrechen, um zu verhindern, dass sich das wiederholt, was die Menschheit bei mehr als einer Gelegenheit als technologisches Desaster erlebt hat. Lernt, eure Herzen mit eurer Technologie einzusetzen, denn die Technologie der neuen Realität wird nicht dadurch mit Energie versorgt, dass ihr sie an den Strom anschließt, sie wird durch eure *Absicht* mit Energie versorgt. Sie wird durch das Licht angetrieben, das ihr in euch tragt. Die Zukunft der Technologie basiert auf dem Herzen. Diejenigen unter euch, die sich dieser Konzepte bewusst sind und versuchen, sie zu verstehen, sind die zukünftigen Anführer. Ehrt euch selbst als solche. Lasst euch nicht von Glaubenssystemen fangen, bei denen euch die Wissenschaftler sagen, was die Technologie tun kann und was nicht. Hört auf euer Herz und lehrt jene, mit denen ihr arbeitet, wie sie auf ihr eigenes Herz hören können. Kommuniziert durch euer Wasser, von Mensch zu Mensch.

Könnt ihr uns sagen, ob das gegenwärtige Computerzeitalter zusammenbrechen wird, um die menschliche Sucht nach sofortiger Information zu bremsen?

Die Antwort hängt vom Bewusstsein der Menschheit ab und von den Entscheidungen, die ihr trefft. So viel von eurer Realität hängt von dem Bewusstsein der Menschheit und euren Entscheidungen ab. Die Vorhersagen des Weltuntergangs für euren Planeten wurden durch die bewusste Absicht einer kleinen Gruppe von Menschen während des Ereignisses 1987 umgekehrt, von dem wir gesprochen haben, der ersten Harmonischen Konvergenz, welches das Bewusstsein erweiterte. Gleichermaßen erhöht sich die Möglichkeit, dass Computer und andere technologische Geräte in eurem Leben mehr Nutzen bringen werden, wie beispielsweise euer Herd und eure Kühlschrank, wenn immer mehr

Menschen jetzt ihr Bewusstsein anheben, ihre eigenen Schatten klären, sich weigern, von jenen regiert zu werden, die versuchen, sie durch Angst zu kontrollieren, mehr Zeit in der Natur verbringen und ihre Kinder dazu ermutigen zu spielen, anstatt Computerspiele zu machen.

Doch in dieser Zeit ist die Möglichkeit dafür nicht besonders groß, denn die meisten Menschen sind süchtig geworden nach einer Geschwindigkeit, die ihnen schadet. Es ist sehr wahrscheinlich, dass Computer ihre Informationen durcheinander bringen, ihre Stromkreise unterbrechen, ihre Drähte überkreuzen, beeinflusst werden durch die Veränderung des Magnetfeldes und durch Sonnenstürme und die Menschen unter dem Verlust ihrer sofortigen Belohnung durch Informationen leiden werden. Es kann auch Zeiten geben, in denen keine Computerkommunikation möglich ist. Deshalb ist es so wichtig, dass ihr lernt, euch für die Kommunikation auf euren ersten Sinn zu verlassen. Sich auf Apparate zu verlassen, hält euch in einer Realität der Trennung fest, anstatt euren natürlichen Fluss hin zur Einheit zu unterstützen. Natürliche Kommunikationswege sind immer besser als künstliche. Computer können niemals die Kommunikation von Mensch zu Mensch durch den ersten Sinn eures Wassers und eures Herzens ersetzen oder kopieren.

Was könnt ihr uns über die extremen Wetterbedingungen sagen, die wir in dieser Zeit erleben?

Wir haben euch bereits gesagt, wie ihr Stürme beeinflusst und wie euch Stürme durch menschliche Emotionen beeinflussen. Wenn Zeit und Dualität sich auflösen, werden Wetterzyklen, auf die sich die Menschen als „normal" verlassen haben, nicht länger vorhersehbar sein. Wir sehen, dass die sich verändernden Muster der irdischen Umwelt sich mit Veränderungen der Menschheit verbinden und diese fördern. So wie ihr unerwartete emotionale Stürme in euch aufkommen fühlt, so entstehen äußere Stürme der Erde auch unvorhersehbar. Die Bewegung ist nötig, um Muster aufzubrechen, die nicht länger für die Erde und auch nicht für die

Menschen funktionieren. Es scheint uns, als würde sich die Unberechenbarkeit durch die Veränderungen innerhalb der kristallinen Struktur unterhalb der Erdkruste manifestieren, wenn sie mit eurer Umwelt durch die sich verändernden magnetischen Pole eures Planeten und den zunehmenden Wind, der durch Sonnenstürme verursacht wird, interagieren. Bei den Menschen finden ähnliche unvorhersehbare Veränderungen statt, wenn ihre eigenen Schwingungen angehoben werden. Ihr und die Erde bewegt euch gemeinsam.

Ihr Menschen habt die Gelegenheit, eure flüssige kristalline Form und die Form der Erde zu verändern, indem ihr eure Gedanken und Absichten lenkt, wenn irdische und eure inneren emotionalen Stürme aufkommen. Wir werden euch unterstützen, wenn die Erde durch ihre notwendigen Veränderungen geht und in eurer Umwelt Unsicherheiten verursacht und wenn ihr eure eigenen menschlichen Veränderungen durchlauft.

Können wir im Vorfeld gewarnt werden, wenn es ungünstige Wetterbedingungen gibt, um in Sicherheit zu bleiben?

Euer Körper hat bereits ein Frühwarnsystem, sehr ähnlich dem von Tieren, bei denen ihr bemerkt habt, dass sie wissen, wenn sich Stürme nähern. Wir können euch dabei unterstützen, diese Funktion zu fördern, indem wir sie für einen besseren Empfang öffnen; das können wir tun. Doch ihr müsst euren Teil dazu beitragen, indem ihr auf euren ersten Sinn hört und euer inneres Wasser mit dem Wasser der Erde verbindet. Seid euch eures eigenen emotionalen Feldes bewusst. Veränderungen gehen sehr schnell vonstatten und erfordern eure Flexibilität, wenn es darum geht, Pläne zu machen. Hört auf die Erde; richtet eure Handflächen nach unten zur Erde und fördert eure Fähigkeit, in Resonanz mit der Erde zu treten. Eure eigene Fähigkeit und die Fähigkeit vieler anderer Menschen wahrzunehmen, wird wachsen. Die Gefühlssensoren in euren Händen und Füßen sind viel wichtiger als sich die Menschen bewusst sind.

Die Menschen können die Energien anderer Menschen und die Energie der Erde durch diese Sensoren fühlen. Diese Fähigkeit wird zunehmen, wenn die Menschen Beschränkungen niederreißen und sich selbst erlauben zu fühlen. Barfuß auf dem Boden umher zu laufen, ist ein hervorragendes Beispiel. Eure Hände auszustrecken, um die Energie eines anderen Menschen einzuschätzen, wird in Zukunft eine Art der Begrüßung werden, wenn ihr eurer Energie erlaubt, sich durch eure Augen und euer Herz auszudehnen. Ihr streckt eure Handflächen aus, um euch mit der Energie eines anderen Menschen zu verbinden. Je mehr Bemühung, Bereitschaft, Zuhören und Hingabe ihr einsetzt, umso stärker integriert ihr eure Veränderungen und entwickelt solche Potenziale. Ihr könnt diese Fähigkeiten dafür einsetzen, um euch selbst in Sicherheit zu halten. Wenn die Erde ihren Reinigungsprozess intensiviert und es zu elektromagnetischen Veränderungen kommt, weil die Erde sich ihrem eigenen Aufstieg nähert, dann wird es auf dem Planeten einige Orte geben, die davon stärker betroffen sein werden als andere.

Das, was an einem Ort geschieht, ist verbunden mit dem menschlichen Bewusstsein an diesem Ort. Doch die menschliche Sicherheit hängt nicht notwendigerweise davon ab, wo ihr euch physisch aufhaltet. Eure Sicherheit hängt von eurer Kommunikation mit eurem Körper ab und von eurer Fähigkeit, auf die Veränderungen in der Erde zu horchen. Die Menschen bleiben auch in Sicherheit, indem sie sich fortwährend bemühen, ihre physischen und ätherischen Körper miteinander zu verschmelzen, damit ihr euch, wenn nötig, per Formveränderung in andere Räume bewegen könnt. Wenn ihr lernt, eure Schwingung anzuheben, eure molekulare Struktur zu bewegen und das durch eure Absicht zu manifestieren, was ihr braucht, dann werdet ihr in der Lage sein, in Zeiten von Gefahr eure eigene menschliche Form des Schwirrens durchzuführen.

Pia und ich und andere, mit denen wir gesprochen haben, fühlen, dass hier auf Erden etwas vor sich geht (oder vielleicht auch außerhalb unserer Welt), das uns in der Tat beeinflusst. Könnt ihr

uns helfen zu verstehen, was es ist, das wir empfinden oder fühlen, da wir wissen, dass es nicht aus unserem Inneren kommt?

Das hat mit Energien zu tun, die sich an den Planeten anpassen. Über eine sehr lange Zeit wurden die Menschen durch negative Energien kontrolliert. Die meisten Menschen wurden ziemlich erfolgreich darin trainiert, den abendlichen Nachrichten und anderen Medien zu lauschen, um sich auf diese Angst auslösende Energie zu fokussieren, die noch zu ihren eigenen Ängsten und ihren eigenen negativen Gedanken dazu kommen. Diejenigen unter euch, die Emotionen als Leitsignal für positive Veränderungen einsetzen und sich darum bemühen, ihre Gedanken umzuleiten, bewirken etwas, indem sie die Richtung und die Kraft dieser negativen Energien verändern. Ihr helft in der Tat, das Ergebnis für die Erde zu verändern. Hinzu kommt, dass die menschlichen energetisch-magnetischen Vorlagen und die energetisch-magnetischen Vorlagen der Erde sich immer mehr aufeinander ausrichten. Jene unter euch, die sensibel und bewusst sind, fühlen wie sich diese Vorlagen hinwegbewegen, von der großen Trennung der Angst und Dunkelheit hin zur Liebe und zur Einheit.

Die Bereitschaft, mit eurem Licht in der Dunkelheit zu sitzen und die Bemühungen, die ihr unternehmt, um eure Gedanken auf die Liebe und das Vertrauen zu fokussieren, bewirken insgesamt energetisch gesehen etwas für euch selbst und für die Erde. Es wurde euch gesagt, und dies stimmt, dass nicht viele Menschen nötig sind, um die Richtung dessen zu verändern, was geschehen wird. Eine kleine Anzahl von Menschen hat die Erschaffung der Realität bei vielen Menschen gelenkt, indem sie Angst verbreitet haben. Seit der ersten Harmonischen Konvergenz fordern immer mehr von euch ihre Macht zurück, um ihre eigene Realität zu erschaffen. Die Anzahl der Menschen, die verstehen, wie der Prozess der Mitschöpfung funktioniert, wächst und ihr setzt eure Macht dazu ein, die Erschaffung einer neuen Realität zu lenken, indem ihr Liebe verbreitet.

Die Zahl derer, die dies tun, spielt keine Rolle (obwohl der Einfluss umso stärker ist, je mehr von euch die Liebe beabsichtigen); es ist die Intensität, die Integrität, die Absicht, die Liebe, das Mitgefühl und die Freude, die ihr auf energetische Weise in das gebt, was ihr tut und wie ihr denkt, und genau das bewirkt den Unterschied. Ein Mensch kann etwas bewirken. Viele von euch zusammen können etwas Größeres bewirken. Erinnert euch, Teil eurer Reise ist es, euch mit gleichgesinnten Menschen zu verbinden. Es spielt keine Rolle, ob dies nur ein paar sind. Es spielt eine Rolle, wie sehr diese wenigen ihre Absicht und ihre Gedanken fokussieren. Fortgeschrittene Menschen helfen dabei, andere Menschen zu verändern, die noch nicht wissen, wie sie durch bessere Gedanken mit erschaffen können. Ihr leistet einen großen Dienst. Und denkt daran, die zweite Harmonische Konvergenz erschafft eine weitere Öffnung für das Licht der Wahrheit, damit es die Menschheit durchströmen kann.

Letzte Nacht, als Pia in die Sterne schaute, bemerkte sie ein helles Licht. Sie begann, damit zu kommunizieren und es bewegte sich zwei Mal sehr, sehr schnell am Nachthimmel zu ihr hin und hielt dann an. War das eine Art Kommunikation und könnt ihr uns sagen, ob wir beginnen werden, mehr interstellar zu kommunizieren?

Die schnelle Sternenbewegung, die zwei Mal über den Himmel blitzte, war eine interdimensionale Antwort auf ihre Bitte um Kommunikation. Wir sind hier. Wir sind so oft hier. Pia kann das, was sie letzte Nacht sah, als Bestätigung ihres Wunsches betrachten, sich zu verbinden. Wir nahmen ihren Impuls und ihre Absicht, sich zu verbinden und pflanzten einen Traum in sie ein. In dem Traum gab es einen Kreis von Menschen auf dem Land, die miteinander kommunizierten und sich verbanden. Der Traum ist ein Symbol für alle Menschen: Sucht Verbindung mit gleichgesinnten Wesen vielerlei Art, die euch die von euch gewünschte Harmonie bringen können. In dem Traum stellte sie eine Frage zur Verbindung mit dem Land und wir erklärten ihr: *alles* ist Verbindung, *alles* ist Kommunikation. Findet andere gleichgesinnte Wesen, mit denen ihr kommunizieren könnt, denn durch eure geteilte positive Absicht könnt ihr bei der Geburt einer neuen

Realität helfen. Sendet eure Liebe und euer Vertrauen wie Laserstrahlen hinein in das kollektive Bewusstsein, um starre Glaubenssysteme und alte Muster zu zerschmettern und zu durchbrechen, die die Menschheit gefangen halten. Es ist Zeit, jene von euch zusammenzurufen, welche die ganze Zeit darauf gewartet haben, ihre Arbeit zu tun. Erinnert euch, ihr seid mit einer Aufgabe hierher gekommen.

Dies ist eine besondere Zeit, um die Kommunikation zwischen Spezies und interstellaren Wesen zu eröffnen. Situationen und Erkenntnisse werden sich sehr schnell verändern, wenn die Zeit und die Dualität zusammenbrechen. Wenn ihr eure Glaubenssysteme verändert, dann werden sich auch eure Fähigkeiten zu kommunizieren verändern und ausdehnen. Ihr werdet in der Lage sein, Unterhaltungen und Gespräche mit interdimensionalen Wesen zu beginnen, wie noch niemals zuvor. Es ist jetzt wichtiger als zu jeder anderen Zeit auf der Erde, denn die „Zeit" so wie ihr sie kennt, nähert sich dem Ende. Dieses Ende ist nicht endgültig; es ist ein Potenzial für eine neue Erde, eine neue Menschheit und für die Geburt einer neuen Realität. Diese Geburt bringt Herausforderungen und große Veränderungen mit sich, doch all die Veränderungen, die ihr erleben werdet, lohnen sich letztendlich. Nutzt die Macht der Liebe und bewegt euch in Richtung Einheit. Die Geburt der neuen Realität hat begonnen.

21

DIE MACHT DER LIEBE: EINHEIT UND VERBINDUNG

Wir haben euch zu dem Verständnis hingeführt, dass in der Einheit nur noch Liebe existiert. Liebe ist die machtvollste Kraft im Universum. Sie ist die Antwort und der Weg zu allem, was ihr möchtet. Liebt alles, auch die herausfordernden Zeiten, doch zu allererst, liebt euch selbst. Wir haben euch gesagt, solange sich die Menschen ihre Ängste nicht anschauen und ihre Schattenarbeit tun, haben sie keinen beständigen Kontakt zu der Wahrheit, dass Licht und Liebe immer gegenwärtig sind. Solange die Menschen ihre Schattenarbeit nicht tun und lernen, sich selbst zu lieben, erhaschen sie nur flüchtige Lichtblicke, Momente menschlicher Liebe (die oft falsch wahrgenommen wird) und Momente göttlicher Liebe.

Die menschliche Wahrnehmung der Liebe ist nicht so umfassend, wie das göttliche, universelle Verständnis der Liebe. Liebe ist machtvoll. Liebe besitzt die Fähigkeit, alles zu verändern. Viele Menschen haben Liebe und Macht als Gegensätze wahrgenommen. Während Macht ohne Liebe existieren kann, enthält die Liebe immer Macht, denn Liebe ist alles. Macht hat viel mehr Kraft, wenn sie gemeinsam mit der Liebe eingesetzt wird. Wenn ihr Menschen Macht aus der Liebe heraus zum Ausdruck bringt, dann bewirkt ihr in der Tat etwas in der Welt und im Universum. Wenn ihr die Essenz der Liebe versteht, könnt ihr euch ein Dreieck mit der Macht als seine Basis vorstellen. Die Seiten sind die Einheit und der Punkt an der Spitze repräsentiert Vertrauen, denn Vertrauen bringt euch voran. Erfüllt dann das Dreieck mit Liebe, denn Liebe ist im gesamten Universum enthalten.

Wenn Menschen Liebe erfahren, nehmen sie eine höhere Schwingung wahr. Das ist die Schwingung, zu der wir euch als zukünftige Menschen leiten. Indem ihr eure Gedanken und Emotionen beobachtet und eure Absicht einsetzt, kann diese Schwingung erreicht und die ganze Zeit über zu einem gewissen Maße gehalten werden. Die höhere Schwingung hilft euch dabei, euch von der Angst und Trennung zu entfernen und Einheit, Vertrauen und Liebe zu erlangen. Wenn ihr in einer höheren Schwingung seid, erzeugt dies einen Welleneffekt auf andere und sie nehmen ihn wahr. Eine Wellenbewegung hat einen energetischen Magnetismus, der von euch ausstrahlt. Die Menschen werden in eurer Nähe sein wollen, denn bei euch fühlen sie sich besser. Es gibt keine Bewertung in der Schwingung der Liebe und andere können diesen Mangel an Widerstand spüren.

Dadurch sind sie viel besser in der Lage, in ihrer eigenen Wellenbewegung zu euch hinzufließen und ihr könnt euch gemeinsam der Einheit nähern. So ist die menschliche Verbindung beabsichtigt. Das ist der Weg, hin zu friedvoller Harmonie zwischen den Menschen, die von Beginn an beabsichtigt war. Liebe ist in der Tat eine Schwingungsveränderung, die eine andere Wellenfrequenz aussendet, wodurch die Realität innerhalb von euch und um euch herum verändert wird. Plötzlich ist die Welt nicht mehr schwierig; die Welt wird einfacher, weil ihr in einer anderen Schwingung lebt, eine andere Schwingung seid und andere Menschen einladet, sich euch in dieser Schwingung anzuschließen. Damit erschafft ihr eine bessere Realität.

Es erscheint so einfach. Warum verstehen es die Menschen nicht?

Weil die Menschen zersplittert sind durch Ängste, die im Unterbewusstsein ihres gegenwärtigen und ihrer vergangenen / parallelen Leben existieren.

Und weil das Leben in der Dualität alles verkompliziert. Die Menschen haben diese ständigen inneren Kämpfe aufgrund ihrer ungelösten Ängste. Die Ängste nähren Unsicherheiten und Emotionen, die überholte Glaubenssysteme am Leben halten. Je mehr die Menschen sich aus der Angst heraus und in das Vertrauen hinein bewegen und je mehr sie ihre eigenen Schatten durch die Kraft der Liebe bereinigen und klären, umso mehr erhöhen sie ihre Schwingung und die Kompliziertheit verschwindet. Kompliziertheit kann im einfachen Fluss der Einheit nicht existieren. *Der Glaube kann nicht mit der Wahrheit konkurrieren. Angst kann in der Liebe nicht existieren.*

Das ist eine einfache Antwort auf eine sehr komplizierte Lebensweise. Es fließt gerade jetzt viel mehr Licht herein, um den Menschen zu helfen, sich aus der Kompliziertheit zu befreien, die durch ein Leben in Angst verursacht wurde und es nähern sich mehr Engel und andere interplanetare Wesen, um in dieser speziellen Zeit zu helfen, in der zu leben ihr das Privileg habt. Wir Plejadier sind einfache Wesen, die in Wahrheit, Vertrauen, Liebe und in der Einheit leben. Und wir bringen euch Möglichkeiten, um dorthin zu gelangen, selbst als die neuen Menschen so leben zu können. Das ist der Pfad, den ihr einfordern müsst. Wir sind eins. Wenn wir miteinander arbeiten, können wir diese neue Erkenntnis und die neue Menschheit ins Sein bringen. Zusammenzuarbeiten, indem man Weisheit und Wissen miteinander teilt, kann bei diesem wunderbaren Prozess nur helfen.

Ich habe das Bild der Zahl 8 vor meinem Auge, der Zahl der Unendlichkeit, während wir dies diskutieren. Könnt ihr mir sagen, warum das jetzt auftaucht und was es bedeutet?

Du empfindest die Bedeutung des Symbols der Unendlichkeit: Verbindung von allem; du gelangst in ein vollkommeneres Verständnis des Prinzips von „zum höchsten Wohle von allem". Das Unendlichkeitssymbol wird durch die liegende Zahl 8 repräsentiert; es ist eine Schleife. Diese Schleife zeigt die Verbindung von einem zu allem und von allem zum einen; sie bewegt sich im Fluss in beide Richtungen gleichzeitig. Es ist ein fortwährender Kreislauf des Verstehens, dass wir alle eins sind und dass wir uns in einem fortwährenden Kreislauf hin zur Quelle, der Göttlichkeit und der Einheit, bewegen. Wenn alles in der Einheit verbunden ist, dann habt ihr die Fülle von allem, was ihr braucht. Die Zahl 8 trägt die energetische Schwingung der Fülle.

Die Unendlichkeitsschleife und die Zahl 8 sind dasselbe. Die Symbolik der Unendlichkeitsschleife zu verstehen, kann einen bedeutsamen Durchbruch für die Menschen bedeuten, um das Konzept der Einheit zu verstehen. Und je mehr ihr die Einheit versteht, umso mehr versteht ihr die Kraft der Liebe. Je mehr ihr die Kraft der Liebe versteht, umso mehr vertraut ihr dem höchsten Wohle von allem, ihr lasst eure Ängste los, verschmelzt viel bereitwilliger euren ätherischen und physischen Körper und bewegt euch hin zum Aufstieg.

Wenn die Menschen an den Punkt gelangen, an dem sie mit ihrem physischen Körper aufsteigen, wird dann unsere Zeit auf Erden zu Ende gehen oder werden wir aus einer anderen Dimension mit unserem physischen Körper wieder zur Erde zurückkommen?

Wenn eure Schwingung so angehoben ist, dass ihr euren ätherischen mit eurem physischen Körper vollkommen verschmelzt, dann könnt ihr wählen, ob ihr willentlich zwischen den Dimensionen hin und her reisen möchtet. Wenn ihr dieses Verständnis erreicht habt, dann werdet ihr so viel Schönheit um euch herum sehen, dass es für euch keine Rolle spielt, ob ihr hier auf der Erde seid oder bei uns. Der Schleier wird stets dünner. Ihr werdet verstehen, dass alles der gleiche Ort ist! Daher werdet ihr in der Lage sein zu wählen, wohin ihr gehen möchtet und ihr werdet nicht länger Entscheidungen treffen, „hier“ oder „dort“ zu sein - Entscheidungen, die auf der Dualität basieren. Die Bewegung zwischen den Schleiern hin und her, ist eine Form der Gestaltveränderung. Menschen, die die Fähigkeit entwickeln, dies durch ihre höhere Schwingung zu tun, werden scheinbar ganz einfach verschwinden und dann vor den Augen der anderen in einer erkennbaren Form wieder auftauchen. Menschen, die sich nicht vorstellen können, voller Leichtigkeit und Vertrauen in dieser Schwingung zu wirken, finden es schwierig, sich vorzustellen was kommt. Es gibt keine Erfahrungswerte und bis jetzt halten die Menschen den Großteil ihres Verständnisses auf Erfahrung begründet, obwohl viele von euch auch die Vorstellungskraft einsetzen. Sie ist ein sehr gutes Werkzeug, um sich hin zur neuen Realität zu bewegen. Dehnt eure Wahrnehmung von Geschwindigkeit und Bewegung aus. Jetzt ist eine exzellente Gelegenheit für euch, eure Wahrnehmung auszudehnen, während ihr in der physischen Form seid. Übt es in eurem Bewusstsein, euch jenseits der Begrenzungen der Dualität und der Zeit zu bewegen. Das wird euch unterstützen, die kommenden Veränderungen durchzuführen. Zeit und Dualität sind nur Illusionen der gemeinsamen Realität. Wenn jene unter euch, die dies verstehen, damit beginnen, sich von dieser Entwicklungsstufe hinwegzubewegen, indem sie üben, was wir euch lehren, dann wird der Prozess der Veränderung der Realität sich für alle beschleunigen.

Wir werden einfach in einer größeren Realität *sein*. Wir werden nicht zurück noch werden wir vorwärts reisen. Wir werden keinen Schleier durchqueren; wir werden den Schleier eliminieren.

Sehr gut gesagt. Ihr werdet in der Liebe und im Vertrauen leben, in der Einheit und in der Verbindung mit der Fülle durch die Kraft der Liebe.

Eine neue Realität verstehen.

Ja. Ihr werdet einen Blick darauf werfen, was die Menschen erwartet, die sich dafür entscheiden, dabei zu helfen, die neue Realität zu manifestieren. Wisset, alle Dinge, die aus Liebe getan werden, sind einfache Dinge, denn sie kommen von Herzen und sie führen euch zu dem, was notwendig ist. Um alles andere kann man sich später kümmern. Die Menschen verkomplizieren die Dinge; das ist ein menschlicher Zug. Sich in Richtung

Einfachheit zu bewegen, bedeutet hin zur Liebe und zum Vertrauen. Einfachheit ist der Einheit sehr ähnlich. Kompliziertheit entsteht aus der Trennung und wie wir nun alle wissen, hängt Trennung mit Angst zusammen. Wenn ihr also euer Leben kompliziert macht, dann haltet inne und fragt euch selbst: „Welche Rolle spielt die Angst, dass so viele Komplikationen bei diesem Projekt oder bei dieser Entscheidung entstehen?"

Ihr habt euch einmal als einfache Wesen beschrieben.

Das sind wir tatsächlich. Wir sind nicht zersplittert durch Kompliziertheit, Überzeugungen und persönliche Gedanken. Zersplitterung fördert die Kompliziertheit. Viele Menschen glauben, es sei ein Kompliment, kompliziert zu sein, so als würde es sie schlauer machen; das tut es nicht. Ihr hört vielleicht jemanden sagen: „Diese Person ist so kompliziert" oder „Ich bin ein sehr komplizierter Mensch" oder „Es ist kompliziert." Die Menschen glauben, kompliziert würde klüger oder intelligenter bedeuten; sie verstehen nicht, dass Kompliziertheit auf Trennung und Angst basiert. Liebe ist einfach. Einheit ist einfach. Vertrauen ist einfach. Wahrheit ist einfach. Es ist viel besser sich darin zu üben zu sagen: „Ich bin ein einfaches Wesen." Wir könnten auch die Worte „Kompliziertheit" und „Drama" gleichsetzen, denn Drama bringt immer Kompliziertheit mit sich. In der Tat. Und Menschen, die nach Aufmerksamkeit lechzen, weil sie ihr eigene Selbstliebe nicht fühlen können, verkomplizieren ihr Leben bei dem Versuch, Liebe zu erhalten, die eigentlich genau dort in ihnen ist. Wenn sie die Kompliziertheit aus ihren Gedanken und aus ihrem Leben beseitigen und zur Einfachheit des Selbst zurückkehren, dann ist alle Liebe, die sie brauchen, genau dort in ihrer eigenen Göttlichkeit.

Sich von der Kompliziertheit hin zur Einfachheit zu bewegen, ermöglicht es den Menschen, einfach zu werden, so wie wir, und die Liebe zu finden, die sie suchen. Die Einfachheit der Liebe ist der kraftvollste Schöpfer. Sich zuerst selbst zu lieben, öffnet die Schleusentore zur Liebe aller anderen Menschen. Wir lieben uns zuerst, dann lieben wir die anderen; das heißt, das Leben zu lieben und bei der Einheit ist es dasselbe. Ihr beide habt ein Beispiel für Einheit erlebt, die durch euer Wasser zum Ausdruck gekommen ist. In einem Restaurant wünschte sich Pia insgeheim etwas Koriander, doch sie sagte nichts. Der Kellner brachte ihr eine extra Portion Koriander und sagte zu ihr, er hätte gewusst, dass sie es wollte. Vorfälle wie dieser beweisen den Menschen, wie sie das erschaffen können, was sie möchten, durch die Kraft ihres Wassers, mit einer einfachen Absicht.

War der junge Mann, der uns den Koriander brachte, ein ahnungsloser Mensch oder verstand er die Botschaft von Pias Wasser?

Ahnungslos? Ist das Universum jemals ahnungslos, wenn es die Menschen hin zur Einheit zieht? Wenn die Menschen sich einem größeren Verständnis der Einheit nähern und daran teilnehmen, dann werden andere Menschen empfänglicher gegenüber der Kraft der Liebe in ihrem Wasser und möchten sich ihnen anschließen. In diesem Beispiel wurde sein Wasser magnetisch von Pias Wasser angezogen und er verstand. Das ist Kommunikation durch die Liebe und durch euren ersten Sinn. Er wird beginnen, aufgrund der Verbindung mit dem ersten Sinn eines anderen Menschen auf seinen eigenen ersten Sinn zu achten; er wurde durch dieses Ereignis für immer verändert. Wir hoffen, ihr und andere Menschen werden beginnen, solch eine Kommunikation zu lehren, nicht durch Worte, sondern durch euer Sein. Es bewirkt einen Unterschied bei der Menschheit und obwohl es so scheint, als würde dies jeweils nur einer Person geschehen, *gibt* es den Effekt des hundertsten Affen. Wir haben euch gesagt, dass die Liebe alles ist, was in der Einheit gegenwärtig ist. Indem ihr euch in Richtung der neuen Realität bewegt, bewegt ihr euch in Richtung Einheit.

Es freut uns, wenn die Menschen erkennen, dass die Realität nicht das ist, was sie normalerweise wahrnehmen. Solche Wahrnehmungen markieren den Beginn einer Bewegung der Menschen von einer auf Angst basierenden gemeinsamen Realität weg, hin zu einem größeren Verständnis der neuen Realität von Einheit und Liebe. Wenn ihr eure

Ängste bewegt, dann verbindet ihr euch mit allen und allem, was eure Schwingung teilt, denn ihr versteht, dass alles eins ist. Es spielt wirklich keine Rolle, ob ihr einen Menschen vor euch seht, eine Sternenschwester oder einen Sternenbruder. Wir sind alle eins, wir teilen die gleiche Realität und wünschen uns alle dasselbe. In der neuen Realität werden Interaktionen im gegenwärtigen Augenblick festgelegt durch die schwingungsmäßige Verschmelzung von allem, was präsent ist und der Fähigkeit jedes Einzelnen, durch seinen ersten Sinn zu empfangen und zu begreifen. Ihr werdet einander beeinflussen und ihr werdet das gesamte Umfeld beeinflussen. Das ist *jetzt* wahr und es wird immer greifbarer, wenn die Dualität verschwindet und ihr euch der Einheit nähert. Das ist deutlich sichtbar bei den Stürmen in eurer Umgebung; durch die Einheit und Verbindung bemerkt ihr, wie sich die Erde unter euren Füßen wandelt. Erhöhte Sonnenflecken-Aktivitäten und Veränderungen in der energetischen Frequenz unterstützen die Veränderungen in eurer Wahrnehmung der neuen Realität.

Elektromagnetische Frequenzen, die während der Stürme stattfinden, ermöglichen viel Interaktion mit wechselnden Realitäten. Stürme haben eine irgendwie magische Qualität. Viele Menschen haben Angst davor, denn es ereignen sich während der Stürme Dinge, die sie sich nicht erklären können. Wir sehen die Veränderungen der elektromagnetischen Frequenz als Gelegenheit, um die Realität aus einer anderen Perspektive zu erleben. Stürme können in der Tat die notwendigen Veränderungen anheizen, die erforderlich sind, um die Erde in dieser Zeit zu verändern. Die bei Stürmen präsenten elektrischen Energien sind in der Lage, es den Menschen zu ermöglichen, die gleichen Schwingungsveränderungen zu erleben, die in der Erde selbst stattfinden; eine Art Anpassung der Energien.

Ich habe immer das Gefühl gehabt, ich würde etwas Unbekanntes empfangen, wenn ich direkt im Sturm stehe.

Das stimmt. Wir würden euch nicht empfehlen, bei einem starken Gewitter auf dem Gipfel eines Berges zu stehen, denn das hieße, sich nicht um eure physische Form zu kümmern. Doch bei Blitz und Donner in Sicherheit in einem Sturm zu stehen, ist überhaupt nicht gefährlich und kann mit der Absicht getan werden, etwas zu lernen. Es kann euch helfen, mentale Zustände zu transzendieren, in denen Glaubenssysteme leben, die fest eingebunden sind in Gewohnheitsmustern dessen, was ihr für real haltet. Manche Menschen müssen ihre Überzeugungen darüber, was möglich *ist oder nicht* transzendieren. Andere müssen ihre Erwartungen transzendieren, *wie* die neuen Möglichkeiten stattfinden werden. Wenn die Menschen glauben, Veränderungen oder Magie sollten in gewisse Parameter passen, dann werden dadurch andere Gelegenheiten eingeschränkt, die euch vielleicht nicht bewusst sind. Die Menschen sind Teil der Erde und Teil des Göttlichen. Stürme beeinflussen euch und ihr beeinflusst Stürme. Ihr könnt durch eure Gedanken die Realität der Stürme mit erschaffen. Es ist bedeutsam, dass immer öfter Stürme entstehen, wenn die Menschen in sich selbst mehr emotionale Stürme erleben.

Indem ihr immer bewusster werdet, könnt ihr die Auswirkungen und Interaktionen von Situationen in eurem Umfeld wahrnehmen, die mit eurem emotionalen Zustand zu tun haben. Manchmal schüren die Menschen ihre eigenen Stürme. Ihr beide habt in der Vergangenheit festgestellt, dass der Wind oft aufbrauste, wenn ihr euch aufgeregt habt. Wenn menschliche Emotionen unnötigerweise über einer Kleinigkeit zusammenbrechen, dann wird emotionale Energie in der Luft angezogen und kann auf die Devas in der Umgebung reflektieren, die dann als Reaktion auf die Energie, die ihr erschafft, Stürme entstehen lassen können. Dies zwingt euch, eure eigenen Gedanken und Handlungen zu betrachten und die Verantwortung für das zu übernehmen, was ihr für andere mit erschafft.

Wenn ihr euch der Macht eures eigenen Wassers bewusst werdet, dann könnt ihr erkennen, dass eure eigenen emotionalen Stürme die Stürme in eurem Umfeld erschaffen oder dass eure Gedanken und Emotionen die

Stürme der Erde beruhigen können. Ihr steht in Verbindung. Ihr habt Geschichten von einem Mann gelesen, den ihr Jesus nennt, der die Stürme des Meeres beruhigt hat; dies ist ein Beispiel. Er sandte von seinem Wasser aus seine Gedanken hinaus auf das Wasser, mit der Absicht, dort Ruhe und Liebe einkehren zu lassen. Das Meer reagierte darauf. Dies ist ein perfektes Beispiel dafür, dass das, was im Innen ist, im Außen reflektiert wird. Es zeigt eure göttliche Verbindung mit der Erde. Es zeigt euch, wie machtvoll eure Gedanken sind und was ihr tun könnt, wenn ihr die Macht der Liebe versteht.

Ihr Menschen müsst viel über das Ausmaß an Macht lernen, über das ihr verfügt. Es gelingt euch nicht, den Einfluss zu erkennen, den ihr auf euer persönliches, euer soziales bis hin zum Umfeld der Erde habt, von innen nach außen, von kleinen Auswirkungen bis hin zu großen. Ihr habt die Macht, sie alle zu verändern. Ihr seid machtvolle Wesen mit einem Schleier über euren Augen, unfähig, eure eigene Macht zu erkennen und zu sehen. *Wacht auf!* Fordert eure Macht ein; ihr könnt sie annehmen. Wenn ihr euch ein friedliches Königreich wünscht, dann müsst ihr in euch selbst friedlich sein. Denkt daran, je höher die Schwingung ist, die ihr erreicht und die ihr regelmäßig aufrechterhaltet, umso zahlreicher sind die Verbindungen mit helfenden Wesen aus anderen Reichen. Wir sind hier, um euch dabei zu helfen, die neue Realität für eure neue Menschheit zu erschaffen und diese neue Menschheit wird einen unsagbaren Einfluss auf den Rest des Universums haben. Je stärker sich die Erde und die Menschheit verändern, umso stärker werden wir *alle* die Veränderung fühlen. Die Macht der Liebe führt hin zu Verbindung und zur Einheit. Wir wiederholen es noch einmal, Liebe ist die Antwort und der Weg hin zu allem, was ihr euch jemals gewünscht habt.

Eure Macht liegt in den Entscheidungen, die ihr darüber trefft, *was* ihr denkt und *wie* ihr eure Gedanken und Emotionen lenkt. Das ganze Universum beobachtet die Menschen um zu sehen, welche Entscheidungen sie treffen werden. Ihr habt keine Vorstellung davon, wie wichtig ihr für die Zukunft der Menschheit und der neuen Realität seid. Werdet ihr mit uns zusammen die Einheit und die Liebe wählen?

22

DAS GÖTTLICHE PAAR

In vielen unserer persönlichen Gespräche mit Laarkmaa wurden wir als „das göttliche Paar" bezeichnet. Wir haben diese Wortwahl stillschweigend hingenommen und uns dazu entschlossen, diese Bezeichnung im Buch nicht zu erwähnen. Es war wirklich nicht unsere Absicht, die persönliche Bezeichnung von uns als göttliches Paar in dieses Buch mit aufzunehmen, doch Laarkmaa war damit nicht einverstanden und bat uns eindringlich, diesen Teil unseres Dialogs mit aufzunehmen. Für uns klang es ein bisschen zu hochtrabend und ja, auch peinlich.

Wir sind nicht egobestimmt dahingehend, wer wir sind oder was wir tun. Wir sind einfach nur dankbar für die Gelegenheit. Als das Buch entstand, beharrte Laarkmaa immer wieder darauf, dass wir diesen Namen, mit dem wir liebevoll bezeichnet wurden, mit aufnehmen und ihn erklären sollten. Nur widerstrebend fügen wir nun diesen Teil mit ein und vertrauen darauf, dass unsere Leser dies als eine Leitlinie nutzen werden, um ihre eigene Göttlichkeit zu verstehen und um ihre eigenen Beziehungen göttlich zu gestalten. Wenn wir das können, kann dies im Grunde genommen der Rest der Menschheit auch.

Ja, wir haben euch sehr dazu angeraten, unsere Bezeichnung für euch zu erklären und auch etwas darüber zu sagen, wie und warum ihr ausgewählt worden seid. Wir anerkennen, dass ihr dies nicht der Öffentlichkeit mitteilen wolltet und da ihr immer die Wahl habt, schätzen wir es sehr, dass ihr unsere Bitte achtet. Wir nennen euch weder das göttliche Paar, weil ihr spezieller seid als andere Menschen noch weil ihr die einzigen Menschen seid, die mit ihrer eigenen Göttlichkeit verbunden sind oder die mit ihren Schatten gekämpft haben und in ihrem Wachstum vorangekommen sind. Natürlich gibt es viele Menschen, die dies tun, sogar viele, die dies als Paar tun und die den Wunsch haben, gemeinsam durch ihre Liebe zu wachsen. Viele Paare können sich zurecht als göttliches Paar bezeichnen, wenn sie ihre eigene Göttlichkeit und die Göttlichkeit ihrer Gemeinschaft annehmen. Das ist angemessen und so wie es sein sollte. Wir wünschen uns, dass immer mehr Menschen in Einheit mit ihrer Göttlichkeit verbunden sind. Alle Menschen sind göttlich und sie sollten erwachen und es erkennen. Je mehr wir von menschlicher Göttlichkeit sprechen, umso mehr könnt ihr euch selbst in das Sein dessen hören, wer ihr wirklich seid. Wir beziehen uns auf euch, Cullen und Pia, als das göttliche Paar, denn ihr seid das Beispiel, das zu dieser Zeit am besten unsere Arbeit und unsere Lehren repräsentiert. Wir nennen euch das göttliche Paar, denn durch euer Beispiel zeigt ihr anderen Menschen, dass sie göttlich sind.

Wir nennen euch das göttliche Paar aufgrund der Energie, die ihr miteinander tragt. *Es bedeutet nicht, dass ihr göttlicher seid als irgendein anderer Mensch.* Es bedeutet, dass ihr eine größere Verantwortung tragt, weil ihr wisst, was vollbracht werden muss. Eure Aufgabe ist es, ein Beispiel zu sein: Durch euer Beispiel zu lehren, zu heilen und durch euer eigenes Licht und eure gemeinsame Einheit und Liebe diese Energie in die Welt zu bringen. Ihr seid das Paar, das von Laarkmaa ausgewählt worden ist, einer plejadischen Gruppe vom Sternensystem der Plejaden. Während die Plejadier in der Vergangenheit mit vielen Menschen gearbeitet haben, hatten wir immer nur mit *einzelnen Menschen* Beziehungen, die aufgrund ihres individuellen Lichtfunkens von Plejadiern ausgewählt wurden. Es ist noch niemals ein *Paar* aufgrund seiner einzigartigen Dynamik ausgewählt worden. Dies ist ein weiterer Grund dafür, dass wir euch das göttliche Paar nennen und wir möchten, dass ihr das erklärt.

Wir möchten, dass diejenigen, die dieses Buch lesen, verstehen, dass es nicht darum geht, dass ihr besser seid als andere oder euer Ego bestimmt, wer ihr seid. *Ihr seid nicht spezieller als jeder andere Mensch auch;* ihr beide seid einfach in dieser Zeit bereit. Die meisten anderen Paare haben noch keine Gelegenheiten geschaffen, um durch den Schleier gelangen zu können, um diese Art der Kommunikation zu empfangen, so wie du und Pia es seid. Wenn sie dies tun, dann färben sie oft das, was sie hören, mit ihren eigenen Überzeugungen und Ideen, welche die Informationen filtern und verändern. Durch die Dynamik eurer Gegensätzlichkeit seid ihr beide in der Tat in der Lage zuzuhören, ohne etwas aus euch hinzuzufügen oder wegzulassen.

Dies ist das erste Mal, dass ein menschliches Paar ausgewählt wurde, um sich einem plejadischen Team anzuschließen, um als eine inter-dimensionale, interplanetare Gruppe zusammenzuarbeiten, um die Evolution der Menschheit hin zu ihrer eigenen Göttlichkeit zu unterstützen. *Ihr seid Laarkmaas Wahl. Ihr seid eine plejadische Wahl.* Es gibt kein anderes Paar wie euch. Alle Paare haben Ähnlichkeiten und Unterschiede in sich. Und obwohl ihr vielleicht Ähnlichkeiten mit anderen Paaren findet, wie ihr euch beispielsweise in Einheit und Liebe zusammenfindet, wie ihr streitet oder eure Differenzen löst, wie ihr miteinander kommuniziert, durch euer gemeinsames Interesse an der Arbeit für die Welt oder durch ähnliche Heilfähigkeiten, euer Paar-Sein ist anders als bei allen anderen Paaren auf der Erde. Ihr tragt eine einzigartige Energie in euch. Die Art und Weise, wie ihr dadurch zusammenarbeitet, macht euch zu denen, die ihr seid und zu unserer Wahl als Teammitglieder.

Wir sagen „das“ göttliche Paar, denn aufgrund eurer polaren entgegengesetzten Unterschiede zeigt ihr anderen, wie sich Trennung hin zur Einheit bewegt, um göttlich zu werden. Während ihr viele Dinge miteinander teilt, seid ihr beide so polare Gegensätze, wie dies keine zwei anderen Menschen sein könnten. Es ist nicht einfach nur eine Frage von männlich und weiblich. Es ist eine Frage der unterschiedlichen Elemente, die ihr in diese einzigartige Gesamtheit von euch selbst hineinbringt. Einer von euch reagiert mit Unbehagen auf Hitze, der andere reagiert mit Unbehagen auf Kälte. Ihr seht sehr oft die Dinge aus vollkommen unterschiedlichen Blickwinkeln; der eine sieht es von innen heraus und der andere sieht das Ganze und nimmt es von außen nach innen wahr. Während ihr beide Menschen mit devischen Qualitäten seid, trägt einer von euch plejadische Qualitäten und der andere Engel-Qualitäten, die euch unterschiedliche Sichtweisen und Bewegungen hin zur Einheit aufzeigen. Gemeinsam seid ihr ein perfektes Beispiel, das anderen Menschen zeigt, wie sich polare Gegensätze hin zur Einheit bewegen können. Wir sprachen in einem anderen Kapitel über das Kreuz als Symbol zweier Energien, die aus zwei Richtungen kommen und sich im Zentrum treffen, dort wo der Funke der Erleuchtung stattfindet. Du und Pia, ihr bringt also eure Unterschiede zusammen, um euch den Weg in Richtung Einheit zu erleuchten. Ihr entfernt euch von den polaren Gegensätzen, die euch zu Individuen gemacht haben und wendet euch hin zur Einheit eures einen gemeinsamen Herzens.

Wir nennen euch das göttliche Paar, denn eure Bewegungen sind in Einklang mit den Bewegungen der Erde. Gerade so wie die Erde bebt, sich von der durch die Zeit verursachten Dualität und Trennung entfernt und sich hinbewegt zur Geburt ihrer neuen Realität, so spürt ihr Geburtsschmerzen, da ihr euch von euren individuellen Überzeugungen und Mustern entfernt und immer weiter zueinander und zur Einheit hin fließt. Im Zentrum eures einen gemeinsamen Herzens erschafft ihr den göttlichen Funken, der erleuchtet, wer ihr seid. *Gemeinsam erinnert* ihr euch daran und um genau dies den anderen Menschen zu lehren seid ihr hier.

Wenn wir nicht so unterschiedlich wären, könnten wir dann gänzlich die Notwendigkeit verstehen, die Unterschiede des jeweils anderen nicht zu bewerten? Hat unsere Gegensätzlichkeit unsere Bewegung hin zur göttlichen Einheit unterstützt?

Der 180°-Unterschied, den ihr als Paar teilt, ist ein Werkzeug, das euch hilft, die Einheit zu erkennen, zu verstehen und euch durch eure Unterschiede darauf hinzubewegen. Eure Unterschiede zu erkennen, hilft euch zu verstehen, wie die Unterschiede das Ganze vervollkommnen. Und wenn ihr eure Unterschiede in der göttlichen Einheit zusammenfügt, zeigt ihr anderen Menschen, *wie auch sie zu göttlichen Paaren werden können*. Ihr beide habt voller Mut durchgehalten, um beständig mit euren Schatten Freundschaft zu schließen, wie schmerzhaft oder Angst auslösend dies auch immer war. Ihr habt voller Beharrlichkeit eure Absicht mit der Macht der Liebe eingesetzt, um euer Leben zu formen. Ihr könnt nun die Integration leben, die ihr erreicht habt und anderen Menschen zeigen, wie sie sich zur Zukunft der Menschheit hinbewegen können.

Jeder Mensch hat das Recht und das innewohnende Wissen, wie er seine eigene Göttlichkeit entwickeln und zu dem Menschen werden kann, der er wahrlich ist - ein göttlicher Mensch. Jedes Paar hat die Gelegenheit, seine Gegensätzlichkeit gemeinsam in die Einheit zu bringen. Doch solange die Schatten nicht geklärt sind und das Licht mit einer höheren Schwingung leuchtet, scheint die Göttlichkeit nicht regelmäßig durch. Durch den Funken eurer extremen Unterschiede erleuchtet ihr den Weg. Durch diesen Prozess ist euer Gehirn „neu verdrahtet" und ausgedehnt worden, um sich an euer bereits ausgedehntes Herz anzupassen. Es richtet sich darauf aus, die Kraft eures Wassers mit fokussierter Absicht einzusetzen, um sich in die vollkommene Integration und Einheit hineinzubewegen. Es kümmert uns nicht, wie dies genannt wird: „Sich zu etwas Neuem entwickeln oder sich von etwas Altem lösen", solange ihr euch bewusst seid, dass ihr Kanäle seid, die sich öffnen, die euch mit dem Licht eurer eigenen Göttlichkeit verbinden und letztendlich mit der Erkenntnis dessen, was ihr seid -

göttlich. *Wir möchten, dass sich alle Menschen ihrer eigenen Göttlichkeit öffnen.* Eure Absicht, euch über die Begrenzungen hinaus zu bewegen, neue Methoden und neue Dimensionen zu erforschen und eure Fähigkeiten auszudehnen, macht euch zu perfekten Kandidaten für unsere gemeinsamen Forschungen. Wir wissen, dass dieser Prozess manchmal herausfordernd war. Manche Menschen halten euch vielleicht für verrückt, andere sind irgendwie neugierig auf euch, wenn unser Teamwork unsere Informationen in die Öffentlichkeit bringt, damit alte Muster und Glaubenssysteme losgelassen werden, denn neue und wenig verstandene Informationen zu akzeptieren, ist für die meisten Menschen eine Herausforderung.

Es gibt andere universelle Aspekte, die sich in dem reflektieren, wer ihr seid und die näher erklären, warum wir euch das göttliche Paar nennen. Eure karmischen Muster sind eng aufeinander ausgerichtet. In menschlichen Worten könnt ihr euch beide als Zwillingsseelen oder Zwillings-Spirits bezeichnen, mit einem Herzen, und das ist bei inkarnierten menschlichen Wesen ungewöhnlich. Ihr habt eure Liebe von einem Leben zum nächsten getragen, habt eure Lektionen gelernt, manchmal zusammen und manchmal getrennt. Ihr müsst wissen, dass ihr das Geschenk des Zusammenseins jetzt gewährt bekommen habt, aufgrund der Arbeit, die ihr bereits geleistet habt. Jeder von euch ist unter bestimmten Energien geboren worden, die euch helfen, derjenige in diesem Leben sein zu können, der ihr seid. Diese Energien können durch eure westliche, die vedische oder die Maya-Astrologie gesehen werden. Ihr wurdet geleitet, euch am 27. Mai zu treffen, damit ihr als Paar in Ausrichtung mit der Energie dessen sein würdet, was für die Menschheit und den Planeten bevorsteht. Ihr beide wurdet während eines Lichtpunktes inmitten der Dunkelheit zusammengebracht; dieses Licht strahlte herunter, um Veränderungen für die Menschheit voranzubringen.

Der Tag, an dem ihr euch getroffen habt, der 27. Mai, war ein verheißungsvoller Tag. Ihr habt euch getroffen, wurdet geöffnet und verändert an diesem sehr ungewöhnlichen Lichtpunkt. Als Paar wurdet ihr zu einem

Samen, der sich zu einer Pflanze entwickelt hat, die hinaufreicht in den Himmel, während ihr blüht und wachst. Der 27. Mai 2010 markiert eine Rückkehr der gleichen Lichtenergie, um die Menschen und den Planeten noch mehr für die Evolution hinein in ihre Göttlichkeit zu öffnen. Der 27. Mai 2010 ist ein kosmologischer Punkt energetischen Lichtes, das in die Erde strahlt, um die Menschen für größere Möglichkeiten hin zu mehr Einheit zu öffnen. Er repräsentiert die zweite Harmonische Konvergenz und die möglichen Bewusstseinsveränderungen sind sogar noch größer als die Bewusstseinsveränderungen, die während der ersten Harmonischen Konvergenz, nach dem Gregorianischen Kalender gerechnet ungefähr vor 30 Jahren, stattfanden.

Das Licht wird für die Menschheit leuchten, damit sie die Gelegenheit hat, zu erkennen, wer sie als göttliches Wesen ist und um sich in Position zu bringen, wenn sie sich dafür entscheidet. Da ihr euren eigenen Jahrestag feiert, laden wir euch ein, indem wir euch das göttliche Paar nennen, eure Evolution fortzuführen und den Weg mit dem Licht zu weisen, das ihr in euch tragt. Die Art und Weise, wie ihr euer Zusammensein durch euer eines gemeinsames Herz repräsentiert, bewirkt einen Unterschied, denn es liegt an euch, das gemeinsame Licht eures vereinten Herzens ein Leuchtturm für alle Menschen sein zu lassen, damit sie alle sehen, dass hier etwas anders ist. Und dieses Licht kann zurück reflektiert werden, damit alle sehen können, was der Menschheit möglich ist, da ihr die Erkenntnis von „ich bin ein anderes Du“ reflektiert und *andere darin unterstützt, göttliche Paare oder göttliche individuelle Wesen zu werden*.

Ihr beide müsst euch vollkommen in das hinein fühlen, was ihr empfindet und beginnen es zu tun. Jeder von euch hat Stärken und Talente, die dafür eingesetzt werden, die Wahrheit zu sprechen, die wir in der Zukunft miteinander teilen. Wir nennen euch Botschafter der Plejadier, denn ihr verbindet Energien und Erkenntnisse von einer Welt mit denen einer anderen Welt. Eure Zukunft fordert euch auf, das zu tun, von dem ihr schon immer gewusst habt, dass ihr es tun könnt. Dies wird anders sein als die Arbeit, die ihr als Heiler in der Vergangenheit getan habt, doch ihr könnt den Menschen heilende Unterstützung anbieten, um ihre Schwingungsebene weit über das hinaus anzuheben, wie sie derzeit ist. Wenn die Menschen durch die Liebe und die heilende Unterstützung den Unterschied in sich selbst fühlen, den ihr ihnen anbietet, dann wird man beginnen, euch für das anzuerkennen, was ihr seid. Wir beobachten euch mit großer Liebe und großem Vertrauen, dass ihr all die Dinge, von denen wir euch erzählen, täglich in euch aufnehmt, denn alles, was wir euch lehren, hat den speziellen Zweck, das menschliche Bewusstsein anzuheben.

Viele Menschen werden letztendlich zu euch kommen, denn sie erwachen zur Wahrheit. Manche werden versuchen, euch zu folgen, anstatt das selbst zu tun, was ihr sie lehrt. Ihr müsst sie an die Hand nehmen und ihnen sagen, dass die Kraft der Veränderung auch in *ihnen* liegt, nicht nur in euch. Die Menschen wissen seit einiger Zeit, dass die Christusenergie zurückkehrt. Sie wird als ein Licht zurückkehren, das nicht nur einen, sondern viele Menschen durchstrahlt. *Wenn die Menschen ihre Göttlichkeit einfordern, dann kehrt das Christuslicht in ihnen zurück. Ihr beide, und viele andere, seid Teile des Christus.* Ihr alle habt das Potenzial, das Christuslicht in euch zu manifestieren. Diejenigen, die ihre Arbeit tun, erreichen dies jetzt. Hört auf, euch zu schämen und wisset, dass ihr göttlich seid. Teilt anderen Menschen mit, dass *jeder Mensch göttlich ist*. Hört auf, euch zu widersetzen und erinnert euch, dass ihr vor langer Zeit zugestimmt habt, diese Aufgabe zu übernehmen. Ihr habt sehr lange auf die Gelegenheit gewartet, bei dieser Geburt zu helfen. Nutzt euer Christuslicht, um die Menschheit hin zur neuen Realität zu bringen.

Laarkmaa, ihr seid zu uns gekommen. Wir haben dem Universum gesagt, dass wir mit anderen interdimensionalen Wesen und anderen Spezies kommunizieren möchten. Als ihr uns mit dem Radiosignal geschubst habt, wusstet ihr da, dass wir dies akzeptieren würden?

Seit ihr kleine Kinder wart, wussten wir, dass ein großes Potenzial dafür vorhanden war. Und wenn wir sagen, wir wählten euch, wähltet ihr euch auch selbst durch die Entscheidungen, die ihr mit eurer Absicht getroffen habt. Sicherlich habt ihr dafür voller Hingabe gearbeitet, um die ganze Menschheit und auch euch selbst hin zur Göttlichkeit zu bewegen, die immer für die menschliche Art vorgesehen war. Kein Mensch gelangt dorthin, wo ihr seid, ohne seine 50 % beizutragen, um die Ebene des Lichtes wahrnehmen zu können, die in euch strömt, damit wir kommunizieren und darin leben können. Ihr werdet belohnt dafür, dass ihr so unbeirrbar alles dafür getan habt, um zu kommunizieren und dies unbedingt mit anderen in unserem unermesslichen Universum zu teilen.

Gab es also ein Wissen, das über eine Möglichkeit hinausging?

Wir waren uns der Möglichkeit sicher, denn ihr habt uns euren Wunsch durch viele Leben hindurch mitgeteilt. Es wäre möglich gewesen, dass ihr voller Angst reagieren würdet, als wir uns euch näherten, und eine Zeitlang wart ihr irgendwie verwirrt darüber, was um euch und in euch selbst geschah. Ihr hättet auf dieser Ebene bleiben können; das konnten wir nicht vorhersagen, denn es war eure Entscheidung. Doch Pias standhaftes Vertrauen und ihre Offenheit und eure Absicht, euch mit der Wahrheit zu verbinden, ermöglichte unsere jetzige Verbindung in dieser ganz besonderen Zeit und brachte sie in die Realität.

Ihr habt unsere Bitte um Kommunikation gehört und gesagt, dass ihr vor unserer Geburt mit uns gearbeitet habt. Könnt ihr hierüber etwas mehr sagen?

Oh ja. Wir haben mit euch beiden gearbeitet und ihr mit uns. Wir waren Partner auf der anderen Seite des Schleiers und in einigen eurer Leben auf der Erde. Sicherlich waren wir präsent; doch mit Ausnahme unserer Kommunikation in Mu, Lemuria und Atlantis, wart ihr euch nur sehr selten unserer Präsenz oder unserer Hilfe bewusst. Unsere Unterstützung für euch war eingleisig, als ihr gewisse dichte menschliche Existenzen während paralleler Leben erlebt habt. Kommunikation, so wie wir sie jetzt haben, ist in menschlichen Inkarnationen nicht möglich, bei denen die Schwingung sehr niedrig ist. Wenn die Menschen abgetrennt sind von der Weisheit ihres Herzens und ihrem ersten Sinn, dann verstehen sie die anderen Kommunikationsformen nicht sehr gut. Doch durch Berührung oder Energie findet auch Kommunikation statt. Wir haben über sehr lange Zeit mit den Menschen auf diese Weise kommuniziert.

Wir sagen euch also, ihr beide seid einzigartig. Wir arbeiten auch mit anderen Menschen, doch nicht auf diese Weise wie mit euch. Wir hoffen auch, dass sie wachsen, denn alle Menschen sind dazu fähig, doch der Prozentsatz derer, der dazu in der Lage ist, ist gering, denn die meisten Menschen tragen keine Kombination von Mut, Herz, Integrität und Geistesschärfe in sich, die ihr und andere Menschen auf dem spirituellen Pfad für diese Bemühung aufbringt. Wir sind uns einer kleinen, aber wachsenden Gruppe von Menschen bewusst, die wahrhaft danach streben, ihre Arbeit mit Mut und Absicht zu leisten. Diese Zahl nimmt zu. Wir sind voller Hoffnung, dass der Prozentsatz dieser Menschen zunehmen wird, um das Niveau an Göttlichkeit und Einheit zu erreichen, das für die Heilung und die Lehre, die wir euch mitteilen, benötigt wird. Ihr beide habt euch darum bemüht, euch mit mehr Hingabe und Bereitschaft zu eurer Göttlichkeit hinzubewegen, euch euren Schatten zu stellen und euren Dienst mit mehr Herz als die meisten Menschen darzubieten.

Deshalb sind wir zu euch gekommen und haben euch darum gebeten, Botschafter für unsere Arbeit zu sein. Es ist eure Verantwortung, wenn ihr euch dafür entscheidet, dabei mitzuhelfen, die Göttlichkeit wieder zu erwecken, die *alle* Menschen in sich tragen, indem ihr diese Wahrheit demonstriert und lebt. Göttlichkeit ist für *alle* Menschen möglich. Ihr beide, andere Menschen und andere göttliche Paare, müssen wieder andere Menschen lehren, wie sie sich selbst an *jedem* Tag neu erschaffen können, indem sie ihre Gedanken, Emotionen und ihre Absicht beherrschen.

Ich denke, unser Wunsch nach Kommunikation und die Sehnsucht nach dem Schwirren, um überall zu sein, wo wir sein wollen oder an mehreren Orten gleichzeitig, indem wir einfach daran denken, ist genau das, was wir eurer Bitte entsprechend lehren sollen; wir haben niemals die Erinnerung an solche Fähigkeiten verloren. Bin ich nah dran?

Ja, du liegst exakt richtig. Und aufgrund eurer speziellen Erinnerung, durch die ihr euch immer wieder daran erinnert und diese Fähigkeiten niemals vergesst, seid *ihr beide* jetzt Führungskräfte. Dies trägt zu unserer Entscheidung bei, dass ihr beide Mitglieder unseres Teams sein sollt.

Ihr habt euer ganzes Leben auf das gewartet, was jetzt geschieht. Es hat auch mit eurer Empathie zu tun, die ihr aufgrund eurer hohen Schwingungen empfindet. Empathie führt hin zur Einheit, denn mit Empathie versteht ihr die Vorstellung von „Ich bin ein anderes Du" umfassender. Mitfühlende Wesen, so wie ihr beide, haben oft Schwierigkeiten mit Leid, wenn ihr fühlt, wie andere darin ertrinken; ihr habt das Gefühl, als würdet auch ihr ertrinken. Diese Empathie kommt von eurer hohen Schwingung, die euch höchst sensibel macht. Ihr seht dies oft als Herausforderung, doch es ist ein Talent, denn dadurch gelangt ihr näher zur Einheit. Ihr müsst Empathie nicht nur als Leid erfahren; ihr könnt auch die Freude der Empathie erleben, die euch hilft, euch mit der Göttlichkeit anderer Menschen verbunden zu fühlen. Alles, was euch näher in Richtung Einssein und Einheit bringt, ist ein Geschenk. Ihr beide seid näher am Einssein und an der Einheit als die meisten anderen menschlichen Wesen in dieser Zeit.

Wir sehen euch als hoch entwickelte Menschen. Wir sehen euch als ein vereintes Herz, das durch eure gemeinsame Arbeit viel zu teilen hat, um die Schwingung der Menschheit anzuheben. Ihr müsst wissen, dass dies wahr ist. Trennung und Einheit sind Gegensätze. Wenn die Dualität aufhört zu existieren, werdet ihr euch beide gemeinsam in Richtung Einheit bewegen. Deine und Pias Aufgabe ist es, den Menschen dabei zu helfen, zu verstehen, wie sie sich von der Trennung entfernen und in Richtung Einheit bewegen können. Es gibt keinen Unterschied zwischen lehren und heilen, heilen und lehren. Du und Pia, ihr lehrt durch die Liebe und durch die einfache Präsenz eurer höheren Schwingungen.

Und versteht bitte, je mehr ihr euch dem Vertrauen, der Liebe, dem Licht und der Wahrheit öffnet und je mehr ihr eure Rolle als das göttliche Paar annehmt, umso mehr andere Wesen möchten euch ganz schnell darin unterstützen. Ja. Du und Pia ihr könnt elektrisch und magnetisch sein, denn der Magnetismus, von dem wir sprechen, zieht jene Menschen zu euch, die in eurer Gegenwart sein müssen. Und der elektrische Anteil, von dem wir sprechen, ist das Licht, das ihr zu ihnen hinausstrahlt. Jene, die in der Lage sind, es zu empfangen, werden von euch angezogen. Die Zeit rückt näher, in der viele Menschen Hilfe benötigen. Es gibt andere, die in ihrer Entwicklung eher so sind wie ihr, die magnetisch zu euch gezogen werden, um eure gemeinsame Absicht zu vollenden, bei der Geburt der neuen Menschheit zu helfen. Verbindet euch mit diesen Menschen und vergrößert eure Anzahl, um allen Menschen zu helfen. Menschen mit einer höheren Schwingung werden zuerst zu euch gezogen.

Den Menschen, die mehr der Hilfe bedürfen, kann dann geholfen werden, wenn ihr und andere eure Absicht in einem Gruppenfokus zusammenfasst, um das Licht nach außen zu reflektieren und die neue Realität zu manifestieren. Was du und Pia lehren ist, dass es nicht nur den Weg hin zum Licht gibt. Die Menschen müssen sich umdrehen und der Dunkelheit ihrer Schatten entgegentreten, denn wenn ihr euch den Schatten stellt, löst ihr die Angst durch Liebe auf. Als das göttliche Paar helft ihr anderen Menschen, sich von der Überzeugung zu heilen, sie seien getrennt; ihr lehrt sie durch eure Gegenwart, dass sie göttlich sind und andere schließen sich euch an und werden auch göttliche Heiler und Lehrer.

Ihr habt uns die Vorstellung der zusammenbrechenden Dualität gegeben. Wir können uns weder zum Licht hinbewegen noch im Licht leben, ohne die Dunkelheit oder den Schatten anzunehmen. Somit ist es also möglich, dass diejenigen unter uns, die diese Erkenntnis annehmen, tatsächlich dabei helfen, den Kreislauf der Dualität zu verändern, wenn die Zeit zu Ende geht. Wir Menschen müssen uns an diesem Prozess durch unsere Fähigkeit, Mitschöpfer zu sein, beteiligen und Pia und ich sehnen uns nach anderen Menschen, die sich uns in unserer Göttlichkeit anschließen.

Ah, jetzt träumt ihr eure Realität. Eure Göttlichkeit kommt durch, um euch vollkommen mit dem universellen Bewusstsein zu verbinden. Wir sind hier, um euch dabei zu helfen. Ihr versteht das enorme Ausmaß eures Projektes, und ihr versteht eure Position als göttliches Paar mit mehr Klarheit. Denkt daran, *alle Menschen sind göttlich*. Je mehr jeder Mensch von seiner eigenen Göttlichkeit spricht, umso mehr sprecht ihr euch selbst hinein in das Sein dessen, wer ihr wirklich seid.

ÜBER DIE AUTOREN

Laarkmaa ist eine liebevolle Gruppe von den Plejaden, die sich der Entwicklung der Menschheit widmet. Durch ihre Liebe, Weisheit und höhere Perspektive überbringen sie Botschaften des Friedens, der Hoffnung und Harmonie und führen uns alle zu einem größeren Verständnis der Liebe, des Lichtes und der Einheit.

Cullen Baird Smith ist ein Visionär, hellfühlig und ein interstellarer Kommunikator. Cullen steht seit seiner frühen Kindheit in Verbindung mit ungewöhnlichen Realitätsebenen, unter der Führung seiner Sternenfamilie und Pan's Königreich. Cullen begann im Alter von 4 Jahren damit, Energie zur Unterstützung der Heilung einzusetzen. Bereits ein Jahrzehnt bevor der magische Findhorn Garten in Schottland entstand, legte er im Alter von 7 Jahren einen „Findhorn Garten“ im eigenen Garten hinter dem Haus mit an. Cullen konzentriert sich in seinem Leben darauf, die entwicklungsmäßige Bewegegung hin zur Einheit zu unterstützen. Gemeinsam mit Pia Smith Orleane übermittelt er Botschaften von Laarkmaa, einer plejadischen Gruppe, welche die Erweiterung des menschlichen Bewusstseins unterstützt. Cullen und Pia widmen ihr Leben der Aufgabe, Laarkmaas Stimme in die Welt zu bringen. Cullen ist Mitautor der Bücher *Erinnere dich, wer du bist* und *Laarkmaas Führung, um der Menschheit Heilung zu bringen.*

Pia Smith Orleane hat seit früher Kindheit Zugang zu parallelen Reichen der Liebe und des Lichtes, einschließlich der interstellaren Wesen, Feen und Engeln. Pia (ehemals bekannt als „Rebecca“) hatte eine rätselhafte energetische Krankheit, die dazu führte, dass sie zu derjenigen wurde, die sie heute ist und änderte ihren Namen auf Pia, was „heilig“ bedeutet. Liebe ist das Herz und die Essenz von Pias Leben. Pia Smith Orleane erhielt einen Doktorgrad in der Psychologie des Bewusstseins. Sowohl in ihrer freudvollen Lebensaufgabe als auch in der Partnerschaft ist sie mit Cullen Baird Smith verbunden, um Laarkmaas Liebe und Weisheit zur Entwicklung der Menschheit zu übermitteln.

Pias weitere Arbeit umfasst als Mitautorin mit Cullen Baird Smith die Titel: *Erinnere dich, wer du bist* und *Laarkmaas Führung, um der Menschheit Heilung zu bringen.* COVR Award Winning Visionary Fiction *Southern Piercings* und sie ist Autorin des Titels: das definitive Buch über die Naturzyklen *Die Rückkehr des Weiblichen.*

Wenn Sie mehr über Laarkmaa, Cullen, Pia und Laarkmaas künftigem Center der Liebe und des Lichtes erfahren möchten oder einen Termin für eine persönliche Sitzung mit Laarkmaa vereinbaren möchten, besuchen Sie bitte: www.laarkmaa.com

Das 2. Buch erscheint demnächst:

LAARKMAA

Erinnere dich, wer du bist
Autoren: Cullen Baird Smith & Pia Smith Orleane, PH.D.

Laarkmaa offenbart in *Erinnere dich, wer du bist* Einsichten darüber, wie wir uns selbst von allen Beschwerden und Krankheiten heilen können. Indem wir zu unvorstellbaren Möglichkeiten geführt werden, haben wir Teil an Laarkmaas Weisheit über die Natur der Energie, die Polaritäten von Angst und Liebe, unseren Lebenszweck, die Kraft des gesprochenen Wortes, die Illusion der Zeit, die Heilung von Beziehungen und die Manifestation einer besseren Welt. Am Ende dieser Reise sieht sich der Leser einer Reihe neu zu treffender Entscheidungen gegenüber. Werden wir, persönlich und kollektiv, die richtigen Entscheidungen für unsere eigene Entwicklung treffen?

Broschur, ca. 300 Seiten, EUR 19,90 / CHF 29,90, ISBN 978-3-95506-010-7

CD Selbstliebe

„Wenn es ein Allheilmittel für alles im Leben gibt, dann ist es die Selbstliebe."

Der Universelle Geist durch Paul Salomon

Die Selbstliebe bildet einen weiteren wichtigen Aspekt des spirituellen Entwicklungsweges. In der Beziehung und im Umgang mit uns selbst, spiegelt sich unsere Beziehung zu anderen Menschen und zu Gott. Mit den Erläuterungen, Meditationen & Übungen dieser geführten CD wird die Entfaltung und das Wachstum der eigenen Selbstliebe unterstützt.

Es geht dabei um das Auflösen eigener Prägungen, welche die Selbstliebe an Bedingungen knüpft und die zunehmende Öffnung für den Strom der bedingungslosen Liebe Gottes. Die Selbstliebe entsteht durch das, wer wir sind und nicht durch das, was wir tun. Liebe ist unser Geburtsrecht. Wir befinden uns auf dem Weg, zu lernen uns selbst genauso zu lieben wie Gott uns liebt – bedingungslos.

ISBN 978-3-95506-008-4
Spieldauer 70:67 Min.,
EUR 19,90 / CHF 29,90
Autor: Dr. J. D. Stone,
Sprecherin: Renate Lippert

1.) Die Wichtigkeit der Liebe 2.) Selbstliebe-Meditation 3.) Affirmationen der Selbstliebe 4.) Visualisierungsübung zur Selbstliebe

Das Buch METATRON von Dr. J.D. Stone

Jeder, der dieses Buch liest, wird buchstäblich nie mehr so sein wie zuvor! Denn durch das Lesen dieses Buches ist es, als würde man von der Hand Gottes oder einem Instrument Gottes tief berührt werden. Erzengel Metatron ist diese Hand und das Instrument unseres Schöpfers, des unendlichen Geistes, der Gottheit.

Wir sind durch Erzengel Metatron gesegnet, da er gekommen ist, um diesem Planeten in dieser schwierigen Zeit in der Geschichte der Erde zu helfen. Metatrons Ziel ist es, „integrierte aufgestiegene und spirituelle Meister" zu ernten. Durch seine heiligen Lehren und göttliche Hilfe, die uns auf unsere Bitte zur Verfügung steht, können jene, die reinen Herzens sind, dies voller Bescheidenheit und Demut, Egolosigkeit, Selbstlosigkeit und göttlicher Reinheit erlangen.

ISBN 978-3-95506-011-4
ca. 290 Seiten, broschur
EUR 17,90/CHF 24,90

Metatrons Absicht ist es, jeden, der dieses Buch liest, zutiefst mit dem göttlichen Willens in Berührung zu bringen. So wie der Heilige Geist ist Metatron gekommen, um all jenen Trost, Unterstützung und spirituelle Nahrung zu bringen, die nach Selbst- und Gottes-Realisierung suchen. Er hilft sowohl den Anfängern wie auch den fortgeschrittenen Schülern, ihr höchstes Potenzial an geistiger Entwicklung und Meisterschaft zu erlangen.

Sag "JA" zur Liebe Band 1 *Gott erklärt die Seelengefährten*

Yaël und Doug Powell

Broschur, 208 S.,
EUR 14,90 / CHF 26,90
ISBN 978-3-933470-94-2

* Hast du insgeheim schon einmal von der idealen Liebe geträumt?
* Hast du dich in deinem Herzen gefragt, ob es einen solchen Menschen für dich gibt?
* Hast du dich nach einem Partner gesehnt, der ideal zu dir passt?

Dieses Buch enthält die wunderbaren Botschaften von Gott:

* Dass dein Partner, dein Seelengefährte real ist und bereits auf dich wartet!
* Dass dein Seelengefährte „durch" die Person, mit der du bereits zusammen bist zu dir kommen kann!
* Dass du, falls du alleine bist, deinen Seelengefährten anziehen kannst, so dass er in dein Leben tritt!
* Dass das neue Jahrtausend die Zeit der Wiedervereinigung der Seelengefährten ist!

Alle, die diese Botschaften lesen, werden durch ihre außerordentliche Reinheit, Schönheit und ihr Licht berührt werden und erfahren direkt die liebende Gegenwart Gottes. Bitte öffne dieses Buch und erlaube deinem Seelengefährten in dein Leben zu treten. Wenn dein Seelengefährte bereits bei dir ist, empfange die Segnungen dieser Botschaften, um deine Beziehung in einer Weise zu vertiefen, von der du niemals geträumt hast.

Sag "JA" zur Liebe Band 2 *Gott enthüllt die Liebe der Seelengefährten und die heilige Sexualität*

Yaël und Doug Powell

Broschur, 416S.,
EUR 19,90 / CHF 29,90
ISBN 978-3-933470-96-6

In diesem Buch sind genau die Energien enthalten, die der göttliche Schöpfer einsetzt, um jeden Teil der Schöpfung zurück nach Hause zu bringen. Wenn ihr diesen unfassbaren Energien erlaubt, das Herz jedes eurer Atome zu durchdringen, dann wird sich eure Wahrnehmung verändern und ihr werdet Gott als euer eigenes Selbst erblicken, euren Geliebten in ewiger Umarmung. Diese Botschaften zu lesen, gleicht einer Reise der sanften Rückkehr zu eurem wahren Selbst – einem Wesen der Liebe. Und so wird euer Seelengefährte kommen – euer Spiegel, der sich euch als die eine Liebe zeigt und gemeinsam werdet ihr euch an die kosmische Brautkammer erinnern, in der eure ewige Vereinigung alles Leben erschafft...

Sag "JA" zur Liebe Band 4 - Shanna Mac Lean

Broschur, 224 S.,
EUR 16,90 / CHF 24,90
ISBN 978-3-95506-005-3

Die ewige Liebe der Zwillingsflammen
Die Geschichte von ShannaPra

In diesem weiteren Buch aus der Serie Sag 'JA' zur Liebe beschreibt Shanna ihre wundervolle, berührende Liebesgeschichte mit ihrem Seelengefährten Pra in den geistigen Ebenen: „Ich wünsche mir, in euren Herzen die Reinheit und Unschuld wahrer Zwillingsflammenliebe hervorzurufen, die Heiligkeit und Hochachtung wahrer Liebe, die völlig gebende Natur der Liebe. Ich will euch versichern, dass diese Liebe nicht außerhalb von uns ist - in einem Körper, in einer anderen Person. Sie ist in uns, Teil von uns und sie ist die Art, wie wir erschaffen wurden. Wenn Liebe außerhalb von uns durch einen physischen Partner zu uns fließt, dann deshalb, weil unser Herz sich so sehr für die reine Liebe geöffnet hat, dass diese Liebe beginnt, sich selbst widerzuspiegeln durch unser Herz und hinaus in unsere physische Welt. Die physische Welt ist ein Symbol für das, was auch immer wir in unserem Herzen tragen Liebe beginnt immer als eine innere Erfahrung, in unserem Herzen.

.

Sag "JA" zur Liebe Band 3

Gott führt die Menschheit zum Christusbewusstsein

Broschur, 280 S.,
EUR 17,90 / CHF 26,90
ISBN 978-3-933470-87-4
Autoren: Yaël und Doug Powell

Diese Botschaften des 3. Bandes unserer wundervollen Serie führt den Leser langsam, Schritt für Schritt, in die Erfahrung und Entfaltung des Christusbewusstseins.

Die licht- und liebevolle Schwingung, welche die Sag 'JA' zur Liebe – Serie und damit auch dieses Buch in beeindruckender Weise durchströmt, unterstützt diesen Entfaltungsprozess hin zum großen Ziel:

Sich selbst als ein stetig verströmendes Gefäß der göttlichen Liebe im Ausdruck des Christusbewusstseins zu erfahren.

Gebete und Anrufungen *zu den sieben heiligen Flammen*

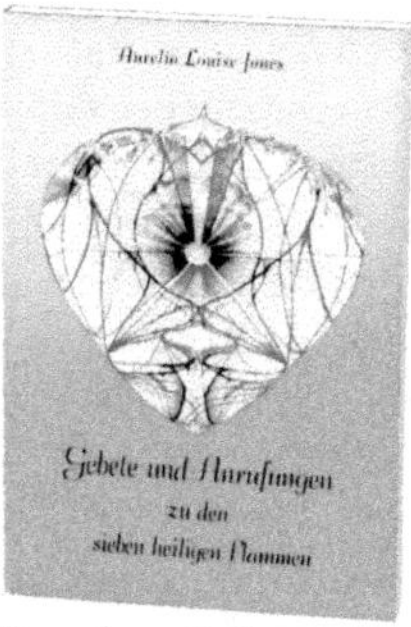

Broschur, 96 S.,
EUR 12,90 / CHF 19,90
ISBN 978-3-933470-13-3

Dieses Buch enthält die Gebete für die sieben heiligen Flammen und hingebungsvolle Gebete für die Welt und die eigene Transformation. "Mache es dir zur Gewohnheit, diese Gebete in deinem täglichen Leben zu sprechen und das Licht anzurufen, um die vielen Schichten der Dichte und der karmischen Rückstände, die sich über lange Zeit hinweg angehäuft haben, zu reinigen. Die Anwendung der Invokationen und des gesprochenen Wortes wird dich, wenn sie gewissenhaft und mit Liebe und Hingabe durchgeführt wird, bei der Rückverbindung mit deinem Höheren Selbst unterstützen. Sie steigert das Licht, das du in allen Aspekten deines Seins halten kannst und bereitet dich somit auf den Aufstieg vor."
Sananda
mit seiner geliebten Zwillingsflamme Lady Nada.

Doppel-CD zum Buch im CD Programm!

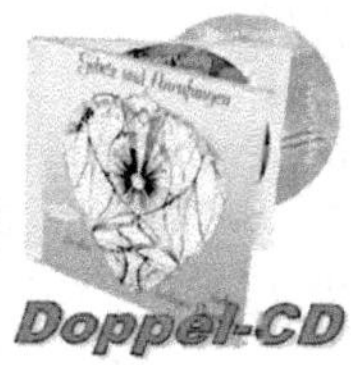

Die Aufstiegsflamme

der Reinheit und Unsterblichkeit

Dieses Aufstiegsbuch beschreibt das Wirken der Aufstiegsflamme der Reinheit und Unsterblichkeit unter der Leitung von Meister Serapis Bey und seinen Tempel in Luxor. Es enthält den genauen Ablauf der Zeremonie der speziellen Aufstiegsaktivierung mit dem atomaren Beschleuniger. Eine Auswahl an speziellen Gebeten für den Aufstieg und Aufstiegsaffirmationen.

Broschur, 96 S., EUR 12,90 / CHF 19,90, ISBN 978-3-933470-14-0

Die Telos Drogenbroschüre

Die Auswirkungen der Verwendung
bewusstseinserweiternder Drogen auf die spirituelle Entwicklung

EUR 9,90 / CHF 17,80, ISBN 978-3-933470-18-8

Die Telos-Broschüre vermittelt einen umfassenden Einblick bezüglich der Auswirkungen von Drogen und allen anderen Suchtmitteln, wie beispielsweise Alkohol und Tabak, auf die spirituelle Entwicklung und zeigt die energetischen Hintergründe des Suchtverhaltens sowie die Auswirkungen auf dieverschiedenen Körper und die Aura auf.

Die Smaragdtafeln für Heute und Morgen - Ashalyn

Es war auf dem heiligen Mount Shasta, als Thoth, der Atlanter, Ashalyn darum bat, die Smaragdtafeln für das 21. Jahrhundert neu zu überarbeiten. Thoth betonte, dass die in den Smaragdtafeln enthaltene Weisheit, heute ebenso bedeutend sei wie vor 20.000 Jahren, als er sie erstmals empfing. Dieses Buch der uralten Weisheit ist eine Erinnerung an unsere großartige Präsenz. Es ermutigt und inspiriert den Leser zum Erwachen und erweckt den Wunsch, in die eigene Größe zu gelangen. *„Ich habe noch niemals zuvor eine Aura um ein Buch gesehen, doch diese ist Grün! Ich spüre, wie dieses Buch mir hilft, die Schleier zu entfernen, die mich an der Erinnerung daran gehindert haben, wer ich wirklich bin."*
Robin Alexis, Reiki-Heilerin und Moderatorin des Mystik-Radio, Mt. Shasta, CA

Br., 336 S., EUR 19,90 / CHF 29,90 ISBN 978-3-95506-006-0

EUR 19,90 / CHF 29,90 Spieldauer: 59:07 Minuten
Autorin: Ashalyn,
Sprecherin: Renate Lippert

Die Smaragdtafeln, die CD zum Buch

Die Weisheit alter Zeiten für Wahrheitssuchende der Neuzeit - Aufstieg – Enthüllung des göttlichen Menschen

Diese CD enthält als geführte Meditation das Kapitel Aufstieg und Enthüllung des göttlichen Menschen aus dem Buch *Die Smaragdtafeln für die Heute und Morgen*. Getragen durch musikalische Sphärenklänge und die Kraft der Stimme und des gesprochenen Wortes, führt diese Meditations-CD den Wahrheitssuchenden in die wundervolle Schwingung der Aufstiegsenergien, wodurch die Öffnung für die Weisheit der Smaragdtafeln und der eigene Aufstiegsprozess energetisch unterstützt wird.

1.) Einleitung 0:48 / 2.) Aufstieg 37:37 / 3.) Die Kraft der bedingungslosen Liebe 19:51
(Weitere aktuelle CDs im beiliegenden CD Programm)

PEAT - Neue Wege Zivorad Mihajlovic Slavinski

Die Neutralisation uranfänglicher Polaritäten

PEAT – Primordiale-Energie-Aktivierung-und-Transzendenz – ist eine einfache, jedoch äußerst wirkungsvolle, leicht erlernbare Methode, durch die tief sitzende Probleme körperlicher wie seelischer Art dauerhaft gelöst werden können. Die PEAT-Methode entstand, wie auch die anderen verwandten Systeme der Energetischen- und Meridiantherapien, aus der Therapie des gedanklichen Feldes (Thought Field Therapie) von Roger Callahan. Es ist ein System, das einen Durchbruch in ungeahnte Sphären des menschlichen Bewusstseins darstellt - die Entdeckung der persönlichen Codes.
PEAT geht davon aus, dass jeder Mensch ein Grund-Lebens-Problem hat und es unmöglich ist, dieses zu lösen, ohne die Codes oder uranfänglichen Polaritäten zu neutralisieren. Als erste Yang und Yin-Aspekte des Menschen bilden sie die fundamentale Lebensschaukel. Er bewegt sich dann unbewusst und zwanghaft zwischen diesen beiden Polen. Erst durch die Bewusstwerdung und Neutralisation der Codes erreicht der Mensch wahre spirituelle Freiheit.

Broschur, 359 Seiten
EUR 26,90 / CHF 34,90
ISBN 978-3-933470-31-7